纪晓岚全集 第三卷

刘金柱 杨钧 主编

中原出版传媒集团
中原传媒股份公司
大象出版社
·郑州·

目 录

玉溪生诗说

编校说明 ·· 2

笺注《李义山诗集》序 ································· 3

校刊《玉溪生诗说》序 ································· 5

自 序 ·· 6

卷 上 ·· 7

重过圣女祠 ·· 7

霜 月 ·· 7

异俗二首 ··· 7

蝉 ·· 8

赠刘司户蕡 ·· 8

哭刘司户二首 ··· 8

悼伤后赴东蜀辟至散关遇雪 ·· 9

乐游原 ··· 9

北齐二首 ··· 9

南　朝 ··· 10

听　鼓 ··· 10

桂　林 ··· 10

夜雨寄北 ··· 10

北　禽 ··· 11

柳 ·· 11

韩　碑 ··· 11

宿骆氏亭寄怀崔雍崔衮 ·· 12

风　雨 ··· 12

梦　泽 ··· 13

寄令狐郎中 ··· 13

漫成三首 ··· 13

无　题 ··· 13

哭刘蕡 ··· 14

杜司勋 ··· 14

杨本胜说于长安见小男阿衮 ······································ 14

西　溪 ··· 14

越燕二首 ··· 15

杜工部蜀中离席 ·· 15

隋　宫 ··· 16

二月二日 ··· 16

筹笔驿	16
武侯庙古柏	17
即　日	17
九成宫	17
汉宫词	18
无题四首(选第二首)	18
无题二首(选第一首)	19
落　花	19
访隐者不遇成二绝	20
柳	20
三月十日流杯亭	20
留赠畏之(选第二首)	20
碧城三首	21
辛未七夕	21
玉　山	21
牡　丹	22
咏　史	22
日　射	22
梓潼望长卿山至巴西复怀谯秀	23
齐宫词	23
汉　宫	23
江　东	23
灞　岸	23
望喜驿别嘉陵江水二绝	24

月　夕	24
离亭赋得折杨柳二首(选第二首)	24
寄永道士	24
次陕州先寄源从事	24
过郑广文旧居	25
梦令狐学士	25
宫　妓	25
宫　词	25
瑶　池	25
评事翁寄赐饧粥,走笔为答	26
板桥晓别	26
与同年李定言曲水闲话戏作	26
有感二首	26
重有感	27
春　雨	27
即　日	27
淮阳路	28
晚　晴	28
迎寄韩鲁州瞻同年	28
武夷山	28
西南行却寄相送者	28
安定城楼	29
茂　陵	29
风	29

天　涯	29
自山南北归经分水岭	29
代秘书赠弘文馆诸校书	30
出关宿盘豆馆对丛芦有感	30
吴　宫	30
嫦　娥	30
天津西望	31
忆住一师	31
寄蜀客	31
细　雨	31
到　秋	31
华　师	32
过华清内厩门	32
丹　丘	32
昭肃皇帝挽歌词三首	32
梓州罢吟寄同舍	33
故驿迎吊故桂府常侍有感	33
暮秋独游曲江	33
子初郊墅	33
汉南书事	34
写　意	34
贾　生	34
旧将军	34
曼倩词	34

访　秋	35
哭刘司户蕡	35
陆发荆南始至商洛	35
思　归	35
春　游	36
细　雨	36
题郑大有隐居	36
夜　饮	36
江　上	37
凉　思	37
江村题壁	37
漫成五章	37
幽居冬暮	38
摇　落	38
滞　雨	38
偶题二首	38
夜　冷	39
戏赠张书记	39
幽　人	39
曲　江	39
九　日	40
赠司勋杜十三员外	40
送丰都李尉	40
饯席重送从叔余之梓州	41

河清与赵氏昆季宴集得拟杜工部	41
寓　目	41
赠别前蔚州契苾使君	41
哭遂州萧侍郎二十四韵	42
送千牛李将军赴阙五十韵	43
送从翁从东川弘农尚书幕	44
李肱所遗画松诗书两纸得四十韵	45
戏题枢言草阁三十二韵	46
偶成转韵七十二句赠四同舍	47
五言述德抒情诗一首四十韵献上杜七兄仆射相公	48
骄儿诗	49
行次西郊作一百韵	50
无　题	52
五月十五夜忆往岁秋与澈师同宿	52
回中牡丹为雨所败二首	52
安平公诗	53

卷　下　……　54

钞诗或问	54
补　录	125
跋	130

李义山诗集

| 编校说明 | 132 |

卷　上 133

　　锦　瑟 133

　　重过圣女祠 133

　　寄罗劭兴 134

　　令狐舍人说昨夜西掖玩月因戏赠 134

　　崔处士 134

　　自　喜 134

　　题僧壁 134

　　霜　月 135

　　异俗二首 135

　　归　墅 135

　　商　于 135

　　和孙朴韦蟾孔雀咏 136

　　人　欲 136

　　华山题王母祠 136

　　华清宫 136

　　楚　泽 136

　　蝉 137

　　江亭散席循柳路吟归官舍 137

　　潭　州 137

　　赠刘司户 137

　　哭刘司户二首 138

　　悼伤后赴东蜀辟至散关遇雪 138

乐游原	138
北齐二首	138
街西池馆	139
南朝	139
复京	139
浑河中	139
鄠杜马上念汉书	140
柳	140
巴江柳	140
咸阳	140
同崔八诣药山访融禅师	140
闻著明凶问哭寄飞卿	141
听鼓	141
送崔珏往西川	141
代赠	141
桂林	141
夜雨寄北	142
陈后宫	142
属疾	142
石榴	142
明日	142
饮席戏赠同舍	143
西溪	143
忆梅	143

赠　柳 …………………………………………………… 143

谑　柳 …………………………………………………… 143

北　禽 …………………………………………………… 144

初　起 …………………………………………………… 144

楚　宫 …………………………………………………… 144

柳 ………………………………………………………… 144

石　城 …………………………………………………… 144

韩　碑 …………………………………………………… 145

令狐八拾遗绚见招送裴十四归华州 …………………… 146

离　思 …………………………………………………… 146

宿骆氏亭寄怀崔雍崔衮 ………………………………… 146

风　雨 …………………………………………………… 146

梦　泽 …………………………………………………… 147

赠歌妓二首 ……………………………………………… 147

谢　书 …………………………………………………… 147

寄令狐学士 ……………………………………………… 147

酬令狐郎中见寄 ………………………………………… 147

七月二十八日夜与王郑二秀才听雨梦后作 …………… 148

寄令狐郎中 ……………………………………………… 148

漫成三首 ………………………………………………… 148

无　题 …………………………………………………… 149

槿花二首 ………………………………………………… 149

哭刘蕡 …………………………………………………… 149

杜司勋 …………………………………………………… 149

荆门西下 …………………………………………………… 150

碧　瓦 …………………………………………………… 150

蝶 ………………………………………………………… 150

蝇蝶鸡麝鸾凤等成篇 …………………………………… 150

韩翃舍人即事 …………………………………………… 151

公　子 …………………………………………………… 151

子初全溪作 ……………………………………………… 151

杨本胜说于长安见小男阿衮 …………………………… 151

西　溪 …………………………………………………… 151

柳下暗记 ………………………………………………… 152

妓　席 …………………………………………………… 152

少　年 …………………………………………………… 152

无　题 …………………………………………………… 152

玄微先生 ………………………………………………… 153

药　转 …………………………………………………… 153

岳阳楼 …………………………………………………… 153

岳阳楼 …………………………………………………… 153

寄成都高苗二从事 ……………………………………… 153

越燕二首 ………………………………………………… 154

杜工部蜀中离席 ………………………………………… 154

隋　宫 …………………………………………………… 155

二月二日 ………………………………………………… 155

筹笔驿 …………………………………………………… 155

屏　风 …………………………………………………… 156

春　日 …………………………………………………… 156

武侯庙古柏 ………………………………………………… 156

风 ……………………………………………………………… 156

即　日 ………………………………………………………… 156

九成宫 ………………………………………………………… 157

少　将 ………………………………………………………… 157

咏　史 ………………………………………………………… 157

赠白道者 ……………………………………………………… 158

无题二首 ……………………………………………………… 158

汉宫词 ………………………………………………………… 158

无题四首 ……………………………………………………… 158

赴职梓潼留别畏之员外同年 ………………………………… 159

桂林路中作 …………………………………………………… 159

无　题 ………………………………………………………… 159

蝶三首 ………………………………………………………… 159

无题二首 ……………………………………………………… 160

王十二兄与畏之员外相访见招小饮,时予以悼亡日近不去,因寄 …… 160

隋　宫 ………………………………………………………… 161

落　花 ………………………………………………………… 161

月 ……………………………………………………………… 161

赠宗鲁筇竹杖 ………………………………………………… 161

垂　柳 ………………………………………………………… 161

曲　池 ………………………………………………………… 162

代应二首 ……………………………………………………… 162

席上作	162
访隐者不遇成二绝	162
破　镜	163
无　题	163
赠庾十二朱版	163
李　花	163
柳	163
三月十日流杯亭	163
过招国李家南园二首	164
留赠畏之	164
为　有	164
无　题	164
碧城三首	165
对雪二首	165
蜂	165
公　子	166
赋得鸡	166
明　神	166
辛未七夕	166
壬申七夕	166
壬申闰秋题赠乌鹊	167
端　居	167
夜　半	167
玉　山	167

张恶子庙 …………………………………………………… 167

雨 ………………………………………………………… 168

菊 ………………………………………………………… 168

牡　丹 …………………………………………………… 168

北　楼 …………………………………………………… 168

拟沈下贤 ………………………………………………… 169

蝶 ………………………………………………………… 169

饮席代官妓赠两从事 …………………………………… 169

代魏宫私赠 ……………………………………………… 169

代元城吴令暗为答 ……………………………………… 169

牡　丹 …………………………………………………… 170

百果嘲樱桃 ……………………………………………… 170

樱桃答 …………………………………………………… 170

晓　坐 …………………………………………………… 170

咏　史 …………………………………………………… 170

一　片 …………………………………………………… 171

日　射 …………………………………………………… 171

题　鹅 …………………………………………………… 171

华清宫 …………………………………………………… 171

梓潼望长卿山至巴西复怀谯秀 ………………………… 171

齐宫词 …………………………………………………… 172

十一月中旬至扶风界见梅花 …………………………… 172

青陵台 …………………………………………………… 172

东　还 …………………………………………………… 172

酬崔八早梅有赠兼示之作 …… 172

春　风 …… 173

蜀　桐 …… 173

汉　宫 …… 173

判　春 …… 173

促　漏 …… 173

江　东 …… 174

读任彦昇碑 …… 174

荷　花 …… 174

五松驿 …… 174

灞　岸 …… 174

送臻师二首 …… 174

七　夕 …… 175

谢先辈防记念拙诗甚多,异日偶有此寄 …… 175

马嵬二首 …… 175

可　叹 …… 175

望喜驿别嘉陵江水二绝 …… 176

别薛岩宾 …… 176

富平少侯 …… 176

肠 …… 176

赠宇文中丞 …… 176

晓　起 …… 177

闺　情 …… 177

月　夕 …… 177

杏　花 ………………………………………………… 177
灯 ………………………………………………………… 178
清　河 ………………………………………………… 178
袜 ………………………………………………………… 178
追代卢家人嘲堂内 ………………………………… 178
代　应 ………………………………………………… 178
离亭赋得折杨柳二首 ……………………………… 178
寄永道士 ……………………………………………… 179
华州周大夫宴席西铨 ……………………………… 179
荆　山 ………………………………………………… 179
次陕州先寄源从事 ………………………………… 179
过郑广文旧居 ………………………………………… 179
东下三旬苦于风土马上戏作 …………………… 179
莫　愁 ………………………………………………… 180
梦令狐学士 …………………………………………… 180
涉洛川 ………………………………………………… 180
有　感 ………………………………………………… 180
宫　妓 ………………………………………………… 180
宫　辞 ………………………………………………… 180
代赠二首 ……………………………………………… 181
楚　吟 ………………………………………………… 181
瑶　池 ………………………………………………… 181
柳 ………………………………………………………… 181
寄在朝郑曹独孤李四同年 ………………………… 181

卷　中 ······ 182

南　朝 ······ 182

题汉祖庙 ······ 182

韩冬郎即席为诗相送，一座尽惊。他日余方追吟"连宵侍坐徘
　徊久"之句，有老成之风，因成二绝寄酬，兼呈畏之员外 ······ 182

评事翁寄赐饧粥，走笔为答 ······ 182

东阿王 ······ 183

圣女祠 ······ 183

独居有怀 ······ 183

过景陵 ······ 183

临发崇让宅紫薇 ······ 183

及第东归次灞上，却寄同年 ······ 184

野　菊 ······ 184

板桥晓别 ······ 184

过伊仆射旧宅 ······ 184

关门柳 ······ 185

酬别令狐补阙 ······ 185

银河吹笙 ······ 185

与同年李定言曲水闲话戏作 ······ 185

彭城公薨后赠杜二十七胜李十七潘二君，并与愚同出故尚书
　安平公门下 ······ 186

闻　歌 ······ 186

赠华阳宋真人兼寄清都刘先生 ······ 186

楚宫二首 …………………………………………………… 186

和友人戏赠二首 ………………………………………… 187

题二首后重有戏赠任秀才 ……………………………… 187

有感二首 ………………………………………………… 187

重有感 …………………………………………………… 188

寿安公主出降 …………………………………………… 188

夕阳楼 …………………………………………………… 188

春　雨 …………………………………………………… 189

中元作 …………………………………………………… 189

鸳　鸯 …………………………………………………… 189

楚　宫 …………………………………………………… 189

妓席暗记送同年独孤云之武昌 ………………………… 189

宿晋昌亭闻惊禽 ………………………………………… 189

深　宫 …………………………………………………… 190

明禅师院酬从兄见寄 …………………………………… 190

寄裴衡 …………………………………………………… 190

即　日 …………………………………………………… 190

淮阳路 …………………………………………………… 191

崇让宅东亭醉后沔然有作 ……………………………… 191

晚　晴 …………………………………………………… 191

迎寄韩鲁州同年 ………………………………………… 191

武夷山 …………………………………………………… 192

一　片 …………………………………………………… 192

寄成都高苗二从事 ……………………………………… 192

郑州献从叔舍人褎 …………………………………… 192

西南行却寄相送者 …………………………………… 192

四皓庙 ………………………………………………… 193

题白石莲花寄楚公 …………………………………… 193

安定城楼 ……………………………………………… 193

隋宫守岁 ……………………………………………… 193

利州江潭作 …………………………………………… 193

即　目 ………………………………………………… 194

相　思 ………………………………………………… 194

茂　陵 ………………………………………………… 194

镜　槛 ………………………………………………… 195

送郑大台文南觐 ……………………………………… 195

风 ……………………………………………………… 195

洞庭鱼 ………………………………………………… 196

天　涯 ………………………………………………… 196

喜舍弟羲叟及第上礼部魏公 ………………………… 196

哀　筝 ………………………………………………… 196

自山南北归经分水岭 ………………………………… 196

旧　顿 ………………………………………………… 197

代董秀才却扇 ………………………………………… 197

有　感 ………………………………………………… 197

骊山有感 ……………………………………………… 197

别智玄法师 …………………………………………… 197

赠孙绮新及第 ………………………………………… 198

代秘书赠弘文馆诸校书 ··· 198

乱　石 ··· 198

日　日 ··· 198

过楚宫 ··· 198

龙　池 ··· 198

泪 ··· 198

十字水期韦潘侍御同年不至，时韦寓居水次故郭汾宁宅 ············· 199

流　莺 ··· 199

出关宿盘豆馆对丛芦有感 ··· 199

和韩录事送宫人入道 ··· 199

即　目 ··· 200

圣女祠 ··· 200

七月二十九日崇让宅宴作 ··· 200

赠从兄阆之 ··· 200

吴　宫 ··· 200

嫦　娥 ··· 201

残　花 ··· 201

天津西望 ··· 201

西　亭 ··· 201

忆住一师 ··· 201

昨　夜 ··· 201

海　客 ··· 202

初食笋呈座中 ··· 202

早　起 ··· 202

寄蜀客	202
行至金牛驿寄兴元渤海尚书	202
深树见一颗樱桃尚在	202
细雨	203
歌舞	203
海上	203
魏侯第东北楼堂郢叔言别,聊用书所见成篇	203
白云夫旧居	203
同学彭道士参寥	204
到秋	204
华师	204
华岳下题西王母庙	204
过华清内厩门	204
乐游原	204
赠荷花	204
丹丘	205
房君珊瑚散	205
小桃园	205
嘲樱桃	205
和张秀才落花有感	205
代越公房妓嘲徐公主	205
代贵公主	206
凤	206
昭肃皇帝挽歌辞三首	206

梓州罢吟寄同舍 …… 206
无题二首 …… 207
病中早访招国李十将军,遇挈家游曲江 …… 207
昨　日 …… 207
樱桃花下 …… 207
故驿迎吊故桂府常侍有感 …… 207
槿　花 …… 208
暮秋独游曲江 …… 208
任弘农尉献州刺史乞假还京 …… 208
赠勾芒神 …… 208
无愁果有愁曲北齐歌 …… 208
房中曲 …… 209
齐梁晴云 …… 209
效徐陵体赠更衣 …… 209
又效江南曲 …… 209
月夜重寄宋华阳姊妹 …… 209
访友人不遇留别馆 …… 210
雨中长乐水馆送赵十五滂不及 …… 210
汴上送李郢之苏州 …… 210
赠郑谠处士 …… 210
复至裴明府所居 …… 210
览　古 …… 211
子初郊墅 …… 211
汉南书事 …… 211

当句有对	212
井　络	212
写　意	212
随师东	212
宋　玉	213
韩同年新居饯韩西迎家室戏赠	213
奉和太原公送前杨秀才戴兼招杨正字戎	213
池　边	213
贾　生	213
送王十三校书分司	214
寄恼韩同年,时韩住萧洞二首	214
谒　山	214
钧　天	214
失　猿	214
戏题友人壁	215
假　日	215
寄　远	215
王昭君	215
旧将军	215
曼倩辞	215
所　居	216
高　松	216
访　秋	216
昭　州	216

哭刘司户	216
裴明府居止	217
陆发荆南始至商洛	217
陈后宫	217
乐游原	217
赠子直花下	217
小园独酌	218
思归	218
献寄旧府开封公	218
向晚	218
春游	218
离席	219
俳谐	219
细雨	219
商于新开路	219
题郑大有隐居	220
夜饮	220
江上	220
凉思	220
鸾凤	221
李卫公	221
韦蟾	221
自贶	221
蝶	221

夜　意	221
因　书	221
奉寄安国大师兼简子蒙	222
闲　游	222
县中恼饮席	222
题李上暮壁	222
江村题壁	222
即　日	223
漫成五章	223
射鱼曲	223
日　高	223
宫中曲	224
海上谣	224
李夫人三首	224
景阳宫井双桐	224
秋日晚思	225
春宵自遣	225
七夕偶题	225
灵仙阁晚眺寄郓州韦评事	225
幽居冬暮	225
过姚孝子庐偶书	226
赋得月照冰池	226
永乐县所居一草一木无非自栽。今春悉已芳茂,因书即事一章	226
南潭上亭宴集,以疾后至因而抒情	226

寒食行次冷泉驿 ·················· 227

寄华岳孙逸人 ····················· 227

戏题赠稷山驿吏王全 ············· 227

和韦潘前辈七月十二日夜泊池州城下,先寄上李使君 ·············· 227

花下醉 ····························· 228

所居永乐县久旱,县宰祈祷得雨,因赋诗 ·············· 228

卷 下 229

正月十五夜闻京有灯,恨不得观 ·············· 229

赠赵协律晳 ······················· 229

摇 落 ····························· 229

滞 雨 ····························· 229

偶题二首 ························· 230

月 ································· 230

夜 冷 ····························· 230

正月崇让宅 ······················· 230

城 外 ····························· 230

撰彭阳公志文毕有感 ············· 230

北青萝 ····························· 231

戏赠张书记 ······················· 231

幽 人 ····························· 231

念 远 ····························· 231

过故崔兖海宅与崔明秀才话旧,因寄旧僚杜赵李三掾 ·············· 232

微 雨 ····························· 232

南山赵行军新诗盛称游宴之洽,因寄一绝 …………………… 232

曲　江 ……………………………………………………………… 232

景阳井 ……………………………………………………………… 233

故番禺侯以赃罪致不辜,事觉母者他日过其门 …………… 233

咏　云 ……………………………………………………………… 233

夜出西溪 …………………………………………………………… 233

效长吉 ……………………………………………………………… 233

柳 …………………………………………………………………… 234

九月于东逢雪 ……………………………………………………… 234

四皓庙 ……………………………………………………………… 234

送阿龟归华 ………………………………………………………… 234

九　日 ……………………………………………………………… 234

僧院牡丹 …………………………………………………………… 235

赠司勋杜十三员外 ………………………………………………… 235

高　花 ……………………………………………………………… 235

嘲　桃 ……………………………………………………………… 235

送丰都李尉 ………………………………………………………… 235

天平公座中呈令狐令公,时蔡京在坐。京曾为僧徒,故有第五句 …… 236

江上忆严五广休 …………………………………………………… 236

饯席重送从叔余之梓州 …………………………………………… 236

访　隐 ……………………………………………………………… 236

寓　兴 ……………………………………………………………… 236

东　南 ……………………………………………………………… 237

归　来 ……………………………………………………………… 237

子直晋昌李花……………………………………………………237

河清与赵氏昆季宴集得拟杜工部………………………………237

寓　目………………………………………………………………238

题道静院。院在中条山，故王颜中丞所置，虢州刺史舍官居此，
　今写真存焉……………………………………………………238

赋得桃李无言………………………………………………………238

登霍山驿楼…………………………………………………………238

寄和水部马郎中题兴德驿…………………………………………238

题小松………………………………………………………………239

行次昭应县道上，送户部李郎中充昭义攻讨……………………239

水　斋………………………………………………………………239

奉同诸公题河中任中丞新创河亭四韵之作………………………239

过故府中武威公交城旧庄感事……………………………………239

赠田叟………………………………………………………………240

赠别前蔚州契苾使君………………………………………………240

和人题真娘墓………………………………………………………240

人日即事……………………………………………………………240

春日寄怀……………………………………………………………241

和刘评事永乐闲居见寄……………………………………………241

和马郎中移白菊见示………………………………………………241

喜闻太原同院崔侍御台拜，兼寄在台三二同年之什……………241

喜　雪………………………………………………………………241

柳枝五首有序………………………………………………………242

燕台四首……………………………………………………………243

春 ·· 243

　　　夏 ·· 243

　　　秋 ·· 243

　　　冬 ·· 243

河内诗二首 ·· 244

　　　楼　上 ·· 244

　　　湖　中 ·· 244

赠送前刘五经映三十四韵 ·· 244

哭遂州萧侍郎二十四韵 ··· 245

送千牛李将军赴阙五十韵 ·· 246

咏怀寄秘阁旧僚二十六韵 ·· 247

戊辰会静中出贻同志二十韵 ··· 247

和郑愚赠汝阳王孙家筝妓二十韵 ··································· 248

四年冬，以退居蒲之永乐，渴然有农夫望岁之思，遂作《忆雪》，

　　又作《残雪》诗，各一百言，以寄情于游旧 ················· 248

　　　忆　雪 ·· 248

　　　残　雪 ·· 248

大卤平后移家到永乐县居，书怀十韵寄刘韦二前辈。

　　二公尝于此县寄居 ··· 249

河阳诗 ·· 249

自桂林奉使江陵途中感怀寄献尚书 ································ 250

送从翁从东川宏农尚书幕 ·· 250

李肱所遗画松诗书两纸得四十韵 ··································· 251

戏题枢言草阁三十二韵 ··· 252

偶成转韵七十二句赠四同舍 ………………………………… 253

五言述德抒情诗一百四十韵献上杜七兄仆射相公 ………… 254

今月二日不自度量,辄以诗一首四十韵干渎尊严。伏蒙仁恩
　　俯赐披览奖逾,其实情溢于辞。顾惟疏芜,曷用酬戴?
　　辄复五言四十韵诗献上,亦诗人咏叹不足之义也 ………… 255

骄儿诗 …………………………………………………………… 255

行次西郊作一百韵 ……………………………………………… 256

井泥四十韵 ……………………………………………………… 258

新添集外诗 ……………………………………………………… 260

夜　思 …………………………………………………………… 260

思贤顿 …………………………………………………………… 260

无　题 …………………………………………………………… 260

有怀在蒙飞卿 …………………………………………………… 261

春深脱衣 ………………………………………………………… 261

怀求古翁 ………………………………………………………… 261

五月十五夜忆往岁秋与彻师同宿 ……………………………… 261

城　上 …………………………………………………………… 261

如　有 …………………………………………………………… 262

朱槿花二首 ……………………………………………………… 262

寓　怀 …………………………………………………………… 262

木　兰 …………………………………………………………… 262

细雨成咏献尚书河东公 ………………………………………… 263

病中闻河东公乐营置酒,口占寄上 …………………………… 263

回中牡丹为雨所败二首 …… 263

拟　意 …… 264

谢往桂林至彤庭窃咏 …… 264

烧香曲 …… 264

送从翁东川弘农尚书幕 …… 265

晋昌晚归马上赠 …… 265

哭虔州杨侍郎虞卿 …… 266

寄太原卢司空三十韵 …… 266

安平公诗 …… 267

赤　壁 …… 267

垂　柳 …… 268

清夜怨 …… 268

定　子 …… 268

唐人试律说

编校说明 …… 270

自　序 …… 271

数　蓂　元　稹 …… 272

白云归帝乡　黄　滔 …… 272

风雨鸡鸣　李　频 …… 273

雨夜帝里闻猿声　吴　融 …… 274

玄元皇帝应见贺圣祚无疆　殷　寅 …… 274

主上元日梦王母献白玉环　丁　泽 …… 275

元日望含元殿御扇开合　张　莒 …… 276

中和节诏赐公卿尺　陆复礼 …… 276

清明日赐百僚新火　韩　濬 …… 277

晨光动翠华 …… 277

观庆云图 …… 278

府试开观元皇帝东封图　马　戴 …… 278

海上生明月　柴　宿 …… 279

月映清淮流 …… 280

秋月悬清辉　蒋　防 …… 280

闰月定四时　徐　至 …… 281

迎春东郊　张　濯 …… 282

青云干吕　王履贞 …… 282

春　云　裴　澄 …… 283

美　玉　南巨川 …… 283

梢　云　罗　让 …… 284

白云向空尽　周　存 …… 284

都堂试贡士日庆春雪　李　景 …… 284

早春残雪　裴乾余 …… 285

风草不留霜　王景中 …… 286

澄心如水　卢　肇 …… 286

府试水始冰　马　戴 …… 286

风光草际浮　裴　杞 …… 287

春风扇微和　豆卢荣 …… 287

风不鸣条　黄　颇 …… 288

八风从律　蒋　防 …… 288

空水共澄鲜	289
奉试涨曲江池　郑　谷	289
缑山月夜闻王子晋吹笙	290
缑山月夜闻王子晋吹笙　锺　辂	290
湘灵鼓瑟　钱　起	291
湘灵鼓瑟　陈　季	292
晓闻长乐钟声　戴叔伦	292
律中应钟　裴　元	293
泗滨得石磬　李　勋	293
河鲤登龙门　元　稹	294
西戎献马　周　存	294
缑山鹤　张仲素	294
越裳献白雉　王若岩	295
莺出谷　钱可复	295
莺出谷　刘得仁	296
振振鹭　李　频	296
出笼鹘　濮阳瓘	296
霜隼下晴皋	297
明堂火珠　崔　曙	297
玉卮无当　元　稹	298
玉声如乐　潘存实	298
金在镕　白行简	299
秋山极天净　朱延龄	299
日落山照曜　张　谓	300

监试莲花峰　刘得仁 ……………………………………… 300

日暖万年枝　蒋　防 ………………………………………… 300

贡院楼北新栽小松　李正封 ……………………………… 301

华州试月中桂　张　乔 ……………………………………… 302

御沟新柳　杜荀鹤 …………………………………………… 302

花发上林　王　表 …………………………………………… 303

金谷园花发怀古　侯　例 …………………………………… 303

芙蓉出水　陈　至 …………………………………………… 303

御园芳草　陆　贽 …………………………………………… 304

方士进恒春草　梁　锽 ……………………………………… 304

礼闱阶前春草生 ……………………………………………… 305

春草凝露　张友正 …………………………………………… 305

春草碧色　殷文圭 …………………………………………… 305

吴宫教战　吴　秘 …………………………………………… 306

李都尉重阳日得苏属国书　白行简 ……………………… 306

早春送郎官出宰　张　随 ………………………………… 306

东都父老望幸　薛存诚 …………………………………… 307

监试夜雨滴空阶　喻　凫 ………………………………… 307

昆明池织女石　童汉卿 …………………………………… 307

晓过南宫闻太常新乐　陆　贽 …………………………… 308

终南积雪　祖　咏 ………………………………………… 308

跋　一 ……………………………………………………… 310

跋　二 ……………………………………………………… 311

玉溪生诗说

〔清〕纪昀 编

编校说明

　　《玉溪生诗说》以槐庐丛书本为底本,以四库全书本《李义山诗集》为参校本,同时参校刘学锴、余恕诚《李商隐诗歌集解》(中华书局2004年版)。

笺注《李义山诗集》序

申酉之岁，予笺杜诗于牧斋先生之红豆庄。既卒业，先生谓予曰："玉溪生诗沉博绝丽，王介甫称为善学老杜，惜从前未有为之注者。元遗山云：'诗家总爱西昆好，只恨无人作郑笺。'子何不并成之，以嘉惠来学？"予因翻核新旧《唐书》本传，以及笺、启、序、状诸作所载于《英华》《文粹》者，反覆参考，乃喟然叹曰："嗟乎！义山盖负才傲兀，抑塞于钩党之祸。而传所云'放利偷合，诡薄无行'者，非其实也。夫令狐绹之恶义山，以其就王茂元、郑亚之辟也。其恶茂元、郑亚，以其为赞皇所善也。赞皇入相，荐自晋公，功流社稷，史家之论，每曲牛而直李。茂元诸人皆一时翘楚，绹安得以私恩之故，牢笼义山，使终身不为之用乎？绹特以仇怨赞皇，恶及其党，因并恶其党赞皇之党者，非真有憾于义山也。太牢与正士为仇，绹父楚比太牢而深结李宗闵、杨嗣复。绹之继父，深险尤甚。会昌中赞皇擢绹台阁，一旦失势，绹与不逞之徒竭力排陷之，此其人可附离为死党乎？义山之就王、郑，未必非择木之智，涣丘之公。此而目为'放利偷合，诡薄无行'，则必将朋比奸邪，擅朝乱政，如八关十六子之所为，而后谓之非偷合、非无行乎？诡薄无行，固当时已甚之词。而以为择木之智，涣丘之公，亦后人张大其事而涉于袒护者。义山盖自行其志，而于朝廷党友无所容心于其间。感王茂元一时知己，故从而依之，不幸值绹之溪刻，遂成莫解之怨，固迫于势之不得不然耳。倘以为有意去就，则后之屡启陈情，又何说以处之？且吾观其活狱弘农，则忤廉察；题诗九日，则忤政府；于刘蕡之斥，则抱痛巫咸；于乙卯之变，则衔冤晋石；太和东讨，怀'积骸成莽'之悲；党项兴师，有'穷兵祸胎'之戒。以至《汉宫》《瑶池》《华清》《马嵬》诸作，无非讽方士为不经，警色荒之覆国。此其指事怀忠，郁纡激切，真可与曲江老人相视而笑，断不得以'放利偷合，诡薄无行'嗤摘之者也。"诸诗工拙不一，然自是其身分见地高出晚唐诸家处，所以为杜之苗裔而卓然有以自立。

或曰：义山之诗半及闺闼，读者与《玉台》《香奁》例称，荆公以为善学老杜，何居？予曰：男女之情通于君臣朋友，《国风》之螓首蛾眉、云发瓠齿，其辞甚亵，圣人顾有取焉。《离骚》托芳草以怨王孙，借美人以喻君子，遂为汉魏六朝乐府之祖。古人之不得志于君臣朋友者，往往寄遥情于婉娈，结深怨于蹇修，以序其忠愤无聊、缠绵宕往之致。唐至太和以后，阉人暴横，党祸蔓延，义山厄塞当涂，沉沦记室，其身危，则显言不可而曲言之；其思苦，则庄语不可而谩语之。计莫若瑶台、璚宇、歌筵、舞榭之间，言之可无罪，而闻之足以动。其《梓州吟》云"楚雨含情俱有托"，已自下笺解矣。此段真抉出本原，然此等皆可以意会之，必求其事以实之，则刻舟之见矣。中亦有实是艳词者，又不得概论。吾故曰：义山之诗，乃风之人之绪音，屈宋之遗响，盖得子美之深而变出之者也。"变出之"三字，为千古揭出正法眼藏，知李之所以学杜，知所以学李矣。若捃扯字句，株守格律，皆属浅尝。至于拾一二尖薄语以自快，则下劣诗魔，不可药救矣。岂徒以征事奥博，撷采妍华，与飞卿、柯古争霸一时哉。学者不察本末，类以才人浪子目义山，即爱其诗者，亦不过以为帷房昵媟之词而已，此不能论世知人之故也。凡诗皆当如此看，就诗论诗，盖有不晓为何语者，况定其工拙乎？予故博考时事，推求至隐，因笺成而发之，以复于先生。且以为世之读《义山集》者告焉。

顺治己亥二月朔，朱鹤龄书于猗兰堂

校刊《玉溪生诗说》序

纪文达公评李义山诗，自广州新刊武林沈厚塽辑本外，他未之见。今年夏，余归自吴门，得钞本《玉溪生诗说》二册，中多批抹增删之处，朱墨烂然，皆公手迹。间取沈辑本对校，颇有不能吻合。有沈所有而此已抹，盖沈所见仅是评本，而此则别自为编断，为后定之本无疑也。上卷皆入选之诗，下卷为《或问》，以明其取裁之义，举全集诸题，或取或不取，皆有说以处之。非若他选家，但论入选者之佳，而不入选者一切置之不论不议者比，洵可谓独辟说诗之门径者矣。然玩公手泽，有既删而复存，亦有已取而终去，于评语亦不惮反覆删改，以衷于至当。润饰既繁，卷页蠹损，纠缪纷错，雠校为难。以商闵君颐生，慨许助成，遂得以付梓。乌乎！古今来论义山者夥矣，自《唐书》本传有诡薄无行之语，而合之其诗尤多闺闼之词，世遂以才人浪子目之，虽使义山复生，殆亦无以自解。岂期千载下得朱氏长孺一序，特白其冤，而又得文达公此编，一屏其尖新涂泽之作，去瑕取瑜，归于正声，风人之旨悉可探索，是不得谓非义山之知己已？世有歆慕义山者，尚其熟复是编，必如义山之有所讽喻寄托。则虽蒙才人浪子之目，千载下犹得而昭雪之也。

光绪十有四年秋八月，古吴朱记荣撰

自　序

　　世之习义山诗者，类取其一二尖新涂泽之作，转相仿效。而毁义山者，因之指摘掊击，以西昆为厉禁，反复聚讼非一日矣。皆缘不知义山之为义山，而随声附和，哄然佐斗，赞与毁皆无当也。夫深山大泽有龙虎焉，不见其嘘而成云，啸而生风，而执其败鳞残革以诧人，以为龙虎如是。人见其败鳞残革也，亦以为龙虎不过如是而鄙之，以为不足奇。可谓之知龙虎哉！独吴江朱氏《笺注》一序，推见至隐，可谓知言。然其书以笺注为主，例须全收，未暇别择。余幼而学诗即喜观是集，每欲严为澄汰，钞录一编，牵率人事，因循未果也。秋冬以来，居忧多暇，因整理旧业，编纂成书。于流俗传诵尖新涂泽之作，大半弃置；而当时习气所渐，流于飞卿、长吉一派者，亦概为屏却。去瑕取瑜，宁刻毋滥，覆而阅之，真有所谓曲江老人相视而笑者，何至争妍斗巧，如世所云云哉！诗凡若干，具录于左，间采诸家之评而附以愚意。其所以去取之义及愚意之有所未尽者，别为《或问》一卷附之。意主说诗，不专笺注，故题曰《玉溪生诗说》。又以朱氏一序冠之篇首，俾读者知义山之宗旨，亦有以见此书之宗旨焉。

　　乾隆庚午十一月，河间纪昀自题

卷　上

重过圣女祠

白石岩扉碧藓滋,上清沦谪得归迟。一春梦雨常飘瓦,尽日灵风不满旗。萼绿华来无定所,杜兰香去未移时。玉郎会此通仙籍,忆向天阶问紫芝。

四家评曰:次联确是圣女祠,移用别仙鬼庙不得。

前四句写"圣女祠",后四句写"重过",盖于此有所遇而托其词于圣女。

补遗

芥舟评曰:后四未免自落窠臼。

霜　月

初闻征雁已无蝉,百尺楼高水接天。青女素娥俱耐冷,月中霜里斗婵娟。

首二句极写摇落高寒之意,则人不耐冷可知,却不说破,只以青女、素娥对照之,笔意深曲。

异俗二首

自注:时从事岭南。

鬼疟朝朝避,春寒夜夜添。未惊雷破柱,不报水齐檐。虎箭侵肤毒,鱼钩刺骨铦。鸟言成谍诉,多是恨彤襜。

户尽悬秦网,家多事越巫。未曾容獭祭,只是纵猪都。点对连鳌饵,搜求缚虎符。贾生兼事鬼,不信有洪炉。

二首骨法俱老,结句各有所刺。

蝉

本以高难饱,徒劳恨费声。五更疏欲断,一树碧无情。薄宦梗犹泛,故园芜已平。烦君最相警,我亦举家清。

起二句斗入有力,所谓意在笔先。

归愚评曰:四句取题之神。

前半写蝉,即自寓;后半自写,仍归到蝉。隐显分合,章法可玩。

李廉衣曰:"一树"句纤诡,此等尤易误人。与归愚意相反,然可以对参。

赠刘司户蕡

江风吹浪动云根,重碇危樯白日昏。已断燕鸿初起势,更惊骚客后归魂。汉廷急诏谁先入?楚路高歌自欲翻。万里相逢欢复泣,凤巢西隔九重门。

起二句赋而比也。不待次联承明,已觉冤气抑塞,此神到之笔。

七句合到本位,只"凤巢西隔九重门"一句竟住,不消更说,绝好收法。

哭刘司户二首

离居星岁易,失望死生分。酒瓮凝余桂,书签冷旧芸。江风吹雁急,山木带蝉曛。一叫千回首,天高不为闻。

先渲"江风"二句,末二句倍觉黯然,与右丞《济州送祖三》诗"天寒远山静"二句同一法门。

有美扶皇运,无谁荐直言。已为秦逐客,复作楚冤魂。湓浦应分派,荆江有会源。并将添恨泪,一洒问乾坤。

此首一气转折,沉郁震荡,神力尤大。

"无谁"二字不解,大约即无人之意。

二首前虚后实,前暗后明。前述相悼之情,后乃说到大关系处,不见重复,亦不容倒置,此章法也。

廉衣评曰:就"溢浦""荆江"指点有神,但结语与首章犯复。

悼伤后赴东蜀辟至散关遇雪

剑外从军远,无家与寄衣。散关三尺雪,回梦旧鸳机。

气格高远,犹存开、宝之遗。

"回梦旧鸳机"犹作有家观也。缩退一步,正是加一倍法。

乐游原

向晚意不适,驱车登古原。夕阳无限好,只是近黄昏。

百感茫茫,一时交集。谓之悲身世可,谓之忧时事亦可。

下二句向来所赏,然得力在以"向晚意不适"句倒装而入,下二句已含言下。

北齐二首

一笑相倾国便亡,何劳荆棘始堪伤。小怜玉体横陈夜,已报周师入晋阳。

四家评曰:警快。

廉衣评曰:芥舟云二诗太快,然病只在前二句欠深浑,后二句必如此快写始妙。

议论以指点出之,神韵自远。若但议论而乏神韵,则周昙、胡曾之流,仅有名论矣。诗固有理足意正而不佳者。

巧笑知堪敌万几,倾城最在着戎衣。晋阳已陷休回顾,更请君王猎一围。

此首尤含蓄有味。

风调欲绝而不佻不纤,所以为诗人之言。

南　朝

玄武湖中玉漏催,鸡鸣埭口绣襦回。谁言琼树朝朝见,不及金莲步步来。敌国军营漂木柹,前朝神庙锁烟煤。满宫学士皆颜色,江令当年只费才。

三、四言叔宝之荒淫过于东昏也,"谁言""不及",弄姿以取瞥脱耳。

五、六提笔振起,七、八冷掉作收,是义山法门。

以南朝为题,实专咏陈事,六代终于陈也。四家牵于首二句,故兼宋齐言之,实无此诗法。

听　鼓

城头叠鼓声,城下暮江清。欲问渔阳掺,时无祢正平。

有清壮之音,以气格胜。次句着"城下暮江清"五字,益觉萧瑟空旷,动人远想,此渲染之法。

桂　林

城窄山将压,江宽地共浮。东南通绝域,西北有高楼。神护青枫岸,龙移白石湫。殊乡竟何祷,箫鼓不曾休。

字字精炼,气脉完足,直逼老杜。

落句愁在言外。

夜雨寄北

君问归期未有期,巴山夜雨涨秋池。何当共剪西窗烛,却话巴山夜雨时。

探过一步作结,不言当下云何而当下意境可想。

作不尽语每不免有做作态,此诗含蓄不露,却只似一气说完,故为高唱。

北 禽

为恋巴江暖,无辞瘴雾蒸。纵能朝杜宇,可得值苍鹰。石小虚填海,芦铦未破矰。知来有干鹊,何不向雕陵?

蘅斋评曰:忧谗畏讥而作。

字字比附,妙不黏滞。

柳

柳映江潭底有情,望中频遣客心惊。巴雷隐隐千山外,更作章台走马声。

深情忽触,不复在迹象之间。

韩 碑

元和天子神武姿,彼何人哉轩与羲。誓将上雪列圣耻,坐法宫中朝四夷。淮西有贼五十载,封狼生䝙䝙生罴。不据山河据平地,长戈利矛日可麾。帝得圣相相曰度,自注:《晏子春秋》:"仲尼,圣相。"贼斫不死神扶持。腰悬相印作都统,阴风惨淡天王旗。愬武古通作牙爪,仪曹外郎载笔随。行军司马智且勇,十四万众犹虎貔。入蔡缚贼献太庙,功无与让恩不訾。帝曰汝度功第一,汝从事愈宜为词。愈拜稽首蹈且舞,金石刻画臣能为。古者世称大手笔,此事不系于职司。当仁自古有不让,言讫屡颔天子颐。公退斋戒坐小阁,濡染大笔何淋漓。点窜《尧典》《舜典》字,涂改《清庙》《生民》诗。文成破体书在纸,清晨再拜铺丹墀。表曰臣愈昧死上,咏神圣功书之碑。碑高三丈字如手,负以灵鳌蟠以螭。句奇语重喻者少,谗之天子言其私。长绳百尺拽碑倒,粗砂大石相磨治。公之斯文若元气,先时已入人肝脾。汤盘孔鼎有述作,今无其器存其词。呜呼圣皇及圣相,相与烜赫流淳熙。公之斯文不示后,曷与三五相攀追。愿书万本诵万遍,口角流沫右手胝。传之七十有二代,以为封禅玉检明堂基。

蘅斋评曰:首四句叙平淮西之由,庄重得体,亦即从韩碑首段化来。

"誓将上雪列圣耻"句,说得尔许关系,已为平淮西高占地步。"淮西"四句极言元济之强,便令平淮西之功益壮。入手八句两段,字字争先,不是寻常铺叙之法。

"帝得"句遥接起四句,大书特书,提出眼目。

十四万兵如何铺叙?只"阴风"七字传神,便见出号令森严,步伍整齐,此一笔作百十笔用也。盖从《诗》"萧萧马鸣,悠悠旆旌"化来。

层层写下,至"帝曰"二句,一笔定母,眼目分明,前路总为此二句。

四家评曰:"愈拜稽首"一段是波澜顿挫处,不尔便直头布袋。

"公之斯文"四句真撑得起。非此坚柱,如何撑柱一段大文。凡大篇须有几处精神团聚,方不平衍散缓。

收处只将"圣皇""圣相"高占地步,而碑文之发扬壮烈、不可磨灭自见。此一篇之主宰,结处标明。

有一起合有一结,必如此章法乃称。

宿骆氏亭寄怀崔雍崔衮

竹坞无尘水槛清,相思迢递隔重城。秋阴不散霜飞晚,留得枯荷听雨声。

分明自己无聊,却就枯荷雨声渲出,极有余味,若说破雨夜不眠,转尽于言,下矣。

"秋阴不散"起"雨声","霜飞晚"起"留得枯荷",此是小处,然亦见得不苟。

补遗

香泉评曰:寄怀之意全在言外。

风 雨

凄凉《宝剑篇》,羁泊欲穷年。黄叶仍风雨,青楼自管弦。新知遭薄俗,旧好隔良缘。心断新丰酒,销愁斗几千。

神力完足。

"仍"字、"自"字,多少悲凉。

补遗

芥舟评曰:"旧好"句疵。

梦　泽

梦泽悲风动白茅,楚王葬尽满城娇。未知歌舞能多少,虚减宫厨为细腰。

繁华易尽,却从当日希宠者一边落笔,便不落吊古窠臼。

寄令狐郎中

嵩云秦树久离居,双鲤迢迢一纸书。休问梁园旧宾客,茂陵秋雨病相如。

一唱三叹,格韵俱高。

漫成三首

不妨何范尽诗家,未解当年重物华。远把龙山千里雪,将来拟并洛阳花。

"花""雪"是本文,"龙山""洛阳"借为点缀,所谓串用也。

此种绝句已落论宗矣。要之高手能以神韵出之,依然正声也。

沈约怜何逊,延年毁谢庄。清新俱有得,名誉底相伤。

风骨甚老。

雾夕咏芙蕖,何郎得意初。此时谁最赏?沈范两尚书。

言下多少健羡,悠然有弦外之音。

三诗皆深有寄托,故言尽而意不尽,有不说出者在也。使泛泛论古,此体不免有伧父面目处。

无　题

白道萦回入暮霞,斑骓嘶断七香车。春风自共何人笑,枉破阳城十万家。

怨极而以唱叹出之,不露怒张之态。

《无题》作小诗极有神韵,衍为七律,便往往太纤太靡,盖小诗可以风味取妍,律篇须骨格老重,方不失大方。

哭刘蕡

上帝深宫闭九阍,巫咸不下问衔冤。黄陵别后春涛隔,湓浦书来秋雨翻。只有安仁能作诔,何曾宋玉解招魂。平生风义兼师友,不敢同君哭寝门。

悲壮淋漓,一气鼓荡。

"湓浦书来",谓讣音也。

"巫咸"原作"巫阳",从朱氏注改。"黄陵"原作"广陵",据"春雪满黄陵"句改。

哭蕡诗四首俱佳,故诗亦须择题。

杜司勋

高楼风雨感斯文,短翼差池不及群。刻意伤春复伤别,人间唯有杜司勋。

四家评曰:只自伤春伤别,乃弥有感于司勋也。

杨本胜说于长安见小男阿衮

闻君来日下,见我最娇儿。渐大啼应数,长贫学恐迟。寄人龙种瘦,失母凤雏痴。语罢休边角,青灯两鬓丝。

四家评曰:结有情致。诗须如此住意,方不尽于言中。

西 溪

怅望西溪水,潺湲奈尔何?不惊春物少,只觉夕阳多。色染妖韶柳,光含窈窕萝。人间从到海,天上莫为河。凤女弹瑶瑟,龙孙撼玉珂。京华他夜梦,好好寄云波。

七、八句深远蕴藉,可称高唱。

越燕二首

上国社方见,此乡秋不归。为矜皇后舞,犹着羽人衣。拂水斜纹乱,衔花片影微。卢家文杏好,试近莫愁飞。

三、四劣。

前六句实咏燕,末二句将寓意轻轻一按,带动次首,此是章法。

此诗本不甚佳,但二首章法相生,不容割裂。有下首则此首亦佳,去此首则下首太突,故并存之。竟陵笑选诗惜群,不知《诗归》之病,正坐只知摘句耳。

将泥红蓼岸,得草绿杨村。命侣添新意,安巢复旧痕。去应逢阿母,自注:乐府诗:"东飞伯劳西飞燕,黄姑阿母长相见。"来莫害皇孙。记取丹山凤,今为百鸟尊。

此首纯乎寓意。前半言其得志,后半戒以心在朝廷。虽所指之人不可考,然语意分明。

字字托意,而不黏皮带骨最难。

自注引乐府"黄姑阿母"句,今本作"黄姑织女时相见",未详孰是。

杜工部蜀中离席

人生何处不离群?世路干戈惜暂分。雪岭未归天外使,松州犹驻殿前军。座中醉客延醒客,江上晴云杂雨云。美酒成都堪送老,当垆仍是卓文君。

此拟工部之作,集中《韩翃舍人即事》亦此例,谢灵运《邺中集》诗、江文通《杂拟诗》标题皆如此也。

起二句大开大合,极龙跳虎卧之观。

颔联顶次句,颈联正写离席。

蒙泉评曰:题是离席,末二句留之也。

四家评曰:此等诗须合全体观之,不以字句论工拙。

隋　宫

紫泉宫殿锁烟霞，欲取芜城作帝家。玉玺不缘归日角，锦帆应是到天涯。于今腐草无萤火，终古垂杨有暮鸦。地下若逢陈后主，岂宜重问《后庭花》？

纯用衬贴活变之笔，一气流走，无复排偶之迹。

首二句一起一落，上句顿，下句转，紧呼三、四句。"不缘""应是"四字，跌宕生动之极。

无限逸游，如何铺叙？三、四句只作推算语，便连未有之事一并托出，不但包括十三年中事也，此非常敏妙之笔。

结句是晚唐别于盛唐处，若李、杜为之当别有道理。此升降大关，不可不知。学义山者切戒此种笔墨。

结虽不佳，然缘炀帝实有吴公台见陈后主一事，借为点缀，尚不大碍。若凭空作此语，则恶道矣。

二月二日

二月二日江上行，东风日暖闻吹笙。花须柳眼各无赖，紫蝶黄蜂俱有情。万里忆归元亮井，三年从事亚夫营。新滩莫悟游人意，更作风檐夜雨声。

四家评曰：前半逼出忆归，如此浓至，却令人不觉。

"元亮井"事无所出，恐是"葛亮"之讹。

补遗

香泉评曰：两路相形，夹写出忆归精神，合通首反覆咀味之，其情味自出。

筹笔驿

猿鸟犹疑畏简书，风云长为护储胥。徒令上将挥神笔，终见降王走传车。管乐有才终不忝，关张无命欲何如？他年锦里经祠庙，《梁甫》吟成恨有余。

蒙泉评曰：起二句本意已尽，无可措手矣，三、四句忽作开笔。五、六收转，两意相承，字字顿挫。七、八拓开作结，与少陵"丞相祠堂"作不可妄置优劣也。

起手抬得甚高，三、四忽然驳倒，四句之中几于自相矛盾，盖由意中先有五、六一解，故敢下此离奇之笔，见是横绝，其实稳绝。

前六句夭矫奇横，不可方物。就势直结，必为强弩之末，故提笔掉转前日之经祠庙吟《梁父》而恨有余，则今日抚其故迹，恨可知矣。一篇淋漓尽致，结处犹能作掉开不尽之笔，圆满之极。

武侯庙古柏

蜀相阶前柏，龙蛇捧閟宫。阴成外江畔，老向惠陵东。大树思冯异，《甘棠》忆召公。叶凋湘燕雨，枝折海鹏风。玉垒经纶远，金刀历数终。谁将《出师表》，一为问昭融？

蒙泉评曰：五、六句一锁，转处生慨。

五、六句乃一篇眼目，不但以用事工细赏之。

"湘燕""海鹏"字无着落，此种是昆体可厌之处。有谓"金刀"句太纤者，不为无见，然在昆体尚不妨，但不得刻意效此种。

即　日

一岁林花即日休，江间亭下怅淹留。重吟细把真无奈，已落犹开未放愁。山色正来衔小苑，春阴只欲傍高楼。金鞍忽散银壶漏，更醉谁家白玉钩？

纯以情致胜，笔笔唱叹，意境自深。《曲池》诗亦是此调，则近乎靡矣。

九成宫

十二层城阆苑西，平时避暑拂虹霓。云随夏后双龙尾，风逐周王八骏蹄。吴岳晓光连翠𪩘，甘泉晚景上丹梯。荔枝卢橘沾恩幸，鸾鹊天书湿紫泥。

此义山感当世之衰,而追思贞观太平之盛也,谓有所讽刺者非。

起手"平时"二字特清眉目。

七、八句言一草一木,皆在德泽沾溉之中,望古遥集,声在弦外,诗人之言盖如是矣。

汉宫词

青雀西飞竟未回,君王长在集灵台。侍臣最有相如渴,不赐金茎露一杯。

长孺笺曰:按史,宪宗服金丹暴崩,穆宗、武宗复循其辙。义山此作深有托讽,与后《瑶池》诗同旨。

笔笔折转,警动非常,而出之以深婉。

后二句言果医得消渴病愈,犹有可以长生之望,何不赐一杯以试之也?折中有折,笔意绝佳。

无题四首(选第二首)

飒飒东风细雨来,芙蓉塘外有轻雷。金蟾啮锁烧香入,玉虎牵丝汲井回。贾氏窥帘韩掾少,宓妃留枕魏王才。春心莫共花争发,一寸相思一寸灰。

起二句妙有远神,不可理解而可以意喻。

"魏王"字合是"陈王",为平仄所牵耳。

"贾氏窥帘"以韩掾之少,"宓妃留枕"以魏王之才。自顾生平,岂复有分及此,故曰"春心莫共花争发,一寸相思一寸灰"。此四句是一提一落也。

四首皆寓言也,此作较有蕴味,气体亦不堕卑琐。

《无题》诸作大抵感怀托讽,祖述乎美人、香草之遗,以曲传其郁结,故情深调苦,往往感人。特其格不高,时有太纤太靡之病,且数见不鲜,转成窠臼耳。归愚以为剪彩为花,绝少生韵,固不足以服其心,而效者又摹拟剽贼,积为尘劫,无病而呻,有更甚于汉人之拟《骚》者。他体已然,七律尤甚,流弊所至,殆不胜言。存此一章,聊以备义山一种耳。

无题二首(选第一首)

八岁偷照镜,长眉已能画。十岁去踏青,芙蓉作裙衩。十二学弹筝,银甲不曾卸。十四藏六亲,悬知犹未嫁。十五泣春风,背面秋千下。

独成一格,然觉有古意,古故不在形貌声响间。

四家评曰:每于结处见本意。

又曰:亦有不尽之妙。

此《无题》中之最佳者,若"何处哀筝随急管"一首,风斯下矣。

《无题》诸作,有确有寄托者,"来是空言去绝踪"之类是也;有戏为艳语者,"近知名莫愁"之类是也;有实有本事者,如"昨夜星辰昨夜风"之类是也;有失去本题而后人题曰《无题》者,如"万里风波一叶舟"一首是也;有失去本题而误附于《无题》者,如"幽人不倦赏"一首是也。宜分别观之,不必概为深解。其有摘诗中字而为题者,亦《无题》之类,亦有此数种,皆当分晰。

补遗

芥舟评曰:此首诚佳,然不可仿效,彼固由仿效而来,以能截体,故佳耳。

落　花

高阁客竟去,小园花乱飞。参差连曲陌,迢递送斜晖。肠断未忍扫,眼穿仍欲稀。芳心向春尽,所得是沾衣。

归愚评曰:起法之妙,黏着者不知。

蒙泉评曰:好起结,非人所及。

起句亦非人意中所无,但不免放在中间。后面写寂寞之景耳,得神在倒跌而入。

四家评曰:一结无限深情,"得"字意外巧妙。

补遗

芥舟评曰:起句真是超绝。"眼穿""肠断",吾不喜之。

访隐者不遇成二绝

秋水悠悠浸野扉,梦中来数觉来稀。玄蝉去尽叶黄落,一树冬青人未归。

  落句有神。

  廉衣评曰:"梦中"句累。

城郭休过识者稀,哀猿啼处有柴扉。沧江白石樵渔路,日暮归来雨满衣。

  "白石"本作"白日",从汲古阁本改。

  蒙泉评曰:此想其所往也,写不遇亦别。

  蘅斋评曰:二绝风格又别。

柳

曾逐东风拂舞筵,乐游春苑断肠天。如何肯到清秋日,已带斜阳又带蝉。

  蘅斋评曰:四句一气,笔意灵活。

  只用三四虚字转折,冷呼热唤,悠然弦外之音,不必更着一语也。

  平山笺曰:"肯"字妙。

补遗

  芥舟评曰:平山赏"肯"字之妙,然此字亦险。

三月十日流杯亭

身属中军少得归,木兰花尽失春期。偷随柳絮到城外,行过水西闻子规。

  风调自异,纯以骨韵胜也。

留赠畏之(选第二首)

  自注:时将赴梓潼遇韩朝回三首。

待得郎来月已低,寒暄不道醉如泥。五更又欲向何处?骑马出门乌夜啼。

  此题三首,后二首了不相涉,必遗去赠韩诗二首而以他诗入之也。午桥笺附会穿凿,亦固而已矣。

绝妙闺情,声调极似《竹枝》。此种自是艳体,唐人多有,必以义山之故,为之深解,斯注家之陋也。

同年董曲江曰:"义山之诗寄托固多,然亦有只是艳词者。如《柳枝五首》,设当日不留一序,又何不可作感慨遇合解也。"此语有见,因论此诗而附着之。

碧城三首

碧城十二曲阑干,犀辟尘埃玉辟寒。阆苑有书多附鹤,女床无树不栖鸾。星沉海底当窗见,雨过河源隔坐看。若是晓珠明又定,一生长对水晶盘。

对影闻声已可怜,玉池荷叶正田田。不逢萧史休回首,莫见洪崖又拍肩。紫凤放娇衔楚佩,赤鳞狂舞拨湘弦。鄂君怅望舟中夜,绣被焚香独自眠。

七夕来时先有期,洞房帘箔至今垂。玉轮顾兔初生魄,铁网珊瑚未有枝。检与神方教驻景,收将凤纸写相思。武皇内传分明在,莫道人间总不知。

诗有众说纠纷者,既无本事,难以确主第,各就所见领略之,亦各有得力耳。《碧城三首》可如是观也。

《锦瑟》体涩而味薄,观末二句,意亦止是耳。《碧城》则寄托深远,耐人咀味矣。此真所谓不必知名而自美也。

辛未七夕

恐是仙家好别离,故教迢递作佳期。由来碧落银河畔,可要金风玉露时?清漏渐移相望久,微云未接过来迟。岂能无意酬乌鹊,唯与蜘蛛乞巧丝。

首四句作问之之词,后四句即兴就事论事,又逼入一步问之。超忽跌荡,不可方物。只是命意高则笔下得势耳。

玉 山

玉山高与阆风齐,玉水清流不贮泥。何处更求回日驭?此中兼有上天梯。

珠容百斛龙休睡,桐拂千寻凤要栖。闻道神仙有才子,赤箫吹罢好相携。

此实咏玉山,非摘首二字为题之比。

纯乎托意。三、四有力量,五、六有风旨。

牡　丹

锦帏初卷卫夫人,自注:《典略》云:"夫子见南子在锦帏之中。"绣被犹堆越鄂君。垂手乱翻雕玉佩,折腰争舞郁金裙。石家蜡烛何曾剪？荀令香炉可待薰。我是梦中传彩笔,欲书花片寄朝云。

四家评曰:生气涌出。

八句八事,却一气鼓荡,不见用事之迹,绝大神力。

所恶乎《碧瓦》诸作,为其雕琢支凑,无复神味,非以用事也,如此诗,神力完足,岂复以纤靡繁碎为病哉！

"折腰争舞"句形容出富贵风流之致。《英华》作"细腰频换郁金裙",索然无味矣。

末句却合依《英华》本,"花片"有情,"花叶"无理也。

咏　史

北湖南埭水漫漫,一片降旗百尺竿。三百年间同晓梦,钟山何处有龙盘？

四家评曰:形胜难凭,亦风刺也。

又曰:四句中气脉何等阔大。

廉衣评曰:"一片"句鹘兀。又曰:此诗渐近粗响。极是。

补遗

香泉评曰:"北湖南埭"皆盘游之地,言以佚乐致亡也,写来不觉。

日　射

日射纱窗风撼扉,香罗掩手春事违。回廊四合掩寂寞,碧鹦鹉对红蔷薇。

佳在竟住,情景可思。

梓潼望长卿山至巴西复怀谯秀

梓潼不见马相如,更欲南行问酒垆。行到巴西觅谯秀,巴西惟是有寒芜。

但如题一气写出,自饶深致,最老境不可及。

廉衣曰:字句衔叠而下,集中此调极多,在彼写来,自有拙趣,然效之则成枯窘矣。神到之作,独《夜雨寄北》一章耳。

齐宫词

永寿兵来夜不扃,金莲无复印中庭。梁台歌管三更罢,犹自风摇九子铃。

归愚评曰:此篇不着议论,《贾生》篇竟着议论,异体而各极其致。

补遗

芥舟评曰:胜《北齐二首》。

汉 宫

通灵夜醮达清晨,承露盘晞甲帐春。王母西归方朔去,更须重见李夫人。

不下断语,而吞吐之间大意见矣,与《北齐》第二首同一风调。

"春"字趁韵。

江 东

惊鱼拨剌燕翩翾,独自江东上钓船。今日春光太漂荡,谢家轻絮沈郎钱。

蒙泉评曰:无聊之思,亦在言外。

灞 岸

山东今岁点行频,几处冤魂哭虏尘。灞水桥边倚华表,平时二月有东巡。

以倒装见吐属之妙,若顺说则不成语矣,于此悟用笔之法。

首二句再蕴藉更佳。

望喜驿别嘉陵江水二绝

嘉陵江水此东流,望喜楼中忆阆州。若到阆州还赴海,阆州应更有高楼。

  曲折有味。

千里嘉陵江水色,含烟带月碧于蓝。今朝相送东流后,犹自驱车更向南。

  前首说江东去,是将别也。此首说人南行,是已别也。二首相生。

月　夕

草下阴虫叶上霜,朱栏迢递压湖光。兔寒蟾冷桂花白,此夜姮娥应断肠。

  对面写法。

  廉衣评曰:三句拙凑。

离亭赋得折杨柳二首(选第二首)

含烟惹雾每依依,万绪千条拂落晖。为报行人休尽折,半留相送半迎归。

  情致自深,翻题殊妙。

  此诗亦二首相生,然可以删取。

  廉衣评曰:首二句格低。

寄永道士

共上云山独下迟,阳台白道细如丝。君今并倚三珠树,不记人间落叶时。

  感慨殊深。

次陕州先寄源从事

离思羁愁日欲晡,东周西雍此分途。回銮佛寺高多少,望尽黄河一曲无?

  浅浅语,风骨自老,气脉亦厚。

过郑广文旧居

宋玉平生恨有余,远循三楚吊三闾。可怜留著临江宅,异代应教庾信居。

纯乎比体,后二句烘托取姿。

梦令狐学士

山驿荒凉白竹扉,残灯向晓梦清辉。右银台路雪三尺,凤诏裁成当直归。

平山笺曰:失意人梦得意人,"山驿""银台"映发得妙。

宫 妓

珠箔轻明拂玉墀,披香新殿斗腰支。不须看尽鱼龙戏,终遣君王怒偃师。

钝吟评曰:此诗风刺也。唐时宫禁不严,托意偃师之假人,刺其相招,不忍斥言,真微词也。

宫 词

君恩如水向东流,得宠忧移失宠愁。莫向樽前奏《花落》,凉风只在殿西头。

怨之至矣,而不失优柔之意,一唱三叹,余音未寂。后二句仿佛"黄河远上"一章也。

廉衣曰:末二句妙矣,缘"西"字与首句"东"字相应,转成纤仄。此论入微。又曰:次句欠雅。亦是。

瑶 池

瑶池阿母绮窗开,《黄竹》歌声动地哀。八骏日行三万里,穆王何事不重来?

尽言尽意矣,而以诘问之词吞吐出之,故尽而不尽。

廉衣曰：太薄。

评事翁寄赐饧粥，走笔为答

粥香饧白杏花天，省对流莺坐绮筵。今日寄来春已老，凤楼迢递忆秋千。

只将今昔对照，一点便住，不说出已说出矣，此诗家常用之法。

板桥晓别

回望高城落晓河，长亭窗户压微波。水仙欲上鲤鱼去，一夜芙蓉红泪多。

何等风韵，如此作艳体，乃佳。笑裙裾脂粉之横填也。

与同年李定言曲水闲话戏作

海燕参差沟水流，同君身世属离忧。相携花下非秦赘，对泣春天类楚囚。碧草暗侵穿苑路，珠帘不卷枕江楼。莫惊五胜埋香骨，地下伤春亦白头。

入手有势有法。

四家评曰：首句比也。

后二句正闲话所及，"亦"字暗抱前半，"戏"字即含句内。

亦沉郁顿挫，亦清楚分明，题中无一字不到也。

有感二首

自注：乙卯年有感，丙辰年诗成。

九服归元化，三灵叶睿图。如何本初辈，自取屈牦诛？有甚当车泣，因劳下殿趋。何成奏云物，直是灭萑苻？证逮符书密，词连性命俱。竟缘尊汉相，不早辩胡雏。鬼篆分朝部，军烽照上都。敢云堪恸哭，未免怨洪炉。

起二句言人心天命俱未去唐，非真有社稷存亡之虑，无容急遽图之也。

四家评曰：结句归祸于天，风人之旨。

丹陛犹敷奏,彤庭欻战争。临危对卢植,是晚独召故相彭阳公入。始悔用庞萌。御仗收前殿,凶徒剧背城。苍黄五色棒,掩遏一阳生。古有清君侧,今非乏老成。素心虽未易,此举太无名。谁瞑衔冤目,宁吞欲绝声。近闻开寿宴,不废用《咸英》。

　　直起不装头,是第二首也。
　　"古有"四句,两开两合,曲折如志,绝大神力。
　　结句感慨入骨,此义山法也。
　　二诗是慨训、注轻举,文宗误用,而令王涯等蒙冤,钱夕公之笺非也。

重有感

　　玉帐牙旗得上游,安危须共主君忧。窦融表已来关右,陶侃军宜次石头。岂有蛟龙愁失水,更无鹰隼与高秋。昼号夜哭兼幽显,早晚星关雪涕收。

　　"岂有""更无",开合相应,上句言无受制之理,下句解受制之故也。
　　揭出大义,压伏一切,此等处是真力量。夕公以"岂有"为讳之,非也。

春　雨

　　怅卧新春白夹衣,白门寥落意多违。红楼隔雨相望冷,珠箔飘灯独自归。远路应悲春晼晚,残宵犹得梦依稀。玉珰缄札何由达,万里云罗一雁飞。

　　宛转有味。
　　平山笺以为此有寓意,亦属有见,然如此诗,即无寓意亦自佳。
　　景州李露园尝曰:"诗令人解得寓意见其佳,即不解所寓之意亦见其佳,乃为好诗。盖必如是乃蕴藉浑厚耳。"因论此诗而附记之。

即　日

　　小苑试春衣,高楼倚暮晖。夭桃唯是笑,舞蝶不空飞。赤岭久无耗,鸿门犹合围。几家缘锦字,含泪坐鸳机。

蒙泉评曰：感时事而作。三、四句对末二句看，兴也。

淮阳路

荒村倚废营，投宿旅魂惊。断雁高仍急，寒溪晓更清。昔年尝聚盗，此日颇分兵。猜贰谁先致？三朝事始平。

气脉既大，意境亦深，沉着流走，居然老杜之遗。

晚　晴

深居俯夹城，春去夏犹清。天意怜幽草，人间重晚晴。并添高阁迥，微注小窗明。越鸟巢干后，归飞体更轻。

轻秀是钱、郎一格。五、六再振起，则大历以上矣。

末句结"晚晴"，可谓细意熨贴，即无寓意亦自佳也。

迎寄韩鲁州瞻同年

积雨晚骚骚，相思正郁陶。不知人万里，时有燕双高。寇盗缠三辅，时兴元贼起，三川兵出。莓苔滑百牢。圣朝推卫索，归日动仙曹。

前四句一气浑成，意格高远。

武夷山

只得流霞酒一杯，空中箫鼓几时回？武夷洞里生毛竹，老尽曾孙更不来。

辩神仙之妄也。吞吐出之，语殊蕴藉。"几时回"是问词，"更不来"是答词。别本嫌二句犯复，改"几"为"当"，其实语意相生，本自不复也。

西南行却寄相送者

百里阴云覆雪泥，行人只在雪云西。明朝惊破还乡梦，定是陈仓碧野鸡。

以风调胜。诗固有无所取义而自佳者。

安定城楼

迢递高城百尺楼,绿杨枝外尽汀洲。贾生年少虚垂泪,王粲春来更远游。永忆江湖归白发,欲回天地入扁舟。不知腐鼠成滋味,猜意鸳雏竟未休。

  四家评以逼真老杜,信然。然使老杜为之,末二句必另有道理也。

茂　陵

汉家天马出蒲梢,苜蓿榴花遍近郊。内苑只知含凤嘴,属车无复插鸡翘。玉桃偷得怜方朔,金屋修成贮阿娇。谁料苏卿老归国,茂陵松柏雨萧萧。

  前六句一气,七、八折转,集中多此格。此首尤一气鼓荡,神力完足。

  蘅斋评曰:此首确是茂陵怀古诗,以为托讽,恐失作者之意。

风

迥拂来鸿急,斜催别燕高。已寒休惨淡,更远尚呼号。楚色分西塞,夷音接下牢。归舟天外有,一为戒波涛。

  纯是寓意,字字沉着,却字字唱叹,绝不黏滞也。

天　涯

春日在天涯,天涯日又斜。莺啼如有泪,为湿最高花。

  四家评曰:一气浑成,如是即佳。

  平山笺曰:最高花,花之绝顶枝也,花至此开尽矣。

自山南北归经分水岭

水急愁无地,山深故有云。那通极目望,又作断肠分。郑驿来虽及,燕台哭不闻。犹余遗意在,许刻镇南勋。

  一气流走,风格甚老。

长孺笺曰：按史，开成初，令狐楚为山南节度使，卒于镇。山南治汉中。题曰"北归经分水岭"，而诗有"燕台哭不闻"之句，知必为令狐楚作也。义山尝为楚撰志文，故末曰"许刻镇南勋"。

代秘书赠弘文馆诸校书

清切曹司近玉除，比来秋兴复何如？崇文馆里丹霜后，无限红梨忆校书。

风韵绝人。

末句"校书"二字指其事，非题中所署之官名也。

出关宿盘豆馆对丛芦有感

芦叶梢梢夏景深，邮亭暂欲洒尘襟。昔年曾是江南客，此日初为关外心。思子台边风自急，玉娘湖上月应沉。清声不远行人去，一世荒城伴夜砧。

用笔甚轻而情思殊深，正复以轻得之耳。

补遗

香泉评曰：次联言昔客江南，黄芦满地，然年壮气盛，曾无寥落之感。此日流落而为关外之人，不觉凄乎？其悲因芦叶之梢梢而百端交集也。

吴　宫

龙槛沉沉水殿清，禁门深掩断人声。吴王宴罢满宫醉，日暮水漂花出城。

平山笺曰：总从"梧宫秋，吴王愁"六字翻出。

末七字含多少荒淫在内而浑然不觉，此之谓蕴藉。

嫦　娥

云母屏风烛影深，长河渐落晓星沉。嫦娥应悔偷灵药，碧海青天夜夜心。

意思藏在上二句，却从嫦娥对面写来，十分蕴藉。非咏嫦娥也。

天津西望

虏马崩腾忽一狂,翠华无不到东方。天津西望肠真断,满眼秋波出苑墙。

　　首二句太拙,末句神来。

忆住一师

无事经年别远公,帝城钟晓忆西峰。炉烟消尽寒灯晦,童子开门雪满松。

　　格韵俱高。

补遗

　　香泉评曰:只写住师所处之境清绝如此,而其人益可思矣。所忆之情,言外缥缈。

寄蜀客

君到临邛问酒垆,近来还有长卿无?金徽却是无情物,不许文君忆故夫。

　　隐其名曰"蜀客",讽之以不忆故夫,此必新旧之间友朋相怨之诗也。亦殊婉而多风。

补遗

　　香泉评曰:以无情诮金徽,殊妙。若说文君无情,便同嚼蜡矣。

细　雨

帷飘白玉堂,簟卷碧牙床。楚女当时意,萧萧发彩凉。

　　对照下笔,小诗之极有致者。

到　秋

扇风淅沥簟流离,万里南云滞所思。守到清秋还寂寞,叶丹苔碧闭门时。

　　"到"字好,以前有多少话在也。

不言愁而愁自见,诗须如此住。

华　师

孤鹤不睡云无心,衲衣筇杖来西林。院门昼锁回廊静,秋日当阶柿叶阴。

落落穆穆,静气在字句之外。

过华清内厩门

华清别馆闭黄昏,碧草悠悠内厩门。自是明时不巡幸,至今青海有龙孙。

四家评曰:婉而多风,胜《龙池》多多。

丹　丘

青女丁宁结夜霜,羲和辛苦送朝阳。丹丘万里无消息,几对梧桐忆凤凰。

蒙泉评曰:有西方美人之慨。

起二句犹嫌凑泊。

昭肃皇帝挽歌词三首

九县怀雄武,三灵仰睿文。周王传叔父,汉后重神君。玉律朝惊露,金茎夜切云。箫箫凄欲断,无复咏横汾。

四家评曰:五、六说大行,蕴藉轻婉。

玉塞惊宵柝,金桥罢举烽。始巢阿阁凤,旋驾鼎湖龙。门咽通神鼓,楼凝警夜钟。小臣观吉从,犹误欲东封。

到第六句直是转身不得,必为弩末矣,看结法是何等神力。

廉衣曰:结句调警而意纤。思之信然。

莫验昭华琯,虚传甲帐神。海迷求药使,雪隔献桃人。桂寝青云断,松扉白露新。万方同象鸟,举恸满秋尘。

又就求仙唱叹作收,声情凄婉,是悲非刺。

四家评曰：三首宏整哀切，就挽事作叹，不失诔尊之体。

梓州罢吟寄同舍

不拣花朝与雪朝，五年从事霍嫖姚。君缘接坐交珠履，我为分行近翠翘。楚雨含情皆有托，漳滨卧病竟无憀。长吟远下燕台去，惟有衣香染未销。

罢，府罢也。

起手斗入有力。

平山笺曰：是倒装法也。

结语感叹不尽。

故驿迎吊故桂府常侍有感

饥乌翻树晚鸡啼，泣过秋原没马泥。二纪征南恩与旧，此时丹旐玉山西。

四家评曰：悲出无字。

妙不更着一字。

暮秋独游曲江

荷叶生时春恨生，荷叶枯时秋恨成。深知身在情长在，怅望江头江水声。

不深不浅，恰到好处。

子初郊墅

看山对酒君思我，听鼓离城我访君。腊雪已添墙下水，斋钟不散槛前云。阴移竹柏浓还淡，歌杂渔樵断更闻。亦拟村南买烟舍，子孙相约事耕耘。

直写朴老，风格殊高。

补遗

芥舟评曰："君思我""我访君"二句调用在起联，故只觉脱洒，不嫌油俗，亦以其衬贴字面雅净。若吴梅村偷用于颔联，云"青衫憔悴卿怜我，红粉飘零我忆卿",则俗不可耐矣。

汉南书事

西师万众几时回,哀痛天书近已裁。文吏何曾重刀笔,将军犹自舞轮台。几时拓土成王道?从古穷兵是祸胎。陛下好生千万寿,玉楼长御白云杯。

"拓土""穷兵"自是正面,而以对"哀痛天书"言之,则借为反衬也。

结句就"哀痛天书"作收,极直极曲,可谓之婉而章矣。

复两"几时",虽不害为好诗,如西子捧心,不得谓之非病。

写　意

燕雁迢迢隔上林,高秋望断正长吟。人间路有潼江险,天外山唯玉垒深。日向花间留返照,云从城上结层阴。三年已制思乡泪,更入新年恐不禁。

"潼江""玉垒"岂必独险独深,意中觉其如是耳。

结恐太直,故作态收之,此亦躲闪之法也。

贾　生

宣室求贤访逐臣,贾生才调更无伦。可怜夜半虚前席,不问苍生问鬼神。

纯用议论矣,却以唱叹出之,不见议论之迹。

旧将军

云台高议正纷纷,谁定当时荡寇勋。日暮灞陵原上猎,李将军是故将军。

四家评曰:讥当时弃功不录也,词致清婉。

曼倩词

十八年来堕世间,瑶池归梦碧桃闲。如何汉殿穿针夜,又向窗中觑阿环?

自寓之作,感慨不尽。

访 秋

酒薄吹还醒,楼危望已穷。江皋当落日,帆席见归风。烟带龙潭白,霞分鸟道红。殷勤报秋意,只是有丹枫。

意境既阔,气脉亦厚,此亦得杜之藩篱者。

"访"字恐"初"字之讹,形相似也。且作"初"尤与末二句意思相关。

哭刘司户蕡

路有论冤谪,言皆在中兴。空闻迁贾谊,不待相孙弘。江阔惟回首,天高但抚膺。去年相送地,春雪满黄陵。

后四逆挽作收,绝好结法。"江阔"二句亦言相送时也。

补遗

香泉评曰:公孙弘再举贤良,乃遭遇人主而至相位,而去华竟不及待,用事最亲切。

陆发荆南始至商洛

昔去真无奈,今还岂自知?青辞木奴橘,紫见地仙芝。四海秋风阔,千岩暮景迟。向来忧际会,犹有五湖期。

后半力足神完,居然老杜。

末二句一宕一折,以歇后作收,亦一住法。

补遗

芥舟评曰:三、四镌削而不工。

思 归

固有楼堪倚,能无酒可倾。岭云春沮洳,江月夜晴明。鱼乱书何托?猿哀梦易惊。旧居连上苑,时节正迁莺。

起得超忽,收得恰好,通首一气转折,气脉雄大。

廉衣曰:古法备具,苦乏生韵。

春　游

桥峻班骓疾,川长白鸟高。烟轻唯润柳,风滥欲吹桃。徙倚三层阁,摩挲七宝刀。庾郎年最少,青草妒春袍。

四家赏"滥"字之奇,然佳处不在此。

后半有老骥伏枥之思,非但为香倩语也。

廉衣曰:五、六客气。

补遗

芥舟评曰:前四上二字平头,亦小病。

又曰:腰联真是健笔。

又曰:"滥"字不佳。

细　雨

萧洒傍回汀,依微过短亭。气凉先动竹,点细未开萍。稍促高高燕,微疏的的萤。故园烟草色,仍近五门青。

前六句犹刻画家数。一结若近若远,不黏不脱,确是细雨中思乡,作寻常思乡不得,作大雨亦不得。

题郑大有隐居

结构何峰是,喧闲此地分。石梁高泻月,樵路细侵云。偃卧蛟螭室,希夷鸟兽群。近知西岭上,玉管有时闻。自注:君居近子晋憩鹤台。

三、四高唱。

夜　饮

卜夜容衰鬓,开筵属异方。烛分歌扇泪,雨送酒船香。江海三年客,乾坤百战场。谁能辞酩酊？淹卧剧清漳。

五、六句高壮,使通篇气力完足。

三句小样。

江　上

万里风来地,清江北望楼。云通梁苑路,月带楚城秋。刺字从漫灭,归途尚阻修。前程更烟水,吾道岂淹留。

蒙泉评曰:三、四佳句。

凉　思

客去波平槛,蝉休露满枝。永怀当此节,倚立自移时。北斗兼春远,南陵寓使迟。天涯占梦数,疑误有新知。

前四妙在倒转说。若换起二句作三、四句,直平钝语耳。五、六亦深稳。

江村题壁

沙岸竹森森,维艄听越禽。数家同老寿,一径自阴深。喜客尝留橘,应官说采金。倾壶真得地,爱日静霜砧。

三、四句如画。通首俱老。

漫成五章

沈宋裁词矜变律,王杨落笔得良朋。当时自谓宗师妙,今日唯观对属能。
李杜操持事略齐,三才万象共端倪。集仙殿与金銮殿,可是苍蝇惑曙鸡？
生儿古有孙征虏,嫁女今无王右军。借问琴书终一世,何如旗盖仰三分？
代北偏师衔使节,关中裨将建行台。不妨常日饶轻薄,且喜临戎用草莱。
郭令素心非黩武,韩公本意在和戎。两都耆旧皆垂泪,临老中原见朔风。

四家评曰:较少陵诸绝仍多婉态。

专取神情,绝句之正体也。参入论宗,绝句之变体也。论宗而以神情出之,则变而不失其正者也。

幽居冬暮

羽翼摧残日,郊园寂寞时。晓鸡惊树雪,寒鹜守冰池。急景忽云暮,颓年浸已衰。如何匡国分,不与夙心期?

四家评曰:浑圆有味。

无句可摘,而自然深至。此火候纯熟之后,非可以力强也,强为之,非枯则率耳。

摇 落

摇落伤年日,羁留念远心。水亭吟断续,月幌梦飞沉。古木含风久,疏萤怯露深。人闲始遥夜,地迥更清砧。结爱曾伤晚,端忧复至今。未谙沧海路,何处玉山岑?滩激黄牛暮,云屯白帝阴。遥知沾洒意,不减欲分襟。

蒙泉评曰:五、六句蕴藉之极。

情调殊佳。格虽不高而亦不卑。

滞 雨

滞雨长安夜,残灯独客愁。故乡云水地,归梦不宜秋。

反笔甚曲。

偶题二首

小亭闲眠微醉消,山榴海柏枝相交。水文簟上琥珀枕,旁有堕钗双翠翘。

艳而能逸。第二句有意无意,绝佳。

清月依微香露轻,曲房小院多逢迎。春丛定是饶栖鸟,饮罢莫持红烛行。

夜　冷

树绕池宽月影多,村砧坞笛隔风萝。西亭翠被余香薄,一夜将愁向败荷。

憔悴欲绝,而不为蹶蹙之声。

戏赠张书记

别馆君孤枕,空庭我闭关。池光不受月,野气欲沉山。星汉秋方会,关河梦几还。危弦伤远道,明镜惜红颜。古木含风久,平芜尽日闲。心知两愁绝,不断若循环。

戏张之忆家也,妙不伤雅。

幽　人

丹灶三年火,苍崖万岁藤。樵归说逢虎,棋罢正留僧。星斗同秦分,人烟接汉陵。东流清渭苦,不尽照衰兴。

后四句言世界忙忙,反衬"幽"字,绝可味。尤妙不更找一字,低徊唱叹,使人言外得之。

廉衣评曰:项联滞相,遂使通首两橛。

曲　江

望断平时翠辇过,空闻子夜鬼悲歌。金舆不返倾城色,玉殿犹分下苑波。死忆华亭闻唳鹤,老忧王室泣铜驼。天荒地变心虽折,若比伤春意未多。

五、六宕开,七、八收转。言当日陆机、索靖虽有天荒地变之悲,亦不过如此而已矣。大提大落,极有笔意,不得将五、六看作借比,使末二句文理不顺也。

九　日

曾共山翁把酒卮,霜天白菊绕阶墀。十年泉下无人问,九日樽前有所思。不学汉臣栽苜蓿,空教楚客咏江蓠。郎君官贵施行马,东阁无因再得窥。

蒙泉评曰:一气鼓荡。

补遗

香泉评曰:应璩《与满公琰书》:"外嘉郎君谦下之德。"①注云:应曾事其父,故称郎君。

赠司勋杜十三员外

杜牧司勋字牧之,清秋一首《杜秋》诗。前身应是梁江总,名总还曾字总持。心铁已从干镆利,鬓丝休叹雪霜垂。汉江远吊西江水,羊祜韦丹尽有碑。

自注:时杜奉诏撰《韦碑》。

嵌崎历落,奇趣横生,笔墨恣逸之甚,所谓不可无一,不可有二。

平山笺曰:前因《杜秋》一诗而以江总比之,后因诏撰《韦碑》而以杜预比之。前从名字上比拟,后从姓上比拟,诗格绝奇。总见运命虽不齐,而文章必传世也。

长孺笺曰:按牧之《杜秋娘》诗乃自寓天涯迟暮之感耳,故此有"鬓丝休叹雪霜垂"之句。

送丰都李尉

万古商于地,凭君泣路岐。固难寻绮季,可得信张仪。雨气燕先觉,叶阴蝉遽知。望乡尤忌晚,山晚更参差。

三、四就商于发世途之感,偶然拈着,点缀有神,自不黏皮带骨。若搜

---

① "嘉"原作"慕","下"原作"让",据《文选》改。

求故事,务求贴合比附以为工,大雅君子殆不尚焉。

饯席重送从叔余之梓州

莫叹万重山,君还我未还。武关犹怅望,何况百牢关。

一气浑成,调高意远。

河清与赵氏昆季宴集得拟杜工部

胜概殊江右,佳名逼渭川。虹收青嶂雨,鸟没夕阳天。客鬓行如此,沧波坐渺然。此中真得地,漂荡钓鱼船。

四家评曰:譬以摹书画,得其神解。

又曰:三、四清而丽,五、六浑而妥。

平山笺曰:五句转接得力,是杜法。

寓　目

园桂悬心碧,池莲铄眼红。此生真远客,几别即衰翁。小幌风烟入,高窗雾雨通。新知他日好,锦瑟傍朱栊。

前四句是初见感叹,后四句是细细追寻,故两层写景而不复。此中具有针缕,非后人之屋上架屋也。

格调殊高。

赠别前蔚州契苾使君

自注:使君远祖,国初功臣也。

何年部落到阴陵?奕世勤王国史称。夜掩牙旗千帐雪,朝飞羽骑一河冰。蕃儿襁负来青冢,狄女壶浆出白登。日晚鹍鹉泉畔猎,路人遥识郅都鹰。

四家评曰:清壮。

纯取声华,而骨力足以副之。

诗到无所取义之题,既不能不作,则亦不得不以修词炼调为工,此类是也。若《李郎中充昭义攻讨》诗,极有可说,而语亦泛泛,声华虽壮,殆无取焉。

补遗

香泉评曰:诗工雅典丽极矣,但少题中"别"字意。

哭遂州萧侍郎二十四韵

遥作时多难,先令祸有源。初惊逐客议,旋骇党人冤。密侍荣方入,司刑望愈尊。皆因优诏用,实有谏书存。苦雾三辰没,穷阴四塞昏。虎威狐更假,隼击鸟逾喧。徒欲心存阙,终遭耳属垣。遗音和蜀魄,易箦对巴猿。有女悲初寡,无男泣过门。公止裴氏一女,结缡之明年,又丧良人。朝争屈原草,庙馁若敖魂。迥阁伤神峻,长江极望翻。青云宁寄意,白骨始沾恩。早岁思东阁,为邦属故园。登舟惭郭泰,解榻愧陈蕃。分以忘年契,情犹锡类敦。公先真帝子,我系本王孙。啸傲张高盖,从容接短辕。秋吟小山桂,春醉后堂萱。自叹离通籍,何尝忘叫阍。不成穿圹入,终拟上书论。多士还鱼贯,云谁正骏奔?暂能诛倏忽,长与问乾坤。蚁漏三泉路,蜂啼百草根。始知同泰讲,邀福是虚言。

夕公笺曰:澣坐宗闵、虞卿牵累,本当时党魁,故曰"初惊逐客议,旋骇党人冤"也。时李训、郑注窃弄威权,凡不附己者,目为宗闵、德裕党,贬逐无虚日,中外震骇,连月阴晦,人情不安,故曰"苦雾三辰没,穷阴四塞昏。虎威狐更假,隼击鸟逾喧"也。澣没于遂宁,故曰"遗音和蜀魄,易箦对巴猿"也。训、注诛后,文宗始大赦,量移贬谪诸臣,故曰"青云宁寄意,白骨始沾恩"也。义山至开成二年始登第,故曰"自叹离通籍,何尝忘叫阍"也。因澣为梁武后裔,故引同泰徼福之事,以为虚语,伤之之深也。

起手说得与世运相关,高占地步。

凡长篇须有次第。此诗起四句提纲,次四句叙其立官本末,次六句言其得祸,次十句叙放逐而死。次十二句叙从前情好,次四句自写己意,次八句总收,层层清楚,是其次第处也。

长篇易至散缓,须有筋节语撑拄其间,七句、八句、十三句、十四句、二十七句、三十八句、三十九句、四十句皆筋节处也。

"苦雾"四句极悲壮,"白骨"句沉痛之至,而出以蕴藉。

先著"早岁"十二句,"自叹"四句乃有来历。不然,纵极张皇,亦觉少力矣。故此一段独长,是血脉转接处也。

送千牛李将军赴阙五十韵

照席琼枝秀,当年紫绶荣。班资古直阁,勋伐旧西京。在昔王纲紊,因谁国步清？如无一战霸,安有大横庚？内竖依凭切,凶门责望轻。中台终恶直,上将更要盟。丹陛祥烟灭,皇闱杀气横。喧阗众狙怒,容易八蛮惊。梼杌宽之久,防风戮不行。素来矜异类,此去岂亲征？舍鲁真非策,居邠未有名。曾无力牧御,宁待雨师迎。火箭侵乘石,云桥逼禁营。何时绝刁斗,不夜见欃枪。屡亦闻投鼠,谁其敢射鲸？世情休念乱,物议笑轻生。大卤思龙跃,苍梧失象耕。灵衣沾愧汗,仪马困阴兵。别馆兰薰酷,深宫蜡焰明。黄山遮舞态,黑水断歌声。纵未移周鼎,何辞免赵坑？空拳转斗地,数板不沉城。且欲凭神算,无因计力争。幽囚苏武节,弃市仲由缨。下殿言终验,增坤事早萌。自注:先时桑道茂请修奉天城。蒸鸡殊减膳,屑曲异和羹。否极时还泰,屯余运果亨。流离几南渡,仓卒得西平。神鬼收昏黑,奸凶首满盈。官非都护贵,师以丈人贞。覆载还高下,寒暄急改更。马前烹莽卓,坛上揖韩彭。扈跸三才正,回军六合晴。此时惟短剑,仍世尽双旌。顾我由群从,逢君叹老成。庆流归嫡长,贻厥在名卿。隼击须当要,鹏抟莫问程。趋朝排玉座,出位泣金茎。幸借梁园赋,叨蒙许氏评。中郎推贵婿,定远重时英。政已标三尚,人今伫一鸣。长刀悬月魄,快马骇星精。披豁惭深眷,睽离动素诚。蕙留春婉晚,松待岁峥嵘。异县期回雁,登时已饭鲭。去程风刺刺,别夜漏丁丁。庾信生多感,杨朱死有情。弦危中妇瑟,甲冷想夫筝。会与秦楼凤,俱听汉苑莺。洛川迷曲沼,烟月两心倾。

　　四家评曰:跳动激发,笔驱风云,人拟之老杜,信然。

　　"在昔"四句总提前半篇,声光阔大。

　　"否极"四句转轴,亦字字筋节,精神震动。

　　蒙泉评曰:"覆载"八句,声华宏壮。

　　"此时"二句落到千牛,前路何等繁重。此处寸枢转关,可云神筒,正复大有翦裁在也。此等处绝可玩。

　　结乃声情勃发,淋漓尽致。凡大篇最忌收处潦草。

　　铺排不难,难于气格之高壮;层次不难,难于起伏转折之有力。《长庆集》中尽有序次如话,滔滔百韵之作,然流易有余,无此身分矣。

　　廉衣评曰:"寒暄"句不妥。

补遗

　　芥舟评曰:"屡亦"二句稍弱,以叠用虚字故。

送从翁从东川弘农尚书幕

　　大镇初更帅,嘉宾素见邀。使车无远近,归路便烟霄。稳放骅骝步,高安翡翠巢。愈风知有在,去国肯无聊。早忝诸孙末,俱从小隐招。心悬紫云阁,梦断赤城标。素女悲清瑟,秦娥弄玉箫。山连玄圃近,水接绛河遥。岂意闻周铎,翻然慕舜韶。皆辞乔木去,远逐断蓬飘。薄俗谁其激?斯民已甚佻。鸾凰期一举,燕雀不相饶。敢共颓波远,因之内火烧。是非过别梦,时节惨惊飙。末至谁能赋?中乾欲病痟。屡曾纡锦绣,勉欲报琼瑶。我恐霜侵鬓,君先绶挂腰。甘心与陈阮,挥手谢松乔。锦里差邻接,云台闭寂寥。一川虚月魄,万崦自芝苗。瘴雨泷间急,离魂峡外销。非关无烛夜,其奈落花朝。几处逢鸣佩,何筵不翠翘?蛮童骑象舞,江市卖鲛绡。南诏知非敌,西山亦屡骄。勿贪佳丽地,不为圣明朝。少减东城饮,时看北斗杓。莫因乖别久,遂逐岁寒凋。盛幕开高宴,将军问故僚。为言公玉季,早日弃渔樵。

沉雄飞动,气骨不凡,此亦得杜之藩篱者。中晚清浅纤秾之作,皆不足以当之。

"愈风"一作"御风",非也。此用陈琳草檄事,后用陈、阮句可证。

"岂意"二句转折跳脱。

"一川"二句浑劲之至,顾盼有神。

末一段以勉为送,立义正大,词气自深厚雄健,居然老杜合作,较《送李千牛》诗尤为过之。

李肱所遗画松诗书两纸得四十韵

万草已凉露,开图披古松。青山遍沧海,此树生何峰?孤根邈无倚,直立撑鸿蒙。端如君子身,挺若壮士胸。檘枝势夭矫,忽欲蟠拏空。又如惊螭走,默与奔云逢。孙枝擢细叶,旖旎狐裘茸。邹颠蓐发软,丽姬眉黛浓。视久眩目睛,倏忽变辉容。竦削正绸直,婀娜旋敷峰。又如洞房冷,翠被张穹笼。亦若暨罗女,平旦妆颜容。细疑袭气母,猛若争神功。燕雀固寂寂,雾露常冲冲。香兰愧伤暮,碧竹惭空中。可集呈瑞凤,堪藏行雨龙。淮山桂偃蹇,蜀郡桑重童。枝条亮渺脆,灵气何由同?昔闻咸阳帝,近说稽山侬。或著仙人号,或以大夫封。终南与青都,烟雨遥相通。安知夜夜意,不起西南风。美人昔清兴,重之犹月钟。宝笥十八九,香缇千万重。一旦鬼瞰室,稠叠张罾置。赤羽中要害,是非皆匆匆。生如碧海月,死践霜郊蓬。平生握中玩,散失随奴童。我闻照妖镜,及与神剑锋。寓身会有地,不为凡物蒙。伊人秉兹图,顾盼择所从。而我何为者?开颜捧灵踪。报以漆鸣琴,悬之真珠栊。是时方暑夏,座内若严冬。忆昔谢四骑,学仙玉阳东。千株尽若此,路入琼瑶宫。口咏《玄云歌》,手把金芙蓉。浓蔼深霓袖,色映琅玕中。悲哉堕世网,去之若遗弓。形魄天坛上,海日高曈曈。终骑紫鸾归,持寄扶桑翁。

前一段规仿昌黎,斧痕不化,累句亦多。"淮山"以下,居然正声。入后更层层唱叹,兴寄横生,伸缩起伏之妙,直与老杜"国初以来画鞍马"一章意境相似也。

韵多重押,古诗不忌,汉魏诸诗可覆按也。若右丞"万国仰宗周"一章,则万无此理矣。

"邹颠"二句不成语,"可集"二句尤下劣,皆可删去。

起言"万草已凉露",中言"是时方暑夏",盖中言得画之时,起乃题诗之时也。

补遗

香泉评曰:起二句便超脱。

戏题枢言草阁三十二韵

君家在河北,我家在山西。百岁本无业,阴阴仙李枝。尚书文与武,战罢幕府开。君从渭南至,我自仙游来。平昔苦南北,动成云雨乖。逮今两携手,对若床下鞋。夜归碣石馆,朝上黄金台。我有苦寒调,君抱《阳春》才。年颜各少壮,发绿齿尚齐。我虽不能饮,君时醉如泥。政静筹画简,退食多相携。扫掠走马路,整顿射雉翳。春风二三月,柳密莺正啼。清河在门外,上与浮云齐。鼓冠调玉琴,弹作《松风》哀。又弹《明君怨》,一去怨不回。感激坐者泣,起视雁行低。翻忧龙山雪,却杂胡沙飞。仲容铜琵琶,项直声凄凄。上贴金捍拨,画为承露鸡。君时卧枨触,劝客白玉杯。苦云年光疾,不饮将安归?我赏此言是,因循未能谐。君言中圣人,坐卧莫我违。榆荚乱不整,杨花飞相随。上有白日照,下有东风吹。青楼有美人,颜色如玫瑰。歌声入青云,所痛无良媒。少年苦不久,顾慕良难哉。徒令真珠肌,裹入珊瑚腮。君今且少安,听我苦吟诗。古诗何人作?老大徒伤悲。

铺叙是长庆体,而参以古意,意境独高。

"平昔"四句,顿挫不置。

"对若"句粗俚不成语。

中一段淋漓飞动,乃一篇之警策。凡平叙长诗,如无一段振起,则索然散漫。名篇皆留意于是。其源乃自《焦仲卿妻》诗发之。

"杨花"一段夹入比体,极有情致。

收处却是长庆体中率笔,最不可效。

偶成转韵七十二句赠四同舍

沛国东风吹大泽,蒲青柳碧春一色。我来不见隆准人,沥酒空余庙中客。征东同舍鸳与鸾,酒酣劝我悬征鞍。蓝山宝肆不可入,玉中仍是青琅玕。武威将军使中侠,少年箭道惊杨叶。战功高后数文章,怜我秋斋梦蝴蝶。诘旦九门传奏章,高车大马来煌煌。路逢邹枚不暇揖,腊月大雪过大梁。忆昔公为会昌宰,我时入谒虚怀待。众中赏我赋《高唐》,回看屈宋由年辈。公事武皇为铁冠,历厅请我相所难。我时憔悴在书阁,卧枕芸香春夜阑。明年赴辟下昭桂,东郊恸哭辞兄弟。韩公堆上跋马时,回望秦川树如荠。依稀南指阳台云,鲤鱼食钩猿失群。湘妃庙下春江尽,虞帝城前初日曛。谢游桥上澄江馆,下望山城如一弹。鹧鸪声苦晓惊眠,朱槿花娇晚相伴。顷之失职辞南风,破帆坏桨荆江中。斩蛟破璧不无意,平生自许非匆匆。归来寂寞灵台下,着破蓝衫出无马。天官补吏府中趋,玉骨瘦来无一把。手封狴牢屯制囚,直厅印锁黄昏愁。平明赤帖使修表,上贺嫖姚收贼州。旧山万仞青霞外,望见扶桑出东海。爱君忧国去未能,白道青松了然在。此时闻有燕昭台,挺身东望心眼开。且吟王粲《从军乐》,不赋渊明《归去来》。彭门十万皆雄勇,首戴公恩若山重。廷评日下握灵蛇,书记眠时吞彩凤。之子夫君郑与裴,何生谢舅当世才。青袍白简风流极,碧沼红莲倾倒开。我生粗疏不足数,梁父哀吟鸲鹆舞。横行阔视倚公怜,狂来笔力如牛弩。借酒祝公千万年,吾徒礼分常周旋。收旗卧鼓相天子,相门出相光青史。

此诗直作长庆体,而沉郁顿挫之气,时时震荡于其中。故挨叙而不板不弱,觉与盛唐诸公面目各别,精神不殊,盖玉溪骨法原高耳。

起手苍苍茫茫,磊磊落落,是好笔法。

"路逢邹枚"二句、"韩公堆上"二句、"斩蛟断壁"二句，俱笔意雄阔，为篇中筋节。"旧山万仞"四句一纵一收，揽入本题，笔意起伏，尤是筋节处也。

"玉骨"句大鄙，不成语。

补遗

芥舟评曰："韩公堆上""湘妃庙下""虞帝城前""谢游桥上"，句法连犯。

又曰："之子""夫君"，叠用无理。

五言述德抒情诗一首四十韵献上杜七兄仆射相公

帝作黄金阙，仙开白玉京。有人扶太极，维岳降元精。耿贾官勋大，荀陈地望清。旗常悬祖德，甲令著嘉声。经出宣尼壁，书留晏子楹。武乡传阵法，践土主文盟。自昔流王泽，由来仗国桢。九河分合沓，一柱忽峥嵘。得主劳三顾，惊人肯再鸣。碧虚天共转，黄道日同行。后饮曹参酒，先和傅说羹。即时贤路辟，此夜泰阶平。愿保无疆福，将图不朽名。率身期济世，叩额虑兴兵。感念崤尸露，咨嗟赵卒坑。倘令安隐忍，何以赞贞明？恶草虽当路，寒松实挺生。人言真可畏，公意本无争。故事留台阁，前驱且旆旌。芙蓉王俭府，杨柳亚夫营。清啸频疏俗，高谈屡析酲。过庭多令子，乞墅有名甥。南诏应闻命，西山莫敢惊。寄词收的博，端坐扫欃枪。雅宴初无倦，长歌底有情。槛危春水暖，楼迥雪峰晴。移席牵缃蔓，回桡扑绛英。谁知杜武库，只见谢宣城。有客趋高义，于今滞下卿。登门惭后至，置驿恐虚迎。自是依刘表，安能比老彭？雕龙心已切，画虎意何成？岂省曾黔突，徒劳不倚衡。乘时乖巧宦，占象合艰贞。废忘淹中学，迟回谷口耕。悼伤潘岳重，树立马迁轻。陇鸟悲丹嘴，湘兰怨紫茎。归期过旧岁，旅梦绕残更。弱植叨华族，衰门倚外兄。欲陈劳者曲，未唱泪先横。

起四句气脉自大。

"自昔"四句声华宏壮。

"碧虚"二句大颂非体。

"感念"一段沉郁顿挫,大笔淋漓,化尽排偶之迹。他人作古诗尚不能如此委曲沉着,真晚唐第一作手,得杜藩篱不虚也。

"谁知"二句流丽,活对法也。

"衷门"句不佳。

补遗

香泉评曰:时方讨泽潞,刘稹将郭谊杀稹以降,李德裕以为稹阻兵皆谊为谋主,力屈又卖稹以求赏,不诛何以惩恶?帝然之,诏石雄以七千人入潞州诛谊。杜惊以馈运不继,谓谊等可赦,帝熟视不应,所谓"叩额虑兴兵"也。

夕公笺:非下"寄词收的博"一联,乃指维州事。

骄儿诗

衮师我骄儿,美秀乃无匹。文葆未周晬,固已知六七。四岁知姓名,眼不视梨栗。交朋颇窥观,谓是丹穴物。前朝尚器貌,流品方第一。不然神仙姿,不尔燕鹤骨。安得此相谓,欲慰衰朽质。青春妍和月,朋戏浑甥侄。绕堂复穿林,沸若金鼎溢。门有长者来,造次请先出。客前问所须,含意不吐实。归来学客面,闯败秉爷笏。或谑张飞胡,或笑邓艾吃。豪鹰毛崱屴,猛马气佶傈。截得青筼筜,骑走恣唐突。忽复学参军,按声唤苍鹘。又复纱灯旁,稽首礼夜佛。仰鞭罥蛛网,俯首饮花蜜。欲争蛱蝶轻,未谢柳絮疾。阶前逢阿姊,六甲颇输失。凝走弄香奁,拔脱金屈戌。抱持多反侧,威怒不可律。曲躬牵窗网,衉唾拭琴漆。有时看临书,挺立不动膝。古锦请裁衣,玉轴亦欲乞。请爷书春胜,春胜宜春日。芭蕉斜卷笺,辛夷低过笔。爷昔好读书,恳苦自著述。憔悴欲四十,无肉畏蚤虱。儿慎勿学爷,读书求甲乙。穰苴《司马法》,张良黄石术。便为帝王师,不假更纤悉。况今西与北,羌戎正狂悖。诛赦两未成,将养如痼疾。儿当速成大,探雏入虎穴。当为万户侯,勿守一经帙。

本太冲《娇女》而拓之。

平山笺曰：末以功名跨灶期之，通篇以此为出路。

平山出路之说可味。太冲诗以竟住为高，若按谱填腔，纵神肖亦归窠臼，所以必别寻出路，方不虚此一作。且古人之言简，故可言外见意。既拓为长篇，而中无主峰，末无结穴，则游骑无归，或刺刺不休，或随处可住，其为诗也可知矣。凡长篇皆须解此意。

"六甲"诸本无注。按虞裕《谈撰》曰："双陆之戏，最盛于唐。考其制，凡白黑各用六子，乃今人所谓六甲是也。"

行次西郊作一百韵

蛇年建午月，我自梁还秦。南下大散岭，北济渭之滨。草木半舒坼，有类冰雪晨。又若夏苦热，燋卷无芳津。高田长槲枥，下田长荆榛。农具弃道旁，饥牛死空墩。依依过村落，十室无一存。存者皆面啼，无衣可迎宾。始若畏人问，及门还具陈。右辅田畴薄，斯民常苦贫。伊昔称乐土，所赖牧伯仁。官清若冰玉，吏善如六亲。生儿不远征，生女事四邻。浊酒盈瓦缶，烂谷堆荆囷。健儿庇旁妇，衰翁舐童孙。况自贞观后，命官多儒臣。例以贤牧伯，征入司陶钧。降及开元中，奸邪挠经纶。晋公忌此事，多录边将勋。因令猛毅辈，杂牧升平民。中原遂多故，除授非至尊。或出幸臣辈，或由帝戚恩。中原困屠解，奴隶厌肥豚。皇子弃不乳，椒房抱羌浑。重赐竭中国，强兵临北边。控弦二十万，长臂皆如猿。皇都三千里，来往同雕鸢。五里一换马，十里一开筵。指顾动白日，暖热回苍旻。公卿辱嘲叱，唾弃如粪丸。大朝会万方，天子正临轩。彩旗转初旭，玉座当祥烟。金障既特设，珠帘亦高褰。捋须塞不顾，坐在御榻前。忤者死艰屦，附之升顶颠。华侈矜递炫，豪俊相并吞。因失生养惠，渐见征求频。奚寇西北来，挥霍如天翻。是时正忘战，重兵多在边。列城绕长河，平明插旗幡。但闻虏骑入，不见汉兵屯。大妇抱儿哭，小妇攀车辀。生小太平年，不识夜闭门。少壮尽点行，疲老守空村。生分作死誓，挥泪连秋云。廷臣例獐怯，诸将如赢奔。为贼扫上阳，捉人送潼关。玉辇望南斗，未知何日旋。

诚知开辟久,遭此云雷屯。送者问鼎大,存者要高官。抢攘互间谍,孰辨枭与鸾？千马无返辔,万车无还辕。城空雀鼠死,人去豺狼喧。南资竭吴越,西费失河源。因令右藏库,摧毁唯空垣。如人当一身,有左无右边。筋体半痿痹,肘腋生臊膻。列圣蒙此耻,含怀不能宣。谋臣拱手立,相戒无敢先。万国困杼轴,内库无金钱。健儿立霜雪,腹歉衣裳单。馈饷多过时,高估铜与铅。山东望河北,爨烟犹相联。朝廷不暇给,辛苦无半年。行人榷行资,居者税屋椽。中间遂作梗,狼藉用戈鋋。临门送节制,以锡通天班。破者以族灭,存者尚迁延。礼数异君父,羁縻如羌零。直求输赤诚,所望大体全。巍巍政事堂,宰相厌八珍。敢问下执事,今谁掌其权？疮痏几十载,不敢抉其根。国蹙赋更重,人稀役弥繁。近年牛医儿,城社更扳缘。盲目把大旆,处此京西藩。乐祸忘怨敌,树党多狂狷。生为人所惮,死非人所怜。快刀断其头,列若猪牛悬。凤翔三百里,兵马如黄巾。夜半军牒来,屯兵万五千。乡里骇供亿,老少相扳牵。儿孙生未孩,弃之无惨颜。不复议所适,但欲死山间。尔来又三岁,甘泽不及春。盗贼亭午起,问谁多穷民。节使杀亭吏,捕之恐无因。咫尺不相见,旱久多黄尘。官健腰佩刀,自言为官巡。常恐值荒迥,此辈还射人。愧客问本末,愿客无因循。郿坞抵陈仓,此地忌黄昏。我听此言罢,冤愤如相焚。昔闻举一会,群盗为之奔。又闻理与乱,系人不系天。我愿为此事,君前剖心肝。叩头出鲜血,滂沱污紫宸。九重黯已隔,涕泗空沾唇。使典作尚书,厮养为将军。慎勿道此言,此言未忍闻。

亦是长庆体裁,而准拟工部气格以出之,遂衍而不平,质而不俚,骨坚气足,精神郁勃,晚唐岂有此第二手？

"草木"四句与"建午"句不合,"午"字当是讹字。

"有类"本作"不类",从汲古阁本改。

"椒房"句是义山病痛。若老杜则曰"至尊顾之笑,王母不肯收。竟归虚无底,化作长黄虬",觉十分蕴藉也。

"诚知"二句筋节震动。

"问谁多穷民"五字,上问下答,句法本之汉谣"谁其获者妇与姑"也。

"我听"以下,淋漓郁勃,如此方收得一篇大诗住。

补遗

芥舟评曰:的是摹杜,骨干苍劲似之,神气冲溢则未也。谓中晚高作则可,以配《北征》,则开合变化之妙不可以同日语矣。

无 题

万里风波一叶舟,忆归初罢更夷犹。碧江地没元相引,黄鹤沙边亦少留。益德冤魂终报主,阿童高义镇横秋。人生岂得长无谓,怀古思乡共白头。

此是佚去原题而编录者题以《无题》,非他寓言之类。

前四句低徊徐引,五、六句斗然振起,七、八曼声作结,绝好笔意。

廉衣曰:次句欠浑成。

五月十五夜忆往岁秋与澈师同宿

紫阁相逢处,丹岩议宿时。堕蝉翻败叶,栖鸟定寒枝。万里飘流远,三年问讯迟。炎方忆初地,频梦碧琉璃。

一气浑圆,如题即住,所谓恰好处也。

回中牡丹为雨所败二首

下苑他年未可追,西州今日忽相期。水亭幕雨寒犹在,罗荐春香暖不知。舞蝶殷勤收落蕊,有人惆怅卧遥帷。章台街里芳菲伴,且问宫腰损几枝?

纯乎唱叹,何处着一呆笔!

第四句对面一衬,对法奇变。

"舞"字应是"无"字之讹。"无蝶""有人",唱叹得神。大胜"舞蝶""佳人"也。

结二句忽地推开,深情忽触,有神无迹,非常灵变之笔。

补遗

　　芥舟评曰：第六句妙远。

浪笑榴花不及春，先期零落更愁人。玉盘迸泪伤心数，锦瑟惊弦破梦频。万里重阴非旧圃，一年生意属流尘。《前溪》舞罢君回顾，并觉今朝粉态新。

　　结言他日零落更有甚于此日者，与长江"并州故乡"同一运意。

　　二首皆不失气格，兼多神致。

安平公诗

　　自注：故赠尚书讳氏。

丈人博陵王名家，怜我总角称才华。华州留语晓至暮，高声喝吏放两衙。明朝骑马出城外，送我习业南山阿。仲子延岳年十六，面如白玉欹乌纱。其弟炳章犹两卯，瑶林琼树含奇花。陈留阮家诸侄秀，逦迤出拜何骈罗。府中从事杜与李，麟角虎翅相过摩。清词孤韵有歌响，击触钟磬鸣环珂。三月石堤冻销释，东风开花满阳坡。时禽得伴戏新木，其声尖咽如鸣梭。公时载酒领从事，踊跃鞍马来相过。仰看楼殿撮清汉，坐视世界如恒沙。面热脚掉互登陟，青云表柱白云崖。一百八句在贝叶，三十三天长雨花。长者子来辄献盖，辟支佛去空留靴。公时受诏镇东鲁，遣我草诏随车牙。顾我下笔即千字，疑我读书倾五车。呜呼大贤苦不寿，时世方士无灵砂。五月至止六月病，遽颓泰山惊逝波。明年徒步吊京国，宅破子毁哀如何。西风冲户卷素帐，隟光斜照旧燕窠。古人常叹知己少，况我沦贱艰虞多。如公之德世一二，岂得无泪如黄河。沥胆咒愿天有眼，君子之泽方滂沱。

　　四家评曰：诗在韩、苏之间。

　　清刚朴老，一洗晚唐纤巧之习。

　　"沥胆"句鄙俚。

卷　下

钞诗或问

何以不取《锦瑟》也？

曰：前六句托为隐语，猝不可解。然末二句道明本旨，意亦止是，非真有深味可寻也。集中"一片非烟隔九枝"一篇亦同此体格。缘此诗偶列卷首，故昔人皆拈为论端耳。

附录：锦瑟无端五十弦，一弦一柱思华年。庄生晓梦迷蝴蝶，望帝春心托杜鹃。沧海月明珠有泪，蓝田日暖玉生烟。此情可待成追忆，只是当时已惘然。

问：或谓瑟本二十五弦，断则为五十弦矣。其说如何？

曰：此自用素女鼓瑟事耳，非以弦断为义也。"雨打湘灵五十弦"岂亦悼亡耶？

问：长孺解《锦瑟》如何？长孺曰：按义山《房中曲》"归来已不见，锦瑟长于人"，此诗寓意略同。是以锦瑟起兴，非专赋锦瑟也。

曰：详诗末二句，是感旧怀人之作，此说是也。但不得坐实悼亡，涉于武断耳。

补遗

问：香泉解《锦瑟》如何？香泉曰：此悼亡之诗也。首特借素女鼓五十弦瑟而悲，秦帝禁不可止以发端，言悲思之情有不可得而止者。次联则悲其遽化为异物。腹联则叹不能复起之九原也。曰"思华年"，曰"追忆"，指趣晓然，何事纷纷附会乎？

曰：惟坐实悼亡，未敢遽以为是，亦未敢遽以为非。余解皆直捷切当，与鄙意暗合也。

何以不取《寄罗劭兴》也？

曰：三、四小有致，五、六太激。

附录：棠棣黄花发，忘忧碧叶齐。人闲微病酒，燕重远兼泥。混沌何由凿，青冥未有梯。高阳旧徒侣，时复一相携。

何以不取《令狐舍人说昨夜西掖玩月因戏赠》也？

曰：此诗望令狐之汲引也。题中字字俱到，可云精细，措词亦秀整可观，但细读之，了无深味耳。

附录：昨夜玉轮明，传闻近太清。凉波冲碧瓦，晓晕落金茎。露索秦宫井，风飘汉殿筝。几时《绵竹颂》，拟荐《子虚》名。

问：四家评谓此诗为精细，其说安在？

曰：首句点昨夜之月，"传闻"点"说"字，"太清"点西掖，即太清、玉清之意，以西掖比天上也。而"传闻"字、"近"字，已伏入己升沉之感矣。中四句写"玩"字，"凉波"句，夜景也，至"晓晕"则流连一夜可知。五、六比上二句拓开一步，用烘托点缀之法。"传闻"句直贯至此。七、八因直宿玩月，故以直宿即事作结，姑妄言之，所谓戏赠也。而"几时"二字又暗结"昨夜"二字矣。一篇中脉络相生，呼吸相应，凡诗律皆当如是也。

问："秦宫井""汉殿筝"其说如何？

曰：此是借作点缀，互文言之，不必井定秦、筝定汉也，正如"秦时明月汉时关"耳。

何以不取《崔处士》也？

曰：四家以为无味也。

何以不取《自喜》也？

曰：亦平浅无意味。

问："绿筠遗粉箨"，"遗"字？

曰：竹渐长，笋皮剥落也。

何以不取《题僧壁》也？

曰：填切内典，不足为佳。禅偈为诗，虽东坡之妙通佛理，加以语妙天下，犹不免时有鄙俚不化之病，况下此乎？王、孟清音，时含禅味，禅故不在字句也。

补遗

问：《异俗二首》何以入选？

曰：中晚之诗不难于新巧而难于朴老，不难于情韵而难于气骨。二诗不为佳作，然于中晚之中为尚有典型也，故特存之。

何以不取《归墅》也？

曰：此诗次第可观，然太浅薄。

问：七句"慢"字如何解？

曰：此"漫"字之讹。

何以不取《商于》也？

曰：此诗极平正清楚，"清渠"二句亦佳。语但平叙，不见精神，牵绮季、张仪亦无十分取义，惧开敷衍一派，故去之。

附录：商于朝雨霁，归路有秋光。背坞猿收果，投岩麝退香。建瓴真得势，横戟岂能当？割地张仪诈，谋身绮季长。清渠州外月，黄叶庙前霜。今日看云意，依依入帝乡。

问:《商于》前六句次第焉在?

曰:四家以为举目先见景物,次见山川也。

后六句如何贯串?

曰:言古人已去,惟有州外清渠、庙前黄叶,我今日从此过耳。

何以不取《和孙朴韦蟾孔雀咏》也?

曰:后四句略见作意,通篇夹杂凑泊,不足为法。

何以不取《人欲》也?

曰:前二句不成语,后二句亦浅直。

何以不取《华山题王母祠》也?

曰:不解所云。

附录:莲华峰下锁雕梁,此去瑶池地共长。好为麻姑到东海,劝栽黄竹莫栽桑。

何以不取《华清宫》也?

曰:刻薄尖酸,全无诗品,学义山当知此病。朱长孺以为警策,非也。

何以不取《楚泽》也?

曰:无甚佳处。

何以不取《江亭散席循柳路吟归官舍》也?

曰:题极雅驯,而诗不成语,七、八句尤恶,大似薛能一辈俚语也。

何以不取《潭州》也?

曰:五、六有悲壮之气,起结皆滑调落套,而结尤甚。

附录:潭州官舍暮楼空,今古无端入望中。湘泪浅深滋竹色,楚歌重叠怨兰丛。陶公战舰空滩雨,贾傅承尘破庙风。目断故园人不至,松醪一醉与谁同?

问:"楚路高歌自欲翻"之义?

曰:"翻"字是"翻曲"之"翻"。香山词所云"听取新翻《杨柳枝》",是此"翻"字也。

问:《乐游原》首二句声调?

曰:上句五仄,下句第三字必平,此唐人定例也。

问:或谓"夕阳"二句近于小词,何也?

曰:诚有之,赖上二句苍老有力,振得起耳。然推勘至尽,究竟是病,亦不可不知也。

补遗

问:芥舟评《北齐》前一首太快,如何?

曰:是有此病,带得过耳;其谓第二首首句不佳,亦是。

何以不取《街西池馆》也?

曰:了无意味,末二句尤拙。

问:《南朝》定为咏陈,恐首二句不是陈事?

曰:二地名固始于宋齐,何妨至陈仍于此宴游哉?如四家所评则此诗首尾衡决矣。

何以不取《复京》也？

曰：太直。

何以不取《浑河中》也？

曰：较《复京》诗少有意致，然亦不为高作。

附录：九庙无尘八马回，奉天城垒长春苔。咸阳原上英雄骨，半向君家养马来。

何以不取《柳》诗也？

曰：格卑，末二句尤琐屑鄙俚。

何以不取《巴江柳》也？

曰：直而浅。

何以不取《咸阳》也？

曰：前二句写平六国，蕴藉；后二句有议论而无神韵，其词太激也。

附录：咸阳宫阙郁嵯峨，六国楼台艳绮罗。自是当时天帝醉，不关秦地有山河。

何以不取《同崔八诣药山访融禅师》也？

曰：纡纡曲曲，一步一折，语凡三转，用意最深，然深处正是其病处。末二句尤不甚成语。

何以不取《闻著明凶问哭寄飞卿》也？

曰：平正，无出色处。

附录：昔叹谗销骨，今伤泪满膺。空余双玉剑，无复一壶冰。江势翻银汉，天文露玉绳。何因携庾信,同去哭徐陵。

补遗

问:"年少因何有旅愁"如何解?

曰:此言己之流离,老大有愁固宜,年少乃亦旅愁,从何处有耶?此紧呼下句之词。"欲为"三句,正是旅愁之故,是一问一答句法,非真言其无旅愁也。

何以不取《代赠》也?

曰:小诗之最有情致者,结亦可味。但格意俱靡,不免诗余之诮耳。

附录:杨柳路尽处,芙蓉湖上头。虽同锦步障,独映钿箜篌。鸳鸯可羡头俱白,飞去飞来烟雨秋。

何以不取《陈后宫》也?

曰:四家评以全不说出为妙,似矣。然此种尖俏之笔,作绝句则耐人寻味,作律诗则嫌于剽而不留,非大方气体,虽有余意,终乏厚味也。言各有当,不可不辩。

附录:茂苑城如画,阊门瓦欲流。还依水光殿,更起月华楼。侵夜鸾开镜,迎冬雉献裘。从臣皆半醉,天子正无愁。

何以不取《属疾》也?

曰:前四句稳,五、六亦佳,末二句太小家气象。

附录:许靖犹羁宦,安仁复悼亡。兹辰犹属疾,何日免殊方?秋蝶无端丽,寒花只暂香。多情真命薄,容易即回肠。

何以不取《石榴》也?

曰:全不成诗,即有寓托亦不佳。

何以不取《明日》也？

曰：此艳诗也，格卑词靡。后四句可云千回百折，细意体贴。然愈工愈下，不足取也。温李齐名，正坐此等耳。

何以不取《饮席戏赠同舍》也？

曰：气格不脱晚唐靡靡之习。

何以不取《西溪》也？

曰：兀傲太甚，嫌于露骨。

附录：近郭西溪好，谁堪共酒壶？苦吟防柳恽，多泪怯杨朱。野鹤随君子，寒松揖大夫。天涯长病意，岑寂胜欢娱。

问：此诗三句"防"字如何解？

曰：此字不解，或是"妨"字。

何以不取《忆梅》也？

曰：末二句用意极曲折可味，但边幅少狭耳。

附录：定定住天涯，依依向物华。寒梅最堪恨，长作去年花。

问：《忆梅》一首何以题与诗不相应，或诗中"恨"字是"忆"字耶？

曰：不然。作"堪忆"则下句不接，当是题有讹字耳。

何以不取《赠柳》也？

曰：此诗五、六句空外传神，极为得髓，结亦情致不穷。但通首有深情而乏高格，惧开靡靡之音，故去之耳。

附录：章台从掩映，郢路更参差。见说风流极，来当婀娜时。桥回行欲断，堤远意相随。忍放花如雪，青楼扑酒旗。

何以不取《初起》也？

曰：浅。

何以不取《石城》也？

曰：此是艳词，格调亦靡靡之甚。

何以不取《令狐八拾遗绹见招送裴十四归华州》也？

曰：应酬之作，一无可采。

何以不取《离思》也？

曰：此诗寓交亲离合之感，托于艳词。前六句含情甚深，末二句不作绝望语，亦极得诗人忠厚之旨，但格卑耳。

附录：气尽《前溪舞》，心酸《子夜歌》。峡云寻不得，沟水欲如何？朔雁传书绝，湘篁染泪多。无由见颜色，还自托微波。

何以不取《赠歌妓二首》也？

曰：率然寄兴之作，毫无佳处。

何以不取《谢书》也？

曰：应酬中之至下者。起句尤不成语。

何以不取《寄令狐学士》也？

曰：此与《玩月戏赠》同意，亦有调度，然格意殊薄。

附录：秘殿崔嵬拂彩霓，曹司今在殿东西。赓歌太液翻黄鹄，从猎陈仓获碧鸡。晓饮岂知金掌迥？夜吟应讶玉绳低。钧天虽许人间听，阊阖门多梦自迷。

问：此诗第四句何指？

曰：此无所指，只因从猎牵出"陈仓""碧鸡"，图作对耳，然终觉凑泊，不及上句之自然。

何以不取《酬令狐郎中见寄》也？

曰：应酬之作，不见本领。只"封来江渺渺，信去雨冥冥"二句小有致耳。

何以不取《七月二十八日夜与王郑二秀才听雨梦后作》也？

曰：通首合律，无复古诗音节，即就诗论诗，亦多不成语。且题曰"王郑二秀才"，而结曰"独背寒灯"，亦殊疏漏也。

问：蘅斋解"远把龙山"二句如何？蘅斋曰：即将联句花、雪，比拟何、范交情，同心之言，亦忘年之义也。

曰：似合如此解。

何以不取《槿花二首》也？

曰：前一首直不成语。次一首后四句有别味，前四句语涩而格卑。

附录第二首：珠馆薰燃久，玉房梳扫余。烧兰才作烛，襞锦不成书。本以亭亭远，翻嫌脉脉疏。回头问残照，残照更空虚。

问：《哭刘蕡》诗起二句与第六句是一事，莫犯复否？

曰：起处就朝廷说，六句就自己说，亦稍有分别。然如此等以不犯为妙，究是一病也。

补遗

问："巫咸不下问衔冤"，恐别有所本？

曰：按香泉评曰：以文义论之，当作"巫阳"，《甘泉赋》曰"选巫咸兮叫九阉",从"巫咸"者当因此而讹。

问:《杜司勋》诗当是咏杜？当是自咏？

曰:起二句义山自道,后二句乃借司勋对面写照,诗家弄笔法耳。"杜司勋"三字摘出为题,非咏杜也。

何以不取《荆门西下》也？

曰:诗亦不失风调,但末二句竭情太甚,成蹶蹙之音耳。

附录:一夕南风一叶危,荆门回望夏云时。人生岂得轻离别,天意何曾忌崄巇？骨肉书题安绝徼,蕙兰蹊径失春期。洞庭湖阔蛟龙恶,却羡杨朱泣路岐。

何以不取《碧瓦》也？

曰:此种是尔时风气所染,雕琢繁碎,格意俱卑,于集中为下下。

何以不取《蝶》诗也？

曰:此寓人事今昔之感,以蝶自比,极有情致。但第一句巧而纤,三、四格意虽佳,第四句"絮"字与秋不合,作"叶"又与"温"字不对,五、六亦是俗体,七、八稍有情致耳,不为完美。

附录:叶叶复翻翻,斜桥对侧门。芦花惟有白,柳絮可能温。西子寻遗殿,昭君觅故村。年年芳物尽,来别故兰荪。

何以不取《蝇蝶鸡麝鸾凤等成篇》也？

曰:此是偶然游戏,不得以诗格绳之。然效而为之,则堕诸恶道矣。

问:蘅斋评山谷《演雅》从此滥觞,果否？

曰:山谷此篇乃仿佛蔚宗和香方耳,与此无涉。

何以不取《韩翃舍人即事》也？

曰：此拟韩之作，不晓所云，且词亦卑下，不足道。

何以不取《公子》也？

曰：此是讥刺之作，但觉刻薄，绝无佳处。愈刻画神肖，愈用不堪，以雅道论之，岂宜有此？

何以不取《子初全溪作》也？

曰：起二句跳脱有笔力，三、四亦承得起，五、六取巧致纤，有乖雅道，七、八更不成语。

问：长孺解"人间"二句如何？长孺曰："从到海"，以其有朝宗之义；"莫为河"，恐其隔牛女之会合。

曰：解下句是，上句以朝宗为解，则添出支节，横隔语脉矣，盖此十字是一意，一开一合耳。

何以不取《柳下暗记》也？

曰：题曰暗记，是冶游有所见之作，诗中语意亦分明也，措语殊浅。

何以不取《妓席》也？

曰：游戏之作，不为轻重。

何以不取《少年》也？

曰：七句平叙，一句转合，仿佛太白"越王勾践破吴归"一首章法，作意可观，但格意浅薄，不脱晚唐习径耳。

何以不取《无题》也？

曰：小调艳词，无关大旨。

问：此诗末二句之解？

曰：屋则深藏，楼则或可于登时偶见矣，以痴生幻，用笔自有情致。

何以不取《玄微先生》也？

曰：应酬之作，毫无佳处。"弄河"句及"树栽"二句尤拙。

问：何以不取《药转》也？

曰：题与诗俱不可解，即以词格论之，亦不佳。

何以不取《岳阳楼》也？

曰：此感遇之作，其词太直。

问：此诗末二句之义？

曰："枉是"即遮莫之意。

何以不取"汉水方城"一首也？

曰：此是登楼见山川形势，偶触起当日楚王以如此地利而不能报秦，故云尔也，然殊无取义。

问：四家说此题如何？四家曰：可见古人作诗，题目只在即离之间。

曰：此说甚是，作诗看诗皆不可不知此意。

何以不取《寄成都高苗二从事》也？

曰：不解所云。

附录：家近红蕖曲水滨，全家罗袜起秋尘。莫将越客千丝网，网得西施别赠人。

问:《二月二日》诗七句如何下"莫悟"二字,"滩"岂有知之物耶?

曰:此正沧浪所云诗有别趣,非关理也。

问:《筹笔驿》诗复二"终"字,恐是一病?

曰:自是一病,然席氏百家本系翻雕宋刻,此句作"真不忝"也,或朱本讹耳。

补遗

问:香泉评《筹笔驿》如何? 香泉曰:议论固高,尤难其抑扬顿挫处,一唱三叹,转有余味。

曰:此最是诗家三昧语,若但取议论而无抑扬顿挫之妙,则胡曾之咏史矣,须知神韵筋节皆自抑扬顿挫中来。

何以不取《屏风》也?

曰:此诗四家以为寓浮云蔽日之感,是也。然措语有痕,转成平浅。

何以不取《春日》也?

曰:此诗却不似艳词,莫解所谓,自可置之。

附录:欲入卢家白玉堂,新春催破舞衣裳。蝶衔红蕊蜂衔粉,共助青楼一日忙。

何以不取《风》也?

曰:格意俱卑,愈巧愈下,不足观也。学西昆切忌此等。

问:《即日》诗"更醉谁家白玉钩"句,朱注如何? 长孺曰:丁仙芝诗:"帘垂白玉钩。"

曰:非也。此玉钩即"隔座送钩"之"钩",缘此戏起于钩弋夫人之白玉钩,故云尔耳。

问:《九成宫》既非讽刺,何以用穆王八骏为比?
曰:按王融《曲水诗》序曰:"夏后两龙载驱璇台之上,穆王八骏如舞瑶池之阴。"庾信《三月三日马射赋》序曰:"夏后瑶台之上,或御二龙;周王悬圃之前,犹骖八骏。"自六代相沿,率作佳事用之,非以为刺也。大抵唐人比拟人物,多取一节,不甚拘拘。赠杜牧诗以江总比之,亦今人所不敢用也。

何以不取《少将》也?
曰:画出侠少,诗极俊爽,但乏深味耳。且意思全抄"为君遮虏骑"一章也。

附录:族亚齐安陆,风高汉武威。烟波别墅醉,花月后门归。青海闻传箭,天山报合围。一朝携剑起,上马即如飞。

何以不取《咏史》也?
曰:末二句自佳,前六句不复成语。

何以不取《赠白道者》也?
曰:进一步写,自有情致,然格调毕竟浅薄。

何以不取《无题二首》也?
曰:此二首直是狭斜之诗,了无可取。
问:何以定二首为实有本事也?
曰:以第一首七、八句断之。

何以《无题四首》不取第一、第三、第四首也?

曰:此四首纯是寓言矣。第一首三、四句太纤小,七、八句太直而尽。第三首稍有情致,三、四亦纤小,五、六亦直而尽。第四首尤浅薄径露。大抵《无题》是义山偶然一种,本非一生精神所注,颇不欲多存,以后凡《无题》皆不入钞也。

何以不取《赴职梓潼留别畏之员外同年》也?
曰:诗亦清楚,苦无佳处耳。

何以不取《桂林路中作》也?
曰:平正之篇,前四句一气流走,颇有机致。五、六句撑拄不起,便通首乏精神,并前四句亦觉庸俗矣,此等处如屋中有柱,必不可顺笔写下也。
附录:地暖无秋色,江晴有暮晖。空余蝉嘒嘒,犹向客依依。村小犬相护,沙平僧独归。欲成西北望,又见鹧鸪飞。

何以不取《蝶三首》也?
曰:第一首格卑而寓意亦浅露,后二首乃他艳诗误窜此下耳,亦不见佳。
补遗
问:《蝶三首》孝辕唐诗戊签以后二首作《无题》如何?
曰:作《无题》,是。

何以不取《王十二兄与畏之员外相访见招小饮,时予以悼亡日近不肯赴》也?
曰:此讥刺之作也。义山之妻,王十二之姊妹也。义山悼亡日近,而王十二公然歌管,公然小饮,此全无情理之事也,故五、六直书以诘之。"左家娇女"正指其姊,言己岂能忘,正怪王十二之能忘耳。然事固"可愤",诗亦太直,不足尚也。三、四句却煞有情调。

附录：谢傅门庭旧未行，今朝歌管属檀郎。更无人处帘垂地，欲拂尘时簟竟床。嵇氏幼男犹可悯，左家娇女岂能忘？秋霖腹疾俱难遣，万里西风夜正长。

何以不取《隋宫》也？

曰：后二句微有风调，前二句词直意尽。

附录：乘兴南游不戒严，九重谁省谏书函？春风举国裁宫锦，半作障泥半作帆。

何以不取《月》也？

曰：格卑。

何以不取《赠宗鲁筇竹杖》也？

曰：此纯是唐末小家数矣。三、四句极力刻画，愈见卑琐，末二句亦不甚成语。

何以不取《垂柳》也？

曰：结二句自有体，三、四太俗，五、六更鄙，亦晚唐恶习也。

何以不取《曲池》也？

曰：此与"一岁林花"一首同一意调，但彼气脉较深厚，一结亦不似此之尽言尽意，故舍此取彼。凡诗无情致，则粗浮不文。然但有姿媚而乏筋节，其弊亦有不可胜言者，迁流所至，不得不预为防也。

附录：日下繁香不自持，月中流艳与谁期？迎忧急鼓疏钟断，分隔休灯灭烛时。张盖欲判江滟滟，回头更望柳丝丝。从来此地黄昏散，未信河梁是别离。

何以不取《代应二首》也？

曰：艳词也。第一首太浅，第二首又不可解。

何以不取《席上作》也？

曰：病于浅直。

问：《席上作》二本孰胜？

曰：首作特恃才狂态，别本则病狂丧心矣。且主人在坐，必无此理。

何以不取《破镜》也？

曰：悼亡之作，了无佳处。

问："紫府仙人"一章，于所分《无题》五种，属何种？

曰：此即《洛神赋》所云"叹匏瓜之无匹兮，嗟牵牛之独处"，求之不得，亦寓言也。故四家曰：总是不得见之意。午桥以为王氏却扇之作未免武断矣。

附录：紫府仙人号宝灯，云浆未饮结成冰。如何雪月交光夜，更在瑶台十二层？

何以不取《赠庾十二朱版》也？

曰：代柬率笔。

何以不取《李花》也？

曰：通首格意卑下，三、四纤小而似有意致，尤易误人，不可不辨。

何以不取《过招国李家南园二首》也？

曰：浅近。第一首前二句、第二首后二句尤不成语。

何以《留赠畏之》三首独取第二首也？

曰：第一首平平无取。后二首乃别诗误入，特以情致取一首耳。第三首情致亦佳，然不能及前一首，故亦置之。

附录：户外重阴黯不开，含羞迎夜复临台。潇湘浪上有烟景，安得好风吹汝来？

何以不取《为有》也？

曰：弄笔戏作，不足为佳。

问："相见时难"一章末二句如何？

曰：感遇之作易为激语，此云"蓬山此去无多路，青鸟殷勤为探看"，不为绝望之词，固诗人忠厚之旨也，但三、四太纤近鄙，不足存耳。

何以不取《对雪二首》也？

曰：二诗独前一首结句"龙山万里无多远，留待行人二月归"，后一首结句"关山冻合东西路，肠断班骓送陆郎"四语，从"时欲之东"着笔，有情有致，余俱夹杂堆垛，殊不足观。

何以不取《蜂》也？

曰：二句不成语，三、四尤浅俗，后四句小有情致耳。

何以不取《公子》也？

曰：不解所云。

何以不取《鸡》也？

曰：此纯是寓意之作，然未免比附有痕，嫌于黏皮带骨矣。凡咏物托意，须浑融自然,言外得之,比附有痕,所最忌也。

何以不取《明神》也？

曰：太不成语,全无诗味。

问：夕公笺此诗如何？夕公曰：此诗为甘露之变作也。当时事起仓卒,王涯、贾𫗧等实不与闻,仇士良执而讯之,五毒具备,涯等诬伏,遂族诛之,一时不以为冤。实以涯等执政时,招权僭侈,结怨于民,故曰明神司过,决无冤滥,暗室祸门,自招之也。专杀者自谓举世无人,一物可欺,抑知其取精多而用物宏,凭石而言,得无虑乎？训、注之咆哮于中国也,士大夫咸怨忿之。及其败也,又以畏中宫之势,未有言其冤者。岂惟不冤之,又从而快之。独义山于此事,抑扬反覆,致其不平之意,以示诛戮不出于文宗,其人虽恶,犹然冤也。

曰：此笺离合参半,此为王涯、贾𫗧等言,不为训、注言之也。前二句言天道好还,报复不远,乃深恶士良之词,亦非言涯等之自取祸败。夕公于中间添一转折,以就己说,不免首尾衡决,无此诗法也。

问：何以不取《壬申七夕》也？

曰：此诗了无出色,既云"待晓霞",又曰"日薄",又用"月桂""星榆"等字,亦夹杂不伦。

何以不取《壬申闰秋题赠乌鹊》也？

曰：感遇之作,微病其浅。第二句字句亦凑泊。

附录：绕树无依月正高,邺城新泪溅云袍。几年始得逢秋闰,两度填河莫苦劳。

问：《端居》第二句四家之评如何？四家曰："敌"字险而稳。

曰："敌"字自是险而稳,然单标此等以论诗,不知引出几许魔障矣。此诗颇佳,竟以此一字之故不以入选,渐流渐弊,诚怖其卒,吾见夫竟陵之为诗者也。

附录:远书归梦两悠悠,只有空床敌素秋。阶下青苔与红树,雨中寥落月中愁。

问:《夜半》一首,观四家之论,此诗岂不佳耶?四家曰:不说人愁而人愁已见,得《三百》法。又曰:"万家眠"见一人不眠也,是愁已先境生,非缘境起,写愁更深。

曰:此诗之佳,诚如所云。微病其有做作态耳,盖意到而神不到之作。夫径直非诗也,含蓄而不免于做作,亦非其至也。此辨甚微,但可以意会之耳。

附录:三更三点万家眠,露欲为霜月堕烟。斗鼠上堂蝙蝠出,玉琴时动倚窗弦。

问:《玉山》寓意何在?

曰:此望荐之诗也。首二句言其地位清高,三、四句言其力可援引,五、六句一宕一折,"珠容百斛龙休睡",言毋为小人之所窃弄;"桐拂千寻凤要栖",言当知君子之欲进身。末二句乃合到自己,明结之。

何以不取《张恶子庙》也?

曰:太激,太直。

何以不取《雨》也?

曰:诗极细腻熨贴,第四句及结意亦佳。但五、六句支撑不起,仍就上四句敷衍之,嫌格力不大耳。

附录:撼撼度瓜园,依依傍竹轩。秋池不自冷,风叶共成喧。窗迥有时见,檐高相续翻。侵宵送书雁,应为稻粱恩。

问:末二句之意?

曰:此必在幕府之作,忽有感于雁之冒雨而飞为稻粱之故,如己勤劳以酬人之知也。于"雨"字不黏不脱,有神无迹,绝好结法。

何以不取《菊》也?

曰:前四句俗艳不堪,后四句寓意亦浅。

何以不取《北楼》也?

曰:前四句一气涌出,气脉流走。五、六句格力亦大,但七、八句嫌于太竭情耳。此等是用意做出,然愈用意病痛愈大,大为全篇之累也。

附录:春物岂相干?人生只强欢。花犹曾敛夕,酒竟不知寒。异域东风湿,中华上象宽。此楼堪北望,轻命倚危栏。

何以不取《拟沈下贤》也?

曰:一字不解。然不解处即是不佳处,未有大家名篇而僻涩其字句者也。

何以不取《蝶》也?

曰:前四句俗极,五、六亦纤。

何以不取《饮席代官妓赠两从事》也?

曰:不雅。

何以不取《代魏宫私赠》及《代元城吴令暗为答》也?

曰:此诗辨感甄之诬,立意最为正大。然何不自为绝句一章,乃代为赠答?落小家窠臼也。曹唐游仙之作正滥觞于此种耳。

附录:来时西馆阻佳期,去后漳河隔梦思。知有宓妃无限意,春松秋菊可同时。

背阙归藩路欲分,水边风日半西曛。荆王枕上原无梦,莫枉阳台一片云。

问:代为问答为小家数矣,若渊明之《形》《影》《神》三首非设为问答乎?

曰:彼是悬空寄意,其源出于《楚词》之设为问答,故不失大方。此则黏着实事,代古人措词矣。罗隐《谒文宣王庙》诗至于《代文宣王答》一首,千奇万状,流弊亦何所不有乎?故论诗宜防其渐,不得动以古人借口也。

何以不取《牡丹》也?

曰:无一句成语。

何以不取《百果嘲樱桃》及《樱桃答》也?

曰:此弊始于六朝《魟表》《甘蕉弹文》之属,降而已甚,卢仝集中至于代虾蟆作诗请客矣,义山此作亦此类也。《毛颖》一传,岂非千载奇文,降而为《叶嘉》《罗文》等传,连篇累牍,岂复有味乎?衡诸雅道,必无取焉,不论工拙也。

何以不取《晓坐》也?

曰:情真而格卑。

附录: 后阁朝眠罢,前墀思黯然。梅应未假雪,柳自不胜烟。泪续浅深绠,肠危高下弦。红颜无定所,得失在当年。

何以不取《一片》也?

曰:此感遇之作,与《锦瑟》同格而意又浅焉,亦无自占身分处。

何以不取《题鹅》也?

曰:此深怨牛李党人之作,殊径直无余味也。

问：此诗焉知非悼亡之作？

曰：观诗中曰"自成群"，曰"那解将心怜孔翠"，且不曰雄与雌分，而曰雌与雄分，语意皆不似也。

何以不取《华清宫》也？

曰：既失讳尊之体，亦少蕴藉之味，于温柔敦厚之旨失之远矣。

何以不取《十一月中旬至扶风界见梅花》也？

曰：清楚有致，但太薄耳。

附录：匝路亭亭艳，非时冉冉香。素娥惟与月，青女不饶霜。赠远虚盈手，伤离适断肠。为谁成早秀？不待作年芳。

何以不取《青陵台》也？

曰：此诗亦佳，但微乏神韵，有吃力之态耳。第二句亦趁韵写出，"倚暮霞"三字殊无着落也。

附录：青陵台畔日光斜，万古贞魂倚暮霞。莫讶韩凭为蛱蝶，等闲飞上别枝花。

问："倚暮霞"从"日光斜"生来，何以云无着落？

曰：此咏青陵台事，非咏青陵台景也。"日光斜"已是旁文，何得又因旁文而波及耶？就此三字论之，"暮霞"如何云"倚"？就本句七字论之，如何与"万古贞魂"相连？凡下字无关本意，便是无着落，不必严霜夏零、明月昼起也。

问：后二句何以如此说？

曰：只一两不相负之意，因有化蝶一事，故留住韩凭另一层写，借事点染，生出波折，此化直为曲、化板为活之法，若直说便少味矣。

何以不取《东还》也？

曰：此诗亦无不佳之处，但无佳处耳。

何以不取《酬崔八早梅有赠兼示之作》也？

曰：诗极清楚，但太浅耳，格亦卑卑。

何以不取《春风》也？

曰：全不成诗。

何以不取《蜀桐》也？

曰：此感遇之作，言空斫秋琴亦无赏音，非惜桐，正惜琴也。用笔深曲，但其词不免怨以怒耳。

附录：玉垒高桐拂玉绳，上含非雾下含冰。枉教紫凤无栖处，斫作秋琴弹《坏陵》。

何以不取《判春》也？

曰：偶尔弄笔，不以诗论，是亦所谓下劣诗魔也。

何以不取《促漏》也？

曰：对面作结，妙有兴象，前六句体不高耳。

附录：促漏遥钟动静闻，报章重叠杳难分。舞鸾镜匣收残黛，睡鸭香炉换夕熏。归去定知还向月，梦来何处更为云？南塘渐暖蒲堪结，两两鸳鸯护水纹。

问：高廷礼说此诗如何？高廷礼曰：此诗拟深宫怨女而作。

曰：此说长孺取之，然定为宫词亦只据第二句，其实所注亦牵合也。长孺注曰：《唐书》：内官有掌书三人，掌符契、经籍、宣传、启奏。杜甫诗"宫女开函近御筵"是也。

午桥从姚旅露书定为悼亡,然第二句究竟说不去,盖此诗摘首二字为题,亦是《无题》之类耳。

何以不取《读任彦昇碑》也?

曰:首句鄙,后二句寓升沉之感,亦直。

何以不取《荷花》也?

曰:首二句似牡丹,不是荷花矣。通篇亦不出色。

问:"前秋"何以云"预想"?

曰:"前秋"即秋前之意,非云去年也。

何以不取《五松驿》也?

曰:无一句是诗。

何以不取《送臻师二首》也?

曰:不见佳处。

何以不取《七夕》也?

曰:亦浅亦直。

何以不取《谢先辈防记念拙诗甚多,异日偶有此寄》也?

曰:小有情致,云佳则未也,六、七、八三句亦累。

何以不取《马嵬二首》也?

曰:马嵬诗总不能佳,此二诗前一首后二句直率,次一首亦多病痛也。

附录第二首:海外徒闻更九州,他生未卜此生休。空闻虎旅传宵柝,无复鸡人报晓筹。此日六军同驻马,当时七夕笑牵牛。如何四纪为天子,不及卢家有莫愁?

问:归愚评第二首如何?归愚曰:起无原委,一病也;虎、鸡、马、牛连用,二病也;落句拟人不伦,三病也。

曰:所言后二病良允,独云起无原委则不然,盖"自埋红粉自成灰"前一首已提明矣,故此首势须直起乃章法合然,何得云无原委也?

何以不取《可叹》也?
曰:三、四太骂,殊无诗品。

何以不取《别薛岩宾》也?
曰:通篇平浅,后三句尤不成语。

何以不取《富平少侯》也?
曰:太尖无品,格亦卑卑。

何以不取《肠》也?
曰:琐屑卑靡,西昆下派。

何以不取《赠宇文中丞》也?
曰:直写平浅。

何以不取《晓起》也?
曰:纤小一派。

何以不取《闺情》也?

曰：亦纤小。

何以不取《杏花》也？

曰：通首以杏花寄感，然无一字切杏，即改题作桃李亦得。"援少"二句亦是秋意非春意，皆是病痛。"镜拂"以下气格不甚大方，亦不免强弩之末，独前半笔力浑脱，小可观耳。

附录：上国昔相值，亭亭如欲言。异乡今暂赏，脉脉岂无恩？援少风多力，墙高月有痕。为含无限意，遂到不胜繁。仙子玉京路，主人金谷园。几时辞碧落，谁伴过黄昏？镜拂铅华腻，炉藏桂烬温。终应催竹叶，先拟咏《桃根》。莫学啼成血，从教梦寄魂。吴王采香径，失路入烟村。

问：无一字切题是一病矣，然则咏物必故实点缀及刻画形似乎？

曰：不然。故实不废也。必以故实为工，则"盘中磊落笛中哀"，罗隐之咏梅矣。刻画亦不废也。必以刻画为工，则"认桃无绿叶，辨杏有青枝"，石延年之咏梅矣。此诗在不合作长律耳。小诗以空笔取神者，如"无情有恨何人见，月晓风清欲堕时"，在绝句可也；"幸不折来伤岁暮，若为看去乱乡愁"，在八句之律亦可也。长篇能通身如是乎？不为故实刻画，则必落空矣，咏物者不可不知。

问："仙子"二句恐是俗格？

曰：二句若是赞杏花则俗，与下二句相连，写沦落之感则不俗。言各有当，未可以一例概之，看诗亦须通篇合看耳。

何以不取《灯》也？

曰：与《肠》诗同一下派，只"冷暗黄茅驿"一句差可。

何以不取《清河》也？

曰：浅薄。

何以不取《袜》也？

曰：偶然弄笔，不以正论。

何以不取《追代卢家人嘲堂内》及《代应》也？

曰：与《代魏宫私赠》同一小家数，而更无意旨。

何以《离亭折杨柳二首》只取一首也？

曰：前一首亦有风调，但病于径直。

附录：暂凭尊酒送无憀，莫损愁眉与细腰。人世死前惟有别，春风争拟惜长条。

何以不取《华州周大夫宴席》也？

曰：全无诗意，所谓头巾气也。

何以不取《荆山》也？

曰：不解所云。

何以不取《东下三旬苦于风土马上戏作》也？

曰：偶然戏笔，亦不以诗论。

何以不取《莫愁》也？

曰：戏笔弄姿，颇有风韵，但浅弱耳。

附录：雪中梅下与谁期？梅雪相兼一万枝。若是石城无艇子，莫愁还自有愁时。

何以不取《涉洛川》也？

曰:伤谗之作。第二句露骨,遂并后二句,微病于直。

附录:通谷阳林不见人,我来遗恨古时春。窀妃漫结无穷恨,不为君王杀灌均。

何以不取《有感》也?

曰:鄙俚不文。

何以不取《代赠二首》也?

曰:艳诗之有情致者,第二首更胜,以无关大旨去之耳。

附录:楼上黄昏欲望休,玉梯横绝月中钩。芭蕉不展丁香结,同向春风各自愁。

东南日出照高楼,楼上离人唱《石州》。总把春山扫眉黛,不知供得几多愁?

何以不取《楚吟》也?

曰:浅直。

何以不取《柳》也?

曰:寄托亦浅露。

何以不取《寄在朝郑曹独孤李四同年》也?

曰:着意"在朝"二字,友朋相怨之诗也。后二句太激,少含蓄。

附录:昔岁陪游旧迹多,风光今日两蹉跎。不因醉本兰亭在,兼忘当年旧永和。

何以不取《南朝》也?

曰：纤而鄙。

何以不取《题汉祖庙》也？
曰：粗浅无味，毫无取义之作。

何以不取《东阿王》也？
曰：此自寓之作，小有意致耳，亦无大佳处。
附录：国事分明属灌均，西陵魂断夜来人。君王不得为天子，半为当时赋《洛神》。

何以不取《圣女祠》也？
曰："松篁台殿蕙香帏，龙护瑶窗凤掩扉"二句有其人在焉，呼之欲出之，妙。五、六太骨露，有失雅道，七、八亦佻薄。

何以不取《独居有怀》也？
曰：词纤格卑，三、四句尤鄙猥。

何以不取《过景陵》也？
曰：因宪宗求仙，故以黄帝托讽。然拟之曹瞒，究竟非体，义山时时有此病也。

何以不取《临发崇让宅紫薇》也？
曰：此与下《及第东归次灞上，却寄同年》诗皆激烈尽情，少含蓄之旨，而此诗尤怨以怒。

何以不取《野菊》也？

曰：中四句颇佳，结处嫌露骨太甚。

附录：苦竹园南椒坞边，微香冉冉泪涓涓。已悲节物同寒雁，忍委芳心与暮蝉。细路独来当此夕，清樽相伴省他年。紫云新苑移花处，不取霜栽近御筵。

何以不取《过伊仆射旧宅》也？

曰：独结处"何能更涉泷江去？独立寒流吊楚宫"二句就"过"字生情，搀过一步，渲染本题，妙有情致。前六句直是许浑一辈套子，殊不可耐也。

何以不取《关门柳》也？

曰：无佳处。

何以不取《酬别令狐补阙》也？

曰：此诗曲折浑劲，甚有笔力，独末二句太无地步耳。

附录：惜别夏仍半，回途秋已期。那修直谏草，更赋赠行诗。锦段知无报，青萍肯见疑。人生有通塞，公等系安危。警露鹤辞侣，吸风蝉抱枝。弹冠如不问，又到扫门时。

何以不取《彭阳公薨后赠杜二十七胜李十七潘二君，并与愚同出故尚书安平公门下》也？

曰：极有深情，末二句竟住亦佳，但前二句太拙。

问："庾村"当作何解？

曰：此"庾楼"之讹。

何以不取《闻歌》也？

曰：首二句点明，中四句掷笔宕开，而以七句承明，八句拍合，极有画龙点睛之妙,但情韵深而意格靡。第一句鄙,第二句是长吉歌行一派,入七律亦涩,终非佳篇,存看笔法耳。

附录:敛笑凝眸意欲歌,高云不动碧嵯峨。铜台罢望归何处?玉辇忘还事几多?青冢路边南雁尽,细腰宫里北人过。此声肠断非今日,香炧灯光奈尔何?

何以不取《赠华阳宋真人兼寄清都刘先生》也?

曰:太应酬气,全无诗味。

问:第二句"谢"字如何解?

曰:当从《英华》作"识"。

何以不取《楚宫二首》也?

曰:前一首写不见之感,乃从对面加一倍写出,极有思致。然终觉是刻意做来,乏自然深远之味。第二首直是《无题》之属,误列于《楚宫》下耳。

附录:十二峰头落照微,高唐宫暗坐迷归。朝云暮雨长相接,犹自君王恨见稀。

月姊曾逢下彩蟾,倾城消息隔重帘。已闻佩响知腰细,更辨弦声觉指纤。暮雨自归山悄悄,秋河不动夜厌厌。王昌且在墙东住,未必金堂得免嫌。

问:第二首末二句如何解?

曰:讥刺之语也。言隔帘不见,徒想像其腰细指纤,惟有失望而归,悒悒中夜耳。况彼东家自有王昌为所属意,焉有及我之理耶,分明言其及乱,而但以为不免于嫌,则诗人忠厚之词也。

补遗

问:"月姊曾逢下彩蟾"一首,别本题为《水天闲话旧事》如何?

曰:诗与《楚宫》不相应,此题有理。

何以不取《和友人戏赠二首》及《题二首后重有戏赠任秀才》也？

曰：此却是《无题》之类，非艳词也，于集中为数见不鲜也。

问：《有感二首》前以夕公之笺为非，其说焉在？

曰：诗中语意固明也。第一首曰："竟缘尊汉相，不早辨胡雏。"第二首曰："临危对卢植，始悔用庞萌。"惜文宗之误用也。第一首："九服归元化，三灵叶瑞图。如何本初辈，自取屈牦诛。"第二首曰："古有清君侧，今非乏老成。素心虽未易，此举太无名。"皆咎训、注之妄举也。反覆观之，无一恕词。夫训、注皆轻躁小人，侥幸富贵，因之以君国尝试，使幸而成功，轻则为徐、石之怙宠，重或有操、卓之专权，其平日所为可以覆按也。乃许之以奉天讨，许之以谋勇，许之以死事，不亦悖乎？至云国有重臣，不畏强御，倡言训等之无辜，士良诸凶犹未必刃加其颈，尤迂而不情，夫刘从谏之敢于请三相之罪，拥兵在外耳，使其在朝，彼能收三相，复何人不能收乎？以是解"古有清君侧"四句，可云南辕而北辙矣。凡说诗当心平气和，求其本旨，先存成见而牵引古人以就之，是亦学者之大病也。

何以不取《寿安公主出降》也？

曰：太粗太直，失讳尊之体。

何以不取《夕阳楼》也？

曰：借"孤鸿"对写，映出自己，吞吐有致，但亦不免有做作态，觉不十分深厚耳。

附录：花明柳暗绕天愁，上尽重城更上楼。欲问孤鸿向何处，不知身世自悠悠。

何以不取《中元作》也？

曰:通首笔意浑劲,自是佳作。然求其语意,类乎有所见而求之不得之作。题曰《中元作》,知确有本事,非寓言之比也。措语虽工,衡以风雅之正,固无取焉。

附录:绛节飘飘空国来,中元朝拜上清回。羊权须得金条脱,温峤终虚玉镜台。曾省惊眠闻雨过,不知迷路为花开。有娀未抵瀛洲远,青雀如何鸩鸟媒?

何以不取《鸳鸯》也?

曰:浅直。

何以不取《楚宫》也?

曰:只中联"枫树夜猿愁自断,女萝山鬼语相邀"二句最佳,前后六句并拙鄙。

补遗

问:《楚宫》末二句如何解?

曰:此言三闾忠义感人,千秋不替,必楚国无人,其祀乃绝。但故乡犹有遗民,决不惜年年以角黍投之也。有谓但使国存,不恤身死者,与惧长蛟不合,其说非也。

何以不取《妓席暗记送同年独孤云之武昌》也?

曰:借物写照,亦殊有情,但格意不高。

何以不取《宿晋昌亭闻惊禽》也?

曰:后四句宕开收转,以远取题,用笔自好。但格调卑靡,大似许浑一辈,不足存耳。

何以不取《深宫》也？

曰：钩勒清楚，然浅薄即在清楚处。

何以不取《明禅师院酬从兄见寄》也？

曰：不成语。

何以不取《寄裴衡》也？

曰：起二句太突，后四句太率。

何以不取《崇让宅东亭醉后有作》也？

曰："一帆彭蠡月，数雁塞门霜"二句最佳，"骅骝忧老大，鹓鶵妒芬芳"二句亦可观，余殊平浅。"幽兴"句、"淹卧"句，俱牵强。

何以不取《一片》也？

曰：粗浅。

何以不取《寄成都高苗二从事》也？

曰：诗亦风韵，但意旨不甚了了。

附录：红莲幕下紫梨新，命断湘南病渴人。今日问君能寄否？二江风水接天津。

何以不取《郑州献从叔舍人褎》也？

曰：浅俗。

何以不取《四皓庙》也？

曰：全不成语。

何以不取《题白石莲花寄楚公》也?

曰:前四句有恣逸之致,而三、四句尤佳,后四句嫌禅偈气。

附录:白石莲花谁所共?六时长捧佛前灯。空庭苔藓饶霜露,时梦西山老病僧。大海龙官无限地,诸天雁塔几多层?漫夸鹙子真罗汉,不会牛车是上乘。

何以不取《隋宫守岁》也?

曰:一味铺排,了无取义,而语亦多笨。

何以不取《利州江潭作》也?

曰:自注曰"感孕金轮所",诗中皆以雌龙托意,殊莫解其风旨何取。只"雨满空城蕙叶凋"一句有神韵,可玩耳。

补遗

问:香泉解《利州江潭作》一首如何?香泉曰:武后见骆宾王檄文,犹以为斯人沦落,宰相之罪。义山为令狐绹所摈,白首使府,天子曾不知其姓名,有不获与后同时之恨,故过其所生之地,停舟赋诗。落句盖言己之漂泊西南,曾不如罗子春之致燕脯于龙女,犹得乘龙载珠而还也。

曰:似是如此解。

何以不取《即日》也?

曰:此诗只"地宽楼已迥,人更迥于楼"二句起得斗峭,"更替林鸦恨,惊频去不休"二句对面写照,结得有致。余俱平衍,且多率笔。

何以不取《相思》也?

曰:平直无佳处。

何以不取《镜槛》也？

曰：亦雕琢下派。

补遗

问：香泉解《镜槛》如何？香泉曰：此必有怀歌妓之作。

曰：说亦有理，以末二句证之，益信。

问：上党冯氏评此诗如何？冯氏曰：诗多未解，然如见西施，不必能名然后知其美。

曰：此钝吟偏驳之论。二冯评《才调集》，意在辟江西而崇昆体，于义山尤力为表扬。然所取多屑屑雕镂之作，而欲持之以攻江西，恐与江西之生硬，正亦如齐楚之得失也。夫义山、鲁直，本源俱出少陵，才分所至，面貌各别，而俱足千古。学者不求其精神意旨所在，而规规于字句之间，分门别户，此诋粗莽，彼诋涂泽，不问曲直，哄然佐斗。不知粗莽者，江西之流派，江西本不以粗莽为长。涂泽者，西昆之流派，西昆亦不以涂泽为长也。因论钝吟此语而并及之。

何以不取《送郑大台文南觐》也？

曰：太应酬气，借"胡威绢"关合，亦小家数。

何以不取《洞庭鱼》也？

曰：全不成语。

何以不取《喜舍弟羲叟及第上礼部魏公》也？

曰：前六句太俗，后二句公然不通。

何以不取《哀筝》也？

曰：五句不成语，恐有讹错。通首亦无甚佳处，不为高格。

问：此诗语意何如？

曰：此摘"哀筝"二字为题，非咏筝也，盖亦《无题》之类，详其语意，确有寄托。

何以不取《代董秀才却扇》也？

曰：太巧便是小品。

何以不取《有感》也？

曰：平正无佳处。

问：四家解此诗如何？四家曰：为《无题》作解。

曰：详诗语是以文词招怨之作，故题曰《有感》，乃为似有寓托而实不然者作解，非解《无题》也。

附录：非关宋玉有微词，却是襄王梦觉迟。一自《高唐》赋成后，楚天云雨尽堪疑。

何以不取《骊山有感》也？

曰：既少含蓄，亦乖风雅，如此诗不作何妨？所宜悬之戒律者，此也。

何以不取《赠孙绮新及第》也？

曰：俗。

问：《代秘书赠弘文馆诸校书》一首，莫嫌于爱好否？

曰：诗以爱好为病，此充类至义之尽也。若论神韵，须先从爱好中来，妙悟渐生，然后舍筏登岸耳。且爱好亦自不同，桓伊弄笛，叔夜弹琴，皆爱好也。裁锦绣以为华，傅脂粉以为丽，似乎爱好而非也。海阳李玉典曰：秋谷以渔洋为爱好，信然。然是晋人装，非时世装也。此可谓之知言矣。

何以不取《乱石》也？

曰：前一句不成语，后二句亦浅直。且"步兵"加"厨头"为目，亦捏凑无理。

何以不取《日日》也？

曰：浅直。

何以不取《过楚宫》也？

曰：寓感之作，亦无佳处。

附录：巫峡迢迢旧楚宫，至今云雨暗丹枫。微生尽恋人间乐，只有襄王忆梦中。

何以不取《龙池》也？

曰：病同《骊山有感》一首。

何以不取《泪》也？

曰：卑俗之至，命题尤俗。

问：此诗亦有风致，那得云俗？

曰：此所谓倚门之妆，风致处正其俗处也。

何以不取《十字水期韦潘侍御同年不至，时韦寓居水次故郭汾宁宅》也？

曰：支离牵引，毫无道理，亦毫无意趣。

何以不取《流莺》也？

曰：前六句将流莺说做有情，七句打合到自己身上，若合若离，是一是二，绝妙运掉，与《蝉》诗同一关捩。但格力不高，声响觉靡耳。

附录：流莺飘荡复参差，渡陌临流不自持。巧啭岂能无本意，良辰未必有佳期。风朝露夜阴晴里，万户千门开闭时。曾苦伤春不忍听，凤城何处有花枝？

何以不取《和韩录事送宫人入道》也？

曰：晚唐卑卑之音。

何以不取《即日》也？

曰：此一时记事之作，不得本事，不甚可解，而语亦不佳。

何以不取《圣女祠》也？

曰：此题凡三首，"白石岩扉"一首最佳，"松篁台殿"一首最下，此首差可，然亦非高作也。

何以不取《七月二十九日崇让宅宴作》也？

曰：三、四格意可观，对法尤活，后半开平庸敷衍一派。

附录：露如微霰下前墀，风过回塘万竹悲。浮世本来多聚散，红蕖何事亦离披？悠扬归梦唯灯见，濩落生涯独酒知。岂到白头长只尔，嵩阳松雪有心期。

问：二句"风"字一作"月"如何？

曰：二十九日那得有月？且"风"字尤与"悲"字相生。

何以不取《赠从兄阆之》也？

曰：招隐之作，前六句平平，末二句太激，少诗致。

何以不取《残花》也？

曰：此深一层意，用笔甚曲，然病即在深处曲处，既落论宗，亦失自然。

何以不取《西亭》也？
曰：此又病于直而浅。凡诗有恰好分际，太直、太曲、太深、太浅，弊正同耳。

何以不取《昨夜》也？
曰：情致颇佳，但气味不厚耳。
附录：不辞鹎鸠妒年芳，但惜流尘暗烛房。昨夜西池凉露满，桂花吹断月中香。

何以不取《海客》也？
曰：此怨令狐之作也。比附显然，苦乏神韵。

何以不取《初食笋呈座中》也？
曰：感遇之作，亦苦于浅。

何以不取《早起》也？
曰：偶然之作，无大意致。

何以不取《行自金牛驿寄兴元渤海尚书》也？
曰：太应酬气，三、四尤俗。

何以不取《深树见一颗樱桃尚在》也？
曰：寓意之作，有比附之痕，而格亦不高。

何以不取《歌舞》也？

曰：浅直。

何以不取《海上》也？

曰：平山谓此是透一层意：莫说不遇仙，即遇仙人何益也？用笔颇快，而亦病于直。

附录：石桥东望海连天，徐福空来不得仙。直遣麻姑与搔背，可能留命待桑田。

何以不取《魏侯第东北楼堂郢叔言别，聊用书所见成篇》也？

曰：体格不脱晚唐，只"念君千里舸，江草漏灯痕"句颇佳也。

何以不取《白云夫旧居》也？

曰：平正无出色。

附录：平生误识白云夫，再到仙檐忆酒垆。墙外万株人绝迹，夕阳唯照欲栖乌。

问："误识"之意如何？

曰：是错认之意，言平生相交，竟不深知，今日乃追忆之也。

何以不取《同学彭道士参寥》也？

曰：调笑小品，不以正论。

何以不取《乐游原》也？

曰：迟暮自感之作，格韵殊不脱晚唐习气。

何以不取《赠荷花》也？

曰:全不成语。

何以不取《房君珊瑚散》也?
曰:毫无意味。

何以不取《小桃园》也?
曰:极有情致,但格卑,而五句尤纤。
附录:竟日小桃园,休寒亦未暄。坐莺当酒重,送客出墙繁。啼久艳粉薄,舞多香雪翻。犹怜未圆月,先出照黄昏。
补遗
问:《小桃园》第六句恐不是桃诗?
曰:香泉以为直似咏柳也。

何以不取《嘲樱桃》也?
曰:小品戏笔。

何以不取《和张秀才落花有感》也?
曰:三、四微有作意,然亦是小家数。余无可采,五、六尤涩。

何以不取《代越公房妓嘲徐公主》及《代贵公主》也?
曰:弄笔之作,不关大雅。
问:此二诗莫有寓意否?
曰:此与《代魏宫私赠》及《代元城吴令暗为答》诗,皆不似泛然之作。然晚唐人亦实有弄笔作戏者,非确有本事,未可武断也。《有感》诗曰:"一自《高唐》赋成后,楚天云雨尽堪疑。"义山已料及人之附会其诗矣。

何以不取《凤》也？

曰：寓意亦浅。

何以不取《无题二首》也？

曰：说已见前。

附录：凤尾香罗薄几重？碧文圆顶夜深缝。扇裁月魄羞难掩，车走雷声语未通。曾是寂寥金烬暗，断无消息石榴红。斑骓只系垂杨岸，何处西南任好风？

重帏深下莫愁堂，卧后清宵细细长。神女生涯原是梦，小姑居处本无郎。风波不信菱枝弱，月露谁教桂叶香？直道相思了无益，未妨惆怅是清狂。

何以不取《病中早访招国李十将军，遇挈家游曲江》也？

曰：未免迂曲。

何以不取《昨日》也？

曰：亦《无题》之类。起二句拙，三、四句鄙，结亦鄙。

何以不取《樱桃花下》也？

曰：感叹有情，但乏格韵耳。

何以不取《槿花》也？

曰：有黏皮带骨之病，蒙泉抹之是也。

何以不取《任弘农尉献州刺史乞假归京》也？

曰：太激太尽，无复诗致。

何以不取《赠勾芒神》也？

曰：题纤而诗浅。此种题皆有小说气，其去燕翦莺梭、花魂鸟梦无几也，大雅君子当知所别裁焉。

何以不取《无愁果有愁曲北齐歌》也？

曰：此长吉体也，终是别派，不以正论。集中凡此体皆在所汰。就彼法论之，择极至者略存一二耳。

何以不取《房中曲》也？

曰：亦长吉体。特略有古意，犹是长吉《大堤曲》之类，未甚诡怪者。

附录：蔷薇泣幽素，翠带花钱小。娇郎痴若云，抱日西帘晓。枕是龙宫石，割得秋波色。玉簟失柔肤，但见蒙罗碧。忆得前年春，未语含悲辛。归来已不见，锦瑟长于人。今日涧底松，明日山头檗。愁到天池翻，相看不相识。

问：此诗之意何指？

曰：平山以为悼亡之诗也。

问："天池"一作"天地"如何？

曰：不然。按《庄子·逍遥游》篇，"天池"是海之别名，而《酉阳杂俎》有"海翻则塔影倒"之说，知唐人有此语也。作"天地翻"，则鄙而不文矣。

何以不取《齐梁晴云》也？

曰：此及下《效徐陵体赠更衣》《又效江南曲》，皆刻摹六朝之作，艳处似之，拙处尤似之，然雕琢字句而无意味，亦复似之，不足取也。

何以不取《月夜重寄宋华阳姊妹》也？

曰：观诗意，宋华阳乃女冠也，殊无风旨可采，诗亦不佳。

何以不取《访人不遇留别馆》也？

曰：太纤，首句尤鄙，盖题妓馆也。

何以不取《雨中长乐水馆送赵十五滂不及》也？

曰：无味。

何以不取《汴上送李郢之苏州》也？

曰：诗格不高。前四句说汴上，五、六句突接苏州，尤鹘突，无头脑也。

补遗

问："求之流辈岂易得？行矣关山方独吟"，香泉以为要非佳处如何？

曰：江西诗派矫拔处亦自可喜，然生硬粗俚亦有一种伧父面目绝可厌恶处。此曲防流弊之言最为有旨，学者不可不知也。予亦以为只可偶一为之耳。

何以不取《览古》也？

曰：首二句浅率，中四句庸下。且既以警戒意入，又以旷达语收，首尾衡决，全无诗法。

何以不取《当句有对》也？

曰：西昆下派。

何以不取《井络》也？

曰：立论正大，诗格自高。五、六句唱叹指点，用事精切。但三、四句转折太硬，意虽可通，究费疏解。七句尤率，非完美之篇也。

附录：井络天彭一掌中，漫夸天设剑为峰。阵图东聚夔江石，边柝西悬雪岭松。堪叹故君成杜宇,可能先主是真龙。将来为报奸雄辈,莫向金牛访旧踪。

何以不取《随师东》也?

曰:四家以为终伤蹇直也。五、六句归愚所赏,然诗中筋节在此二句,过求筋节而失之板腐亦在此二句。

附录: 东征日费万黄金,几竭中原买斗心。军令未闻诛马谡,捷书唯是报孙歆。但须鸑鷟巢阿阁,岂假鸱鸮在泮林?可惜前朝玄菟郡,积骸成莽阵云深。

问:长孺解末二句如何?_{长孺曰:按隋炀帝大业中,频年用兵高丽,末二句盖举往事以讽也。}

曰:不然。此诗一篇皆就隋事以托讽,未露正文。开首东征即指高丽之役,非前四句序时事,中二句发议论,末二句以前朝指点也。

问:"随"字经文帝去"辶"为"隋",何以仍书"随"字?

曰:当时虽去"辶"旁,意后来仍两书之,如殷商之两称也。观欧阳询书《醴泉铭》石刻中云"随氏旧宫营于曩代",亦有"辶"旁,是可证也。

何以不取《宋玉》也?

曰:四家以为失之钩剔过明,不惬人意也。

何以不取《韩同年新居饯韩西迎室家戏赠》也?

曰:诗格卑卑,起二句尤俚。

何以不取《奉和太原公送前杨秀才戴兼招杨正字戎》也?

曰:平浅之作,牵率应酬,殊无可采。

何以不取《池边》也？

曰：感叹时光，多就眼下繁华逆忧零落，或就眼前零落追感繁华。此偏于春意骀宕之时折转，从过去一层见意，运掉甚别，但格韵不高耳。

附录：玉管葭灰细细吹，流莺上下燕参差。日西千绕池边树，忆把枯条撼雪时。

何以不取《送王十三校书分司》也？

曰：纯从对面用笔，此闪躲法也。然自后来言之，又为躲闪之通套矣。神奇腐臭，转易何常？故变而出之一言，为善学古人之金针也。

何以不取《寄恼韩同年，时韩住萧洞二首》也？

曰：无出色处。

何以不取《谒山》也？

曰：不解。

附录：从来系日乏长绳，水去云回恨不胜。欲就麻姑买沧海，一杯春露冷如冰。

何以不取《钧天》也？

曰：太激。

何以不取《失猿》也？

曰：诗颇曲折，然曲折而无味也。

问：末二句如何解？

曰：平山以为恐其或遇意外之伤也，盖通箭道则人得而取之矣。

何以不取《戏题友人壁》也？

曰：戏笔不以正论。

问：此诗意旨如何？

曰：平山以为戏其借妻之资，理或然也。

何以不取《假日》也？

曰：平直。

问：长孺解《假日》如何？ _{长孺曰：《楚词》"聊假日以偷乐兮"。}

曰：此当是休沐给假之日，不得以《楚词》为解。

何以不取《寄远》也？

曰：盖言安得天地消沉，使情根一净也。情思殊深，而吐属间直而乏韵。

何以不取《王昭君》也？

曰：四家以为鄙也。

何以不取《所居》也？

曰：平直。

问：末二句作"无不谓"，一作"不无谓"，二本孰是？

曰："不无"是也。然总之不成句。

补遗

何以不取《高松》也？

曰：起句极佳，结句亦好，中四句芥舟以为三、四太阔，五、六太黏也。故已取而终去之也。

附录：高松出众木，伴我向天涯。客散初晴后，僧来不语时。有风传雅韵，无雪试幽姿。上药终相待,他年访伏龟。

何以不取《昭州》也?

曰:无佳处,后四句亦转落欠清。

何以不取《裴明府居止》也?

曰:首尾一气相生,清楚如话,但清而薄耳。

附录:爱君茅屋下,向晚水溶溶。试墨书新竹,张琴和古松。坐来闻好鸟,归去度疏钟。明日还相见,桥南贳酒浓。

何以不取《陈后宫》也?

曰:较"茂苑城如画"一首气宇稍宽,骨法稍重,然总之是小调也,病亦是在末二句。

附录:玄武开新苑,龙舟宴幸频。渚莲参法驾,沙鸟犯句陈。寿献金茎露,歌翻玉树尘。夜来江令醉,别诏宿临春。

何以不取《乐游原》也?

曰:起有笔意,余不佳。

何以不取《赠子直花下》也?

曰:三、四句蒙泉以为卑俗也,七、八更不成语。

何以不取《小园独酌》也?

曰:诗极清楚,三、四"空余双蝶舞,竟绝一人来"二句衬贴活,对亦有致,但格意薄弱耳。

何以不取《献寄旧府开封公》也？

曰：诗有气格，但首二句太凑，末句亦不甚成语。

何以不取《向晚》也？

曰：格意卑靡。

补遗

问："风滥欲吹桃"，四家评赏"滥"字之妙，而芥舟直以为不佳，何也？

曰：此字不是不通，只是纤巧。不通之字句，人人得而见之，其为害也小。纤巧之字句，似乎有味可玩，误相仿效，不知引出几许诗魔矣。此病有才思人尤易犯，吾宁从芥舟之说，免生流弊。

何以不取《离席》也？

曰：格力殊健，末二句太竭情耳。

附录：出宿金樽掩，从公玉帐新。依依向余照，远远隔芳尘。细草翻惊雁，残花伴醉人。杨朱不用劝，只是更沾巾。

何以不取《俳谐》也？

曰：太纤。

何以不取《商于新开路》也？

曰：结入小家数。"蜂房"二字如实咏其物，与上"崎岖"意不贯。若以比乱石之密，与"春欲暮"三字不联，且涉于晦也。

何以不取《鸾凤》也？

曰：感遇之作，意露而体亦不高。连用四鸟，亦一病也。

何以不取《李卫公》也？

曰：格意殊高，亦有神韵，似更在赵嘏《汾阳宅》诗以上。但末句如指南迁，不合云"歌舞地"；如指旧第，不合云"木绵""鹧鸪"。此不了了，未敢入选，且存之附录耳。

附录：绛纱弟子音尘绝，鸾镜佳人旧会稀。今日致身歌舞地，木绵花暖鹧鸪飞。

何以不取《韦蟾》也？

曰：不解其题，无从论诗。而诗首二句殊不佳。

问：末二句如何解？

曰：平山以为倒装法也。

何以不取《自贶》也？

曰：率笔。

何以不取《蝶》也？

曰：有作意而浅薄。

何以不取《夜意》也？

曰：小有情致，然无深味。

附录：帘垂幕半卷，枕冷被仍香。如何为相忆？魂梦过潇湘。

何以不取《因书》也？

曰：偶记之作，不以诗论。

问：此诗意旨如何？

曰：此必蜀中归来为人述其风土因而韵之，故末句云云而题曰《因书》也。

何以不取《寄安国大师兼简子蒙》也？

曰：只"涧响入铜瓶"一句佳，余俱平平，后四句尤俗。

何以不取《闲游》也？

曰：多不成语。

问：蘅斋评此诗如何？蘅斋曰："荷风送香气，竹露滴清响"，"涧影见潭竹，水香闻芰荷"，每诵孟公佳句，觉题竹嗅荷，殊为不韵。

曰：此论极精。

何以不取《县中恼饮席》也？

曰：自负其能以凌人，虽曰戏笔，亦无身分。第二句尤不成语。

何以不取《题李上謩壁》也？

曰：平正之篇，无甚出色，但格韵不失耳。

附录：旧著《思玄赋》，新编杂拟诗。江庭犹近别，山舍得幽期。嫩割周颙韭，肥烹鲍照葵。饱闻南烛酒，仍及拨醅时。

问："江庭"之意？

曰：恐是"江亭"。

何以不取《即日》也？

曰：亦平正无出色。

何以不取《射鱼曲》也？

曰：长吉涩体。

何以不取《日高》也？

曰：亦长吉体。"栏药日高红髻鬌"自是佳句，长吉一派大抵有句无篇耳。

何以不取《宫中曲》也？

曰：此于长吉体中为极则。然终是外道，愈工愈远，虞山所谓西域《婆罗门》也。

附录：云母滤宫月，夜夜白于水。赚得羊车来，低扇遮黄子。不觉水精冷，自刻鸳鸯翅。蚕缕茜香浓，正朝缠左臂。巴笺两三幅，满写承恩字。欲得识青天，昨夜苍龙是。

何以不取《海上谣》也？

曰：此及下《李夫人三首》《景阳宫井双桐》，总长吉体耳。

何以不取《秋日晚思》也？

曰：浅率。三、四句"庄蝶""胤萤"字，尤俗不可耐。

何以不取《春宵自遣》也？

曰：亦浅率无味，大似后人写景凑句之诗，篇篇可以互换者也。

何以不取《七夕偶题》也？

曰：无味。

何以不取《灵仙阁晚眺寄郓州韦评事》也？

曰：只"岚光入汉关"一句可观，余无一佳处而多累句。

补遗

问：《灵仙阁晚眺寄郓州韦评事》一首，香泉以为少"晚眺"二字意，是否？

曰："华莲"四句正是"眺"字，但"晚"字不一见，未免疏漏耳。

何以不取《过姚孝子庐偶书》也？

曰：多不成语。凡诗咏忠臣易，咏孝子难；咏烈女易，咏节妇难。而孝子尤难于节妇，代述衷曲，或有至情动人，旁赞必不佳，古体乐府犹有措手之处，律篇多无味也。

何以不取《月照冰池》也？

曰：试帖之绝工致者，然以为高作则未也。盖此种为场屋之式，实难见长，《湘灵鼓瑟》试帖绝调矣，亦幸是占得题目好耳。

何以不取《永乐县所居一草一木无非自栽。今春悉已芳茂，因书即事一章》也？

曰：点缀落小家局面。

何以不取《南潭上亭宴集，以病后至因而抒情》也？

曰：平浅而纤弱，无一长之可采。

何以不取《寒食行次冷泉驿》也？

曰：气格颇高，三、四亦佳句，但五、六句忽写形势，与上二句、下二句俱不贯串，虽前四是序宿，后四是序行，然转折不清，嫌于杂乱鹘突也。

附录：归途仍近节，旅宿倍思家。独夜三更月，空庭一树花。介山当驿秀，汾水绕关斜。自怯春寒苦，那堪禁火赊。

问："赊"字如何解？

曰：趁韵耳。

何以不取《寄华岳孙逸人》也？

曰：三、四不成语，余亦浅率。

何以不取《戏题赠稷山驿吏王全》也？

曰：偶然率笔。

何以不取《和韦潘前辈七月十二日夜泊池州城下，先寄上李使君》也？

曰：首句是七月，次句是十二日，三句是夜泊，四句是和韦上李使君，可谓字字清楚矣。然其实纤小琐屑，有乖大雅也。

何以不取《所居永乐县久旱，县宰祈祷得雨，因赋诗》也？

曰：鄙俚。

何以不取《正月十五夜闻京有灯，恨不得观》也？

曰：殊无佳处。

何以不取《赠赵协律晢》也？

曰：一往情深，但调少滑耳，滑尤在一结也。

附录：但识孙公与谢公，三年歌哭处还同。已叨邹马声华末，更共刘卢族望通。南省恩深宾馆在，东山事往妓楼空。不堪岁暮相逢地，我欲西征君又东。

何以不取《月》也？

曰：前二句不甚成语，后二句亦浅直。

何以不取《正月崇让宅》也？

曰：通首境地悄然，煞有情致，然云高格则未也。首句亦趁韵，正月岂有绿苔哉？

何以不取《城外》也？

曰：前二句不甚成语，后二句浅而晦。

问：何以题曰"城外"也？

曰：不解其义，通首是咏月也。

问：末二句如何解？

曰：言己诸事缺陷，不能于月明之时如蟾蛤之随月而亏者，复随之而盈也，然殊费解，凡费解者，必非好诗也。

何以不取《撰彭阳公志文毕有感》也？

曰：只"待得生金后，川原亦几移"二句为有深致，三句不成句，五、六太竭情，非完篇也。

问：《戏赠张书记》诗中"危弦"四句承上二句而申之，删去岂不是一首简劲律诗？

曰：是亦一论。但既曰戏赠，故不嫌多耳。

何以不取《念远》也？

曰：格意与《摇落》及《戏赠张书记》同。末二句亦有格韵，但五、六句太拙而晦。

附录：日月淹秦甸，江湖动越吟。苍梧应露下，白阁自云深。皎皎非鸾扇，翘翘失凤簪。床空鄂君被，杵冷女嬃砧。北思惊沙雁，南情属海禽。关山已摇落，天地共登临。

何以不取《过故崔兖海宅与崔明秀才话旧，因寄旧僚杜赵李三掾》也？

曰：立意既正，风骨亦遒。前四句说现在，五、六句追叙，七、八句相勉三掾，即暗结崔明秀才话旧，亦极清楚有安放，虽非杰构，亦合作也。特用笔微病其直,而五、六屑屑计较,亦浅耳。

附录:绛帐恩如昨,乌衣事莫寻。诸生空会葬,旧掾已华簪。共入留宾驿,俱分市骏金。莫凭无鬼论,终负托孤心。

问:"共入"二句莫合掌否?

曰:上句用郑当时事,其语尤宽,下句则有知己之感矣。二句相生,自有浅深,非合掌也。

问:恐三掾实有负恩忘旧之处,崔秀才话中及之,故寄此诗。其词有激,故不得不直,未必是病?

曰:想当然耳。然惟其有激,愈不得直。《谈龙录》载吴修龄之论曰:意喻之米,文则炊而为饭,诗则酿而为酒。饭不变米形,酒则变尽。啖饭则饱,饮酒则醉。醉则忧者以乐,喜者以悲。有不知其所以然者,如《凯风》《小弁》之意,断不可以文章之道平直出之者也。由是以观,思过半矣。《春秋》责备贤者,此诗固不得曲为之词也。

何以不取《微雨》也?

曰:四家以为虽无远指,写"微"字自得神也。然既无远指,则刻画亦小家数耳。

问:小诗亦有不必定有远指者,如辋川唱和,非即景自佳哉?

曰:王、裴所咏,虽无远指而有远韵、远神,天然凑泊,不可思议,非以刻画形似为工也,自不得比而同之。

问:陶、杜诗中亦有平排四句者?

曰:说者谓陶乃摘顾凯之《神情诗》,又云是顾取陶语成篇。虽不可考,然止是偶然之作,可一不可再,拟《五噫》而续《四愁》,不亦愚哉?杜公于绝句本不当行,更不得援以借口。

何以不取《南山赵行军新诗盛称游宴之洽,因寄一绝》也?

曰:语不可晓。如就诗论诗,直是无一毫道理也。

何以不取《景阳井》也?

曰:微有情致,但西施之沉与丽华之死事正相同,不知何以借为反衬耳。

附录:景阳宫井剩堪悲,不尽龙鸾誓死期。肠断吴王宫外水,浊泥犹得葬西施。

问:莫是以西施之沉比丽华之死?言虽不得共死于此,犹能死于青溪之上,幸不为杨广所有否?

曰:是亦一解。

何以不取《故番禺侯以赃罪致不辜,事觉母者他日过其门》也?

曰:题殊晦涩不了了,诗更无一句成语。

何以不取《咏云》也?

曰:犹是齐梁及初唐体格,然不必效为之。真意不存,但工刻画,其流亦何所不至哉?"河秋压雁声"句却有致,而此句之巧又与通篇不配。

何以不取《夜出西溪》也?

曰:诗亦有格,但末二句太露,且五、六虽经比到自己,尚未落明,斗然说出,亦太鹘突无头脑,意可通而语欠清也。

附录:东府忧春尽,西溪许日曛。月澄新涨水,星见欲销云。柳好休伤别,松高莫出群。军书虽倚马,犹未当能文。

问:二句"许"字如何解?

曰:此幕府不得志之作。考昌黎《上张仆射书》有"辰入西归"之语,知幕府定制类然。此句与上句呼应,言常忧错过春光,偏于日曛才许出也,然终是晦涩之句。

何以不取《效长吉》也？

曰：只"帘疏燕误飞"句巧甚，然巧处正是大病痛也。

何以不取《柳》也？

曰：未能免俗，崔鸳鸯、郑鹧鸪，归愚所谓咏物尘劫也。

何以不取《九月于东逢雪》也？

曰：清而浅。

何以不取《四皓庙》也？

曰：全不成语。

补遗

问：《九日》诗第五句如何解？

曰：苜蓿，外国草也，汉使者乃采归种之于离宫。令狐绹以义山异己之故而排摈不用，故曰"不学汉臣栽苜蓿"。

何以不取《僧院牡丹》也？

曰：首二句不似牡丹，三、四极力刻画僧院，然沾滞不佳，五、六句亦点缀无理，七、八不唯措语欠工，亦于僧院大不相称也。

问："粉壁"句不佳是矣，"湘帏"句非即"石家蜡烛何曾剪"之意耶？

曰：诗固有同一意旨，而措语工拙迥别者。

何以不取《高花》也？

曰：与下《嘲桃》皆偶然小调。

何以不取《天平公座中呈令狐令公,时蔡京在坐。京曾为僧徒,故有第五句》也？

曰:蒙泉以为后四句粗浅也,前四句亦自不佳。

问:"青袍御史"之意？

曰:《册府元龟》载唐时风宪不与燕会,故曰"拟休官"也。

何以不取《江上忆严五广休》也？

曰:亦无深味。

何以不取《寓兴》也？

曰:有清迥之气,自为佳制,但未极深厚耳。

附录:薄宦仍多病,从知竟远游。谈谐叨客礼,休浣接冥搜。树好频移榻,云奇不下楼。岂关无景物？自是有乡愁。

何以不取《东南》也？

曰:寄慨之作,殊无佳处。

何以不取《归来》也？

曰:三、四太率,不佳。"草径虫鸣急,沙渠水下迟。却将波浪眼,清晓对红梨",后四句自可观也。

何以不取《子直晋昌李花》也？

曰:前四句格卑,五、六自套亦不成语,七句"分"字亦强押。

何以不取《题道静院。院在中条山,故王颜中丞所置,虢州刺史舍官居此,今写真存焉》也？

曰：层层安放清楚，然求一分好处亦不可得。

何以不取《赋得桃李无言》也？
曰：试帖中之平平者。

何以不取《登霍山驿楼》也？
曰：诗有气格，但三句太无理，岚色之外岂能见小鼠乎？
附录：庙列前峰迥，楼开四望穷。岭巘岚色外，陂雁夕阳中。弱柳千条露，衰荷一面风。壶关有狂孽，速继老生功。
问：末二句似突出？
曰：登高望远，忽动于怀，兴寄无端，往往有此似突而究非突，盖其转接之间以神而不以迹也。

何以不取《寄和马郎中题兴德驿》也？
曰：了无佳处，气力尤薄。
问："水色潇湘阔，沙程朔漠深"二句似可观？
曰：此种是可好可恶之句，看通篇何如耳。通篇如佳，此等亦足配色。如通篇中无主峰，末无结穴，专倚此种为梁柱，则风斯下矣。

何以不取《题小松》也？
曰：浅薄之至。

何以不取《行次昭应县道上，送户部李郎中充昭义攻讨》也？
曰：骨格峥嵘，不失气象。论其音节，尤存初唐之遗。然以为佳，则未也。别有说在《赠别前蔚州契苾使君》条下。
附录：将军大旆扫狂童，诏选名贤赞武功。暂逐虎牙临故绛，远含鸡舌过新丰。鱼游沸鼎知无日，鸟覆危巢岂待风？早勒勋庸燕石上，佇光纶綍汉廷中。

何以不取《水斋》也？

曰：了无佳处，且有累句。

问："卷帘飞燕还拂水，开户暗虫犹打窗"二句声调如何？

曰：此与"求之流辈岂易得？行矣关山方独吟"，"抚躬道直诚感激，在野无贤心自惊"，声调相同，意以下句第五字平声救之也。忆《中州集》中如此句法亦有二处，古人必有原本，非落调也，然亦不必效为之。

何以不取《奉同诸公题河中任中丞新创河亭四韵之作》也？

曰：无一句是诗。

何以不取《过故府中武威公交城旧庄感事》也？

曰：诗极可观，但五、六句太纤，不称通篇耳，所谓下劣诗魔也。

附录：信陵亭馆接郊畿，幽象遥通晋水祠。日落高门喧燕雀，风飘大树感熊罴。新蒲似笔思投日，芳草如茵忆吐时。山下只今黄绢字，泪痕犹堕六州儿。

问：四句"感熊罴"，长孺定为"撼"字，今不从之，何也？

曰：此暗用大树将军事，"熊罴"以比武力之臣，用《尚书》语，因大树飘零而追感熊罴之臣，与上句"燕雀"为假对也。若真作撼树之熊罴，于文理既欠安，于景物亦无此理。

何以不取《赠田叟》也？

曰：太激，七、八尤不成语。

何以不取《和人题真娘墓》也？

曰：俗体。

何以不取《人日即事》也？

曰：前四句一字不通，五、六亦堆垛无味，七、八虽成语，亦无佳处。

何以不取《春日寄怀》也？

曰：不免浅率。

何以不取《和刘评事永乐闲居见寄》也？

曰：牵率应酬之作。

何以不取《和马郎中移白菊见示》也？

曰：俗体。

何以不取《喜闻太原同院崔侍御台拜，兼寄在台二三同年之作》也？

曰：比前二诗略可，然亦不佳。

何以不取《喜雪》也？

曰：鄙俚夹杂，加以琐纤，无复诗体。

何以不取《柳枝五首》也？

曰：一序涩甚，诗亦无可采处。

何以不取《燕台四首》也？

曰：与下《河内诗二首》及《河阳诗》《和郑汝愚赠汝阳王孙家筝妓二十韵》

《烧香曲》皆长吉体,就彼法论之,皆为佳作,然已附录《房中曲》及《宫中曲》以见概,此等雅不欲多存也。

何以不取《赠送前刘五经映三十四韵》也?
曰:清楚而平衍,率笔累句尤多,凡长篇铺叙而乏筋节,势必至此。

补遗

问:《送李千牛》诗中,"幸借"四句前后如何转接?
曰:此处殊不了了。

何以不取《咏怀寄秘阁旧僚二十六韵》也?
曰:病同《刘五经》篇。

何以不取《戊辰会静中出贻同志二十韵》也?
曰:骨法不失苍劲,亦是五言一种,虽貌与古殊,而格力自在也。但诗无风旨可采耳。

何以不取《忆雪》及《残雪》也?
曰:《忆雪》诗一无可采。《残雪》诗颇刻画,然只是试帖伎俩耳,其中又多累句,亦非佳篇。

何以不取《大卤平后移家到永乐县居,书怀十韵寄刘、韦二前辈。二公尝于此县寄居》也?
曰:平平无佳处,格力尤薄。

问:《河阳诗》作悼亡解,是否?

曰：亦无确据。是泛作感旧怀人观之耳。

何以不取《自桂林奉使江陵途中感怀寄献尚书》也？

曰：清而薄，末四句归于美郑，然语脉不大融洽，嫌于鹘突，结二句尤佻达不称也。

问：此诗述典颇丽，那得谓之清而薄？

曰：厚薄在气味格力之间，不在词句之浓淡也。古诗有通篇无一典故者，可得而谓之薄哉？

何以不取《献杜仆射》第二首也？

曰：精力尽于前篇，此则勉强应酬矣。

何以不取《井泥四十韵》也？

曰：元白体也，意浅而味薄，学之易至于率俚。

问：元白体竟不佳耶？

曰：亦是诗中正派，其佳在真朴，其病在好铺张，好尽，好为欲言不言尖薄语，好为随笔潦倒语，在二公自有佳处。学之者利其便易，其弊有不可胜言者也。惟小诗却时时有佳者，渔洋山人尝论之矣。

何以不取《夜思》也？

曰：西昆下派。

何以不取《思贤顿》也？

曰：诗极可观，但五、六句既露骨亦非体，遂为一篇之累。

附录：内殿张弦管，中原绝鼓鼙。舞成青海马，斗杀汝南鸡。不见华胥梦，空闻下蔡迷。宸襟他日泪，薄暮望贤西。

何以不取《有怀在蒙飞卿》也？

曰：诗亦清适，但非有宗社丘墟之痛，哀同开府，未免非伦，七、八句亦殊拙滞。

何以不取《春深脱衣》也？

曰：后四句太累，前四句亦无佳处。

何以不取《怀求古翁》也？

曰：诗有爽气，但乏厚味耳。

附录：何时粉署仙，兀傲逐戎旃。关塞犹传箭，江湖莫系船。欲收棋子醉，竟把钓车眠。谢朓直堪忆，多才不忌前。

何以不取《城上》也？

曰：五、六不成语，七、八尖佻。

何以不取《如有》也？

曰：不甚可解，格亦卑下。

何以不取《朱槿二首》也？

曰：第一首不成语。第二首当是和人怀归之作，失去本题，误附于后耳。诗有格意，聊附存之。

附录：西北朝天路，登临思上才。城闲烟草遍，村暗雨云回。人岂无端别，猿应有意哀。征南予更远，吟断望乡台。

补遗

问：戊签以《朱槿》第二首为《晋昌马上赠》，即以"勇多侵露去"一首为《朱槿》次首，如何？

曰：似亦有理。

何以不取《寓怀》也？
曰：近乎铺排，特格调不失耳。
附录：彩鸾餐颢气，威凤食卿云。长养三清境，追随五帝君。烟波遗汲汲，矰缴任云云。下界围黄道，前程合紫氛。《金书》唯是见，玉管不胜闻。草为回生种，香缘却死熏。海明三岛见，天迥九江分。骞树无劳援，神禾岂用耘？斗龙风结阵，恼鹤露成文。汉殿霜何早，秦宫日易曛。星机抛密绪，月杵散灵氛。阳乌西南下，相思不及群。

何以不取《木兰》也？
曰：格卑而兼多累句。

何以不取《细雨成咏献尚书河东公》也？
曰：小有刻画，只是试帖体。"必拟"二句尤拙。

何以不取《病中闻河东公乐营置酒，口占寄上》也？
曰：应酬之作，格意卑下。

何以不取《送从翁东川弘农尚书幕》也？
曰：题既脱误，难定工拙，笔力却苍健可诵。
附录：昔帝回冲眷，维皇恻上仁。三灵迷赤气，万汇叫苍旻。刊木方隆禹，升陑始创殷。夏台曾圮闭，汜水敢逡巡。拯溺休规步，防虞要徙薪。蒸黎今得请，宇宙昨还淳。缵祖功宜急，贻孙计甚勤。降灾虽代有，稔恶不无因。官掖方为蛊，边隅忽遘迍。献书秦逐客，间谍汉名臣。北伐将谁使？南征决此辰。中原重板荡，玄象失钩陈。诘旦违清道，衔枚别紫宸。兹行殊获胜，故老遂分新。去异封于巩,来宁避处齗。永嘉几失坠,宣政遽酸辛。元子当传启,皇孙合授询。时非三揖让,表请再陶钧。旧好盟还在,中枢策屡遵。苍黄传国玺,违远属车尘。雏虎如凭怒,黎龙性漫驯。封崇自何等,流落乃斯民。逗挠官军乱,优容败将频。早朝披草莽,夜缒达丝纶。忘战追无及,长驱气益振。妇言终未易,庙略况非神。日驭难淹蜀,星旄要定秦。人心诚未去,天道亦无亲。锦水湔云浪,黄山堁地春。斯文虚梦鸟,吾道欲悲麟。断续殊乡泪,存亡满席珍。魂销季羔窦,衣化子张绅。建议庸何所？通班昔滥臻。浮生见开泰,独得咏汀蘋。

何以不取《晋昌晚归马上赠》也？

曰:题与诗俱不了了,然诗自是不成语。

何以不取《哭虔州杨侍郎虞卿》也？

曰:不及《萧侍郎》诗之精神结聚,结亦径直。

附录:汉网疏仍漏,齐民困未苏。如何大丞相,翻作弛刑徒？中宪方外易,尹京终就拘。本矜能弹谤,先议取非辜。巧有凝脂密,功无一柱扶。深知狱吏贵,几迫季冬诛。叫帝青天阔,辞家白日晡。流亡诚不吊,神理若为诬。在昔恩知忝,诸生礼秩殊。入韩非剑客,过赵受钳奴。楚水招魂远,邙山卜宅孤。甘心亲垤蚁,旋踵戮城狐。阴鸷今如此,天灾未可无。莫凭牲玉请,便望救焦枯。

问:"中宪"二句声调？

曰:此亦如七言之拗第六字,以下句三字平声救之也。

何以不取《寄太原卢司空三十韵》也？

曰:起手气象自伟,但后半浅弱不称。且"羲之"二句、"禹贡"二句转折皆不甚融洽,"罗含"六句亦凑泊不警切,大不及《上杜仆射》也。

附录:隋舰临淮甸,唐旗出井陉。断鳌搘四柱,卓马济三灵。祖业隆盘古,孙谋复大庭。从来师俊杰,可以焕丹青。旧族开东岳,雄图奋北溟。邪同獬豸触,乐伴凤凰听。酣战仍挥日,降妖亦斗霆。将军功不伐,叔舅得唯馨。鸡塞谁生事?狼烟不暂停。拟填沧海鸟,敢竞太阳萤。内草才传诏,前茅已勒铭。那劳《出师表》,尽入《大荒经》。德水萦长带,阴山绕画屏。只忧非繄肯,未觉有膻腥。保佐资冲漠,扶持在杳冥。乃心防暗室,华发称明廷。按甲神初静,挥戈思欲醒。羲之当妙选,孝若近归宁。月色来侵幌,诗成有转梱。罗含黄菊宅,柳恽白蘋汀。神物龟酬孔,仙才鹤姓丁。西山童子药,南极老人星。自顷徒窥管,于今愧挈瓶。何由叨末席,还得叩玄扃。庄叟虚悲雁,终童漫识鼯。幕中虽策画,剑外且伶俜。俣俣行忘止,鳏鳏卧不瞑。身应瘠于鲁,泪欲溢为荥。禹贡思金鼎,尧图忆土铏。公乎来入相,王欲驾云亭。

何以不取《赤壁》也?

曰:此杜牧诗也。但弄笔耳,毫无风旨可取。

何以不取《垂柳》也?

曰:西昆下派。

何以不取《清夜怨》也?

曰:略存初盛格意,不失雅音,然亦非高作。

附录:含泪坐春宵,闻君欲渡辽。绿池荷叶嫩,红砌杏花娇。曙月当窗满,征云出塞遥。画楼终日闭,清管为谁调?

何以不取《定子》也?

曰:亦杜牧诗也,末二句不成语。

补　录

何以不取《鄠杜马上念汉书》也？

曰：廉衣以为"兴罢"句不佳，结亦无理也。

附录：世上苍龙种，人间武帝孙。小来惟射猎，兴罢得乾坤。渭水天开苑，咸阳地献原。英灵殊未已，丁傅渐华轩。

何以不取《送崔珏往西川》也？

曰：起二句跌宕，入手须有此矫拔之意。然第三句不甚雅，廉衣以为宜删也。

附录：年少因何有旅愁？欲为东下更西游。一条雪浪吼巫峡，千里火云烧益州。卜肆至今多寂寞，酒垆从古擅风流。浣花笺纸桃花色，好好题诗咏玉钩。

问："好好题诗咏玉钩"句，朱注如何？长孺曰：《招魂》："砥室翠翘，挂曲琼些。"王逸注："挂，悬也；曲琼，玉钩也。雕饰玉钩以悬衣服。"

曰：应从午桥作"酒钩"解，朱注非也。

何以不取《谑柳》也？

曰：此题更恶，若从此一路入手，即终身落狐鬼窟中。

何以不取《楚宫》也？

曰：意格与《陈后宫》一首同，彼未说出，此说出耳。

附录：复壁交青琐，重帘挂紫绳。如何一柱观，不碍九枝灯？扇薄常规月，钗斜只镂冰。歌成犹未唱,秦火入夷陵。

何以不取《韩冬郎即席为诗相送,一坐尽惊。他日余方追吟"连宵侍坐徘徊久"之句,有老成之风,因成二绝寄酬,兼呈畏之员外二首》也?

曰:风调自佳,但无深味耳。

附录:十岁裁诗走马成,冷灰残烛动离情。桐花万里丹山路,雏凤清于老凤声。

剑栈风樯各苦辛,别时冰雪到时春。为凭何逊休联句,瘦尽东阳姓沈人。

何以不取《银河吹笙》也?

曰:题小家气。若仿制此题,以为韵致,则下劣诗魔矣。中二联平头。

附录:怅望银河吹玉笙,楼寒院冷接平明。重衾幽梦他年断,别树羁雌昨夜鸣。月榭故香因雨发,风帘残烛隔霜清。不须浪作缑山意,湘瑟秦箫自有情。

何以不取《旧顿》也?

曰:末二句与《连昌宫词》"犹有墙头千叶桃,风动落花红簌簌"同意,有岁久无人、草木丛生之感,然不免习径。起二句亦拙。

附录:东人望幸久咨嗟,四海于今是一家。犹锁平时旧行殿,尽无宫户有宫花。

问:末句"宫花"二字或作"宫鸦"如何?

曰:殊不及"宫花"之有神理。

何以不取《别智玄法师》也?

曰:起句不似别诗。

何以不取《华岳下题西王母庙》也?

曰:全以警快擅长,又是一格;中著一曲,故快而不直,然病处与《海客》诗同。

附录:神仙有分岂关情?八马虚随落日行。莫恨名姬中夜没,君王犹自不长生。

何以不取《赠郑谠处士》也?

曰:居然宋体,可以入之《剑南集》中,见义山无所不有。然廉衣以为起二句俗也。

附录:浪迹江湖白发新,浮云一片是吾身。寒归山观随棋局,暖入汀洲逐钓纶。越桂留烹张翰鲙,蜀姜供煮陆机莼。相逢一笑怜疏放,他日扁舟有故人。

何以不取《复至裴明府所居》也?

曰:三、四拙笨,五、六崛健,似江西派,只可偶一为之耳。

附录:伊人卜筑自幽深,桂巷杉篱不可寻。柱上雕虫对书字,槽中秣马仰听琴。求之流辈岂易得?行矣关山方独吟。赊取松醪一斗酒,与君相伴洒烦襟。

何以不取《花下醉》也?

曰:情致有余,格律未足。

附录:寻芳不觉醉流霞,倚树沉眠日已斜。客散酒醒深夜后,更持红烛赏残花。

何以不取《北青萝》也?

曰:芥舟曰:五、六嫌弱,结句尤凑。

附录：残阳西入崦，茅屋访孤僧。落叶人何在？寒云路几层？独敲初夜磬，闲倚一枝藤。世界微尘里，吾宁爱与憎。

何以不取《送阿龟归华》也？

曰：语浅而有神韵，然次句甚鄙。

附录：草堂归意背烟萝，黄绶垂腰不奈何。因汝华阳求药物，碧松根下茯苓多。

何以不取《访隐》也？

曰：首四句句法不变，用在起处，如四峰矗起，不分低昂，弥见朴老，然不免捧心之病。末二句反衬出"访"字，亦小家数。

附录：路到层峰断，门依老树开。月从平野转，泉自上方来。薤白罗朝馔，松黄暖夜杯。相留笑孙绰，空解赋天台。

何以不取《拟意》也？

曰：此是艳词，更无寓意。

何以不取《谢往桂林至彤庭窃咏》也？

曰：廉衣以为"鱼龙"句欠庄，"王母"句无谓，"羲和"句欠浑成也。

附录：辰象森罗正，钩陈翊卫宽。鱼龙排百戏，剑佩俨千官。城禁将开晚，官深欲曙难。月轮移枌诣，仙路下栏杆。共贺高禖应，将陈寿酒欢。金星压芒角，银汉转波澜。王母来空阔，羲和上屈盘。凤凰传诏旨，獬豸冠朝端。造化中台座，威风大将坛。甘泉犹望幸，早晚冠呼韩。

原钞有《补遗》一卷，为公所续编，未及写入。今依次入之，本公意也。校既竟，尚遗《谑柳》《别智玄法师》及《拟意》三题，盖当时钞胥脱落，未经校补者。又上卷入选之诗,复经抹去,若《鄠杜马上念汉书》等凡十四题。所以去之,之意悉未著于《或问》,不无有抱残之憾。今约举原评,依"或问"例,为补录若干条。其所遗《谑柳》等三题评语,则取诸广州所刊辑评本以补之,不敢妄参鄙意,以玷公书也。

戊子八月朔日,后学华亭闵萃祥识

跋

钞玉溪生诗竟，复以去取之意为《或问》一卷附之。诗家旧无此例，以意妄撰也。意主别裁，故词多吹索，亦复借以说诗，故时时旁及，汗漫不删。末学小子轻议古人，狂妄之罪，百喙何辞？然一得之愚，不能自已，私忧过计，遂冒天下之不韪而为之，其区区苦心，亦望大雅君子谅于形迹之外也。

庚午冬至后一日，河间纪昀再题

撰《玉溪生诗说》二卷毕，芥舟更与商定一过，香泉亦以所评之本见示，皆匡予之不逮。缘抄录已成，不能添入，因撰《补遗》一卷附之，而予有一一续得亦载焉。俟他日更定重写，依次入之耳。

辛未正月二十六日，昀再题

凡卷中所载之评，曰四家者，乃袁虎文、杨致轩、何义门、田篑山所批。钞时偶忘分署，故题以总名也。曰平山者，华亭姚君，名培谦也；曰蒙泉者，德州宋君，名弼也；曰蘅斋者，杭州周君，名助澜也；芥舟则同里戈君，名涛；香泉则休宁汪君，名存宽也。卷中未及备详，因附识之。

是日灯下又题

李义山诗集

〔唐〕李商隐 撰
〔清〕纪昀 集录

编校说明

《李义山诗集》以清镜烟堂本为底本,并参校清朱鹤龄《李义山诗集注》四库全书本。

卷　上

锦　瑟

锦瑟无端五十弦,一弦一柱思华年。庄生晓梦迷蝴蝶,望帝春心托杜鹃。沧海月明珠有泪,蓝田日暖玉生烟。此情可待成追忆,只是当时已惘然。

以"思华年"领起,以"此情"二字总承。盖始有所欢,中有所阻,故追忆之而作。中四句迷离惝恍,所谓惘然也。韩致光《五更》诗曰"光景旋消惆怅在,一生赢得是凄凉",即是此意,别无深解。因偶列卷首,故宋人纷纷穿凿。遗山《论诗绝句》遂独拈此首为论端,皆风幡不动,贤者心自动也。

朱长孺曰:按义山《房中曲》"归来已不见,锦瑟长于人",此诗寓意略同。是以锦瑟起兴,非专赋锦瑟也。《缃素杂记》引东坡适怨清和之说,吾不谓然。《刘贡父诗话》云:"锦瑟,当时贵人爱姬之名。"或遂实以令狐楚青衣,说尤诬妄。

重过圣女祠

白石岩扉碧藓滋,上清沦谪得归迟。一春梦雨常飘瓦,尽日灵风不满旗。萼绿华来无定所,杜兰香去未移时。玉郎会此通仙籍,忆向天阶问紫芝。

前四句写"圣女祠",后四句写"重过",盖于此偶有所见而托其词于圣女。集中此题凡三首,互勘自明。

四家评曰:次联确是圣女祠,移用别仙鬼庙不得。

戈芥舟曰:后四句未免自落窠臼。

寄罗劭兴

棠棣黄花发,忘忧碧叶齐。人闲微病酒,燕重远兼泥。混沌何由凿,青冥未有梯。高阳旧徒侣,时复一相携。

三、四对法活变,五、六微嫌径直。

令狐舍人说昨夜西掖玩月因戏赠

昨夜玉轮明,传闻近太清。凉波冲碧瓦,晓晕落金茎。露索秦宫井,风弦汉殿筝。几时《绵竹颂》,拟荐《子虚》名。

首句点"昨夜"字、"月"字,次句"传闻"点"说"字,"太清"点"西掖"字。此句是一篇诗眼,三、四畅写"玩"字,五、六拓开烘染,仍是"西掖"本位。而"筝"高、"井"下,映合于有意无意之间。"几时"二字暗缴昨夜"绵竹颂"事,又以直宿郎典故,切"西掖玩月"作收,点明"戏赠",运法最密,措语亦颇秀整。但结句直露,未免意言并尽耳。

崔处士

真人塞其内,夫子入于机。未肯投竿起,惟欢负米归。雪中东郭履,堂上老莱衣。读遍先贤传,如君事者稀。

自 喜

自喜蜗牛舍,兼容燕子巢。绿筠遗粉箨,红药绽香苞。虎过遥知阱,鱼来且佐庖。慢行成酩酊,邻壁有松醪。

竹渐长则笋皮剥落,故曰"遗粉箨"。

"慢"字疑"漫"字之讹。

题僧壁

舍生求道有前踪,乞脑剜身结愿重。大去便应欺粟颗,小来兼可隐针锋。

蚌胎未满思新桂,琥珀初成忆旧松。若信贝多真实语,三生同听一楼钟。

　　禅偈为诗,易坠恶趣。以东坡语妙天下,犹时不免于俚鄙,况下此乎？无捋扯内典之迹,而山水清音味含禅悦,则善之善矣。

霜　月

初闻征雁已无蝉,百尺楼高水接天。青女素娥俱耐冷,月中霜里斗婵娟。

　　次句极写摇落高寒之意,则人不耐冷可知,妙不说破,只以对面衬映之。

异俗二首

　　原注:时从事岭南。

鬼疟朝朝避,春寒夜夜添。未惊雷破柱,不报水齐檐。虎箭侵肤毒,鱼钩刺骨铦。鸟言成谍诉,多是恨彤襜。

户尽悬秦网,家多事越巫。未曾容獭祭,只是纵猪都。点对连鳌饵,搜求缚虎符。贾生兼事鬼,不信有洪炉。

　　二首骨法俱老,结句各有所刺。

　　此种选一家之诗则可存,选一代之诗则可删。

归　墅

行李逾南极,旬时到旧乡。楚芝应遍紫,邓橘未全黄。渠浊村春急,旗高社酒香。故山归梦喜,先入读书堂。

商　于

商于朝雨霁,归路有秋光。背坞猿收果,投岩麝退香。建瓴真得势,横戟岂能当？割地张仪诈,谋身绮季长。清渠州外月,黄叶庙前霜。今日看云意,依依入帝乡。

"建瓴"四句,上下脉络未融,"清渠"二句自佳。

和孙朴韦蟾孔雀咏

此去三梁远,今来万里携。西施因网得,秦客被花迷。可在青鹦鹉,非关碧野鸡。约眉怜翠羽,刮目想金笼。瘴气笼飞远,蛮花向坐低。轻于赵皇后,贵极楚悬黎。都护矜罗幕,佳人炫绣袿。屏风临烛扣,捍拨倚香脐。旧思牵云叶,新愁待雪泥。爱堪通梦寐,画得不端倪。地锦排苍雁,帘钉镂白犀。曙霞星斗外,凉月露盘西。妒好休夸舞,经寒且少啼。红楼三十级,稳稳上丹梯。

语多凑泊,"轻于"二句尤鄙。

"画得不端倪",当作"画不得端倪"。

长孺曰:后四句全是寓意。

人　欲

人欲天从竟不疑,莫言圆盖便无私?秦中久已乌头白,却是君王未备知。

词意浅拙。

"不疑"当作"可疑"。

华山题王母祠

莲华峰下锁雕梁,此去瑶池地共长。好为麻姑到东海,劝栽黄竹莫栽桑。

未详其意。

华清宫

华清恩幸古无伦,犹恐蛾眉不胜人。未免被他褒女笑,只教天子暂蒙尘。

运意佻薄,绝无诗品。学义山者,最戒此种。长孺以为警策,误矣。

楚　泽

夕阳归路后,霜野物声干。集鸟翻渔艇,残虹拂马鞍。刘桢元抱病,虞寄数辞官。白夹经年卷,西来又早寒。

蝉

本以高难饱,徒劳恨费声。五更疏欲断,一树碧无情。薄宦梗犹泛,故园芜已平。烦君最相警,我亦举家清。

起二句意在笔先。

前四句写蝉,即自寓;后四句自写,仍归到蝉。隐显分合,章法可玩。

"一树碧无情"句,沈宗伯谓取题之神,李廉衣则讥其纤诡。所见相反,而意可互参。

江亭散席循柳路吟归官舍

春咏敢轻裁,衔辞入半杯。已遭江映柳,更被雪藏梅。寡和真徒尔,殷勤动即来。从诗得何报?惟感二毛催。

通首粗犷,殊不称题。

潭　州

潭州官舍暮楼空,今古无端入望中。湘泪浅深滋竹色,楚歌重叠怨兰丛。陶公战舰空滩雨,贾傅承尘破庙风。目断故园人不至,松醪一醉与谁同?

起结皆滑调,结句尤滑。五、六似乎激壮,实亦浮声。一摹此种,即入嘉隆七子门墙。

赠刘司户

江风吹浪动云根,重碇危樯白日昏。已断燕鸿初起势,更惊骚客后归魂。汉廷急诏谁先入?楚路高歌自欲翻。万里相逢欢莫泣,凤巢西隔九重门。

起二句赋而比也。

"万里"句合到本位,"凤巢"句一剪便住,绝好收法。

哭刘司户二首

离居星岁易,失望死生分。酒瓮凝余桂,书签冷旧芸。江风吹雁急,山木带蝉嘒。一叫千回首,天高不为闻。

先着"江风"二句,末二句倍觉黯然。

有美扶皇运,无谁荐直言。已为秦逐客,复作楚冤魂。湓浦应分派,荆江有会源。并将添恨泪,一洒问乾坤。

此首尤一气转折,沉郁震荡。

"无谁"二字不可解,大抵是无人之意。

二首前虚后实,前隐后显。前述相悼之情,后乃感愤时事,此是章法。

李廉衣曰:结句与前篇犯复。

悼伤后赴东蜀辟至散关遇雪

剑外从军远,无家与寄衣。散关三尺雪,回梦旧鸳机。

盛唐余响。

"回梦旧鸳机"犹作有家想也。陈陶《陇西行》曰:"可怜无定河边骨,犹是春闺梦里人。"是此诗对面。

乐游原

向晚意不适,驱车登古原。夕阳无限好,只是近黄昏。

百感茫茫,一时交集。谓之悲身世可,谓之忧时事亦可。

末二句向来所赏。实妙在第一句倒装而入,此二句乃字字有根。

或谓"夕阳"二句近小词,此充类至义之尽语要,不为无见。赖起二句苍劲,足相救耳。

北齐二首

一笑相倾国便亡,何劳荆棘始堪伤。小怜玉体横陈夜,已报周师入晋阳。

四家曰:警快。芥舟曰:病其太快。廉衣曰:病只在前二句欠浑,后二句如此快写乃妙。

议论以指点出之,神韵自远。若但议论而乏神韵,则胡曾咏史,仅有名论矣。诗固有理足意正而不佳者。

巧笑知堪敌万几,倾城最在着戎衣。晋阳已陷休回顾,更请君王猎一围。

此首较有含蓄,妙于不纤不佻,惟起句稍滞相耳。

街西池馆

白阁他年别,朱门此夜过。疏帘留月魄,珍簟接烟波。太守三刀梦,将军一箭歌。国租容客旅,香熟玉山禾。

后四句不甚可解。

南　朝

玄武湖中玉漏催,鸡鸣埭口绣襦回。谁言琼树朝朝见,不及金莲步步来。敌国军营漂木柹,前朝神庙锁烟煤。满宫学士皆颜色,江令当年只费才。

以南朝为题,实专咏陈事,六代终于陈也。旧解牵于首二句,故兼宋齐言之,实无此诗法。宋齐游幸之地,何妨至陈犹在乎?三、四言叔宝荒淫不亚东昏,"谁言""不及",弄笔取姿,十四字流水句也。

五、六提笔振起,七、八冷语作收,义山惯法。

复　京

虏骑胡兵一战摧,万灵回首贺轩台。天教李令心如日,可要昭陵石马来。

粗犷。

起四字复。

浑河中

九庙无尘八马回,奉天城垒长春苔。咸阳原上英雄骨,半向君家养马来。

此诗亦浅。

后二句言当时厮役犹是英雄,则瑊之为人可知矣。朱长孺引金日䃅事,非是。

鄠杜马上念汉书

世上苍龙种,人间武帝孙。小来惟射猎,兴罢得乾坤。渭水天开苑,咸阳地献原。英灵殊未已,丁傅渐华轩。

此有感外戚之事而托之汉宣,寓意全在末句,然殊乏深致。

"世上""人间"四字无着,作对尤不佳。

柳

动春何限叶,撼晓几多枝?解有相思苦,应无不舞时。絮飞藏皓蝶,带弱露黄鹂。倾国宜通体,谁来独赏眉?

意格甚卑,末二句尤佻薄。

巴江柳

巴江可惜柳,柳色绿侵江。好向金銮殿,移阴入绮窗。

浅语。

咸　阳

咸阳宫阙郁嵯峨,六国楼台艳绮罗。自是当时天帝醉,不关秦地有山河。

起二句写平六国,蕴藉。后二句亦沉着。

同崔八诣药山访融禅师

共受征南不次恩,报恩惟是有忘言。岩花涧草西林路,未见高僧只见猿。

一句一折,纡纡曲曲,寄感至深,然深处正是病处。末二句尤辞不达意。

闻著明凶问哭寄飞卿

昔叹谗销骨,今伤泪满膺。空余双玉剑,无复一壶冰。江势翻银砾,天文露玉绳。何因携庾信,同去哭徐陵。

五、六句上下俱不贯。

听　鼓

城头叠鼓声,城下暮江清。欲问渔阳掺,时无祢正平。

次句着"城下暮江清"五字,倍觉萧瑟空旷,动人远想,此烘染之法。

送崔珏往西川

年少因何有旅愁?欲为东下更西游。一条雪浪吼巫峡,千里火云烧益州。卜肆至今多寂寞,酒垆从古擅风流。浣花笺纸桃花色,好好题诗咏玉钩。

起二句跌宕有姿,三、四未雅,五、六倒注而下,故以"咏玉钩"结之。"玉钩"应从午桥作"酒钩",朱长孺注非是。

代　赠

杨柳路尽处,芙蓉湖上头。虽同锦步障,独映钿箜篌。鸳鸯可羡头俱白,飞去飞来烟雨秋。

格意未高。末二句喜其波峭。

渐近小词,以善于用少,故尚存古意。若衍为长篇,则靡矣。

桂　林

城窄山将压,江宽地共浮。东南通绝域,西北有高楼。神护青枫岸,龙移白石湫。殊乡竟何祷,箫鼓不曾休。

字字精炼。落句愁在言外,纯是杜法。

夜雨寄北

君问归期未有期,巴山夜雨涨秋池。何当共剪西窗烛,却话巴山夜雨时。

探过一步作收,不言当下如何而当下可想。

作不尽语每不免有做作态,此诗含蓄不露,却只似一气说完,故为高唱。

陈后宫

茂苑城如画,阊门瓦欲流。还依水光殿,更起月华楼。侵夜鸾开镜,迎冬雉献裘。从臣皆半醉,天子正无愁。

四家谓全不说出为妙。然此种尖冷之笔,作小诗则耐人咀味,作律诗则嫌佻薄,似有余味,终非大方。言各有当,不得一概论之。

属 疾

许靖犹羁宦,安仁复悼亡。兹辰聊属疾,何日免殊方?秋蝶无端丽,寒花只暂香。多情真命薄,容易即回肠。

前四句妥适,六句亦佳,七、八太劣。

石 榴

榴枝婀娜榴实繁,榴膜轻明榴子鲜。可羡瑶池碧桃树,碧桃红颊一千年。

全不成语,即有托寓亦不佳。

明 日

天上参旗过,人间烛焰销。谁言整双履,便是隔三桥?知处黄金锞,曾来碧绮寮。凭栏明日意,池阔雨萧萧。

此确是幽期叙别之诗,无庸深解。

后四句千回百折,细意体贴。然词靡格卑,愈工愈下。温李并称,正坐此等,结习不尽耳。

饮席戏赠同舍

洞中屐响省分携,不是花迷客自迷。珠树重行怜翡翠,玉楼双舞羡鹍鸡。兰回旧蕊缘屏绿,椒缀新香和壁泥。唱尽《阳关》无限叠,半杯松叶冻颇黎。

晚唐靡靡之音。

西　溪

近郭西溪好,谁堪共酒壶？苦吟防柳恽,多泪怯杨朱。野鹤随君子,寒松揖大夫。天涯常病意,岑寂胜欢娱。

兀傲太甚,微嫌露骨,便不协于中声。

"防"字当是"妨"字之误。

忆　梅

定定住天涯,依依向物华。寒梅最堪恨,常作去年花。

意极曲折,但边幅少狭。

赠　柳

题最小样。

章台从掩映,郢路更参差。见说风流极,来当婀娜时。桥回行欲断,堤远意相随。忍放花如雪,青楼扑酒旗。

五、六句空外传神,极为得髓,结亦情致可思。

谑　柳

此题更恶,若从此一路入手,即终身落狐鬼窟中。

已带黄金缕,仍飞白玉花。长时须拂马,密处少藏鸦。眉细从他敛,腰轻莫自斜。玳梁谁道好？偏拟映卢家。

北 禽

为恋巴江好,无辞瘴雾蒸。纵能朝杜宇,可得值苍鹰。石小虚填海,芦铦未破矰。知来有干鹊,何不向雕陵？

蘅斋曰：忧谗畏讥而作。

起二句言为依贤主而未去。三、四言虽见知于主人,而无奈困于谗口。五句言竭诚而无补于事,六句言善防而不能自全。七、八以知几远去结之。字字比附,妙不粘滞。

初 起

想像咸池日欲光,五更钟后更回肠。三年苦雾巴江水,不为离人照屋梁。

楚 宫

复壁交青琐,重帘挂紫绳。如何一柱观,不碍九枝灯？扇薄常规月,钗斜只镂冰。歌成犹未唱,秦火入夷陵。

意格与《陈后宫》一首相似,彼不说破,此说破耳。然较彼少做作之态,稍为近雅。

柳

柳映江潭底有情,望中频遣客心惊。巴雷隐隐千山外,更作章台走马声。

末二句深情忽触,不复在迹象之间。

石 城

石城夸窈窕,花县更风流。簟冰将飘枕,帘烘不隐钩。玉童收夜钥,金狄守更筹。共笑鸳鸯绮,鸳鸯两白头。

艳体。

韩　碑

元和天子神武姿,彼何人哉轩与羲。誓将上雪列圣耻,坐法宫中朝四夷。淮西有贼五十载,封狼生䝙䝙生罴。不据山河据平地,长戈利矛日可麾。帝得圣相相曰度,原注:《晏子春秋》:"仲尼,圣相也。"贼斫不死神扶持。腰悬相印作都统,阴风惨淡天王旗。愬武古通作牙爪,仪曹外郎载笔随。行军司马智且勇,十四万众犹虎貔。入蔡缚贼献太庙,功无与让恩不訾。帝曰汝度功第一,汝从事愈宜为辞。愈拜稽首蹈且舞,金石刻画臣能为。古者世称大手笔,此事不系于职司。当仁自古有不让,言讫屡颔天子颐。公退斋戒坐小阁,濡染大笔何淋漓。点窜《尧典》《舜典》字,涂改《清庙》《生民》诗。文成破体书在纸,清晨再拜铺丹墀。表曰臣愈昧死上,咏神圣功书之碑。碑高三丈字如斗,负以灵鳌蟠以螭。句奇语重喻者少,谗之天子言其私。长绳百尺拽碑倒,粗砂大石相磨治。公之斯文若元气,先时已入人肝脾。汤盘孔鼎有述作,今无其器存其辞。呜呼圣皇及圣相,相与烜赫流淳熙。公之斯文不示后,曷与三五相攀追。愿书万本诵万遍,口角流沫右手胝。传之七十有二代,以为封禅玉检明堂基。

笔笔挺拔,步步顿挫,不肯作一流易语。"誓将上雪列圣耻"句,说得尔许关系,已为平淮西高占地步。"淮西"四句极言元济之强,便令平淮西之功益壮。入手八句,句句争先,非寻常铺叙之法。

"帝得"句遥接起四句,大书特书,提出眉目。

十四万兵如何铺叙?只"阴风"七字空际传神,便见出森严气象。盖从《诗》"萧萧马鸣,悠悠旆旌"化来。

层层写下,至"帝曰"二句,群龙结穴,此一篇之主峰。

四家评曰:"愈拜稽首"一段是波澜顿挫处,不尔便一泻无余。

破体是书家笔法之名,宋人有为作破体,"玉书一纸语"是也。道源注误。

"公之斯文"四句撐拄全篇。凡大篇有精神固结之处,方不散缓。李杜、元白分界在此。

"呜呼圣皇"以下,总束上文。有此起合有此结,章法乃称。

"咏神圣功书之碑"句,四平押脚,调终太硬。唐人如此者绝少。

令狐八拾遗绹见招送裴十四归华州

二十中郎未足希,骊驹先自有光辉。兰亭宴罢方回去,雪夜诗成道韫归。汉苑风烟吹客梦,云台洞穴接郊扉。嗟予久抱临邛渴,便欲因君问钓矶。

长孺曰:按郄愔不与兰亭四十二人之数。《晋书》王羲之娶郄鉴女,愔又羲之姊夫,裴十四必令狐氏之婿,时携内归华州,故有此二语耳。

离　思

气尽《前溪舞》,心酸《子夜歌》。峡云寻不见,沟水欲如何？朔雁传书绝,湘篁染泪多。无由见颜色,还自托微波。

结不为决绝之词,诗人之意。

宿骆氏亭寄怀崔雍崔衮

竹坞无尘水槛清,相思迢递隔重城。秋阴不散霜飞晚,留得枯荷听雨声。

不言雨夜无眠,只言枯荷聒耳,意味乃深,直说则尽于言,下矣。

"相思"二字微露端倪,寄怀之意全在言外。

风　雨

凄凉《宝剑篇》,羁泊欲穷年。黄叶仍风雨,青楼自管弦。新知遭薄俗,旧好隔良缘。心断新丰酒,销愁斗几千。

"仍"字、"自"字是句眼。

芥舟谓"旧好"句疵。余谓"新知"句亦露骨。此诗累于此二句。

梦　泽

梦泽悲风动白茅,楚王葬尽满城娇。未知歌舞能多少,虚减宫厨为细腰。

繁华易尽,从争宠者一边落笔,便不落吊古窠臼。

"满城娇"三字太鄙。

赠歌妓二首

水精如意玉连环,下蔡城危莫破颜。红绽樱桃含白雪,断肠声里唱《阳关》。

白日相思可奈何,严城清夜断经过。只知解道春来瘦,不道春来独自多。

谢　书

微意何曾有一毫,空携笔砚奉《龙韬》。自蒙半夜传衣后,不羡王祥得佩刀。

此谢令狐楚也,下劣至极。起句尤不成语。

寄令狐学士

秘殿崔嵬拂彩霓,曹司今在殿东西。赓歌太液翻黄鹄,从猎陈仓获碧鸡。晓饮岂知金掌迥？夜吟应讶玉绳低。钧天虽许人间听,阊阖门多梦自迷。

此与《玩月戏赠》同意,语较彼少浑,格则较彼又薄。

"从猎"句添出"陈仓",不及出句之自然。

酬令狐郎中见寄

望郎临古郡,佳句洒丹青。应自丘迟宅,仍过柳恽汀。封来江渺渺,信去雨冥冥。句曲闻仙诀,临川得佛经。朝吟揸客枕,夜读漱僧瓶。不见衔芦雁,空流腐草萤。土宜悲坎井，天怒识雷霆。象卉分疆近，蛟涎浸岸腥。补嬴贪紫桂，负气托青萍。万里悬离抱，危于讼阁铃。

"古郡"字无着，"洒丹青"句趁韵。

七月二十八日夜与王郑二秀才听雨梦后作

初梦龙宫宝焰然，瑞霞明丽满晴天。旋成醉倚蓬莱树，有个仙人拍我肩。少顷远闻吹细管，闻声不见隔飞烟。逡巡又过潇湘雨，雨打湘灵五十弦。瞥见冯夷殊怅望，鲛绡休卖海为田。亦逢毛女无憀极，龙伯擎将华岳莲。恍惚无倪明又暗，低迷不已断还连。觉来正是平阶雨，独背寒灯枕手眠。

通首合律，无复古诗音节，语意尤凡猥。

杜牧《桐叶》诗亦是此格，意必当时有此别体，然究不可训，故后人罕为之。

寄令狐郎中

嵩云秦树久离居，双鲤迢迢一纸书。休问梁园旧宾客，茂陵秋雨病相如。

一唱三叹，格韵俱高。

漫成三首

不妨何范尽诗家，未解当年重物华。远把龙山千里雪，将来拟并洛阳花。

蘅斋曰：即以联句花、雪，比拟何、范交情，异地同心之意也。

"未解"句直贯下二句，言花、雪本非同类，不识何以相拟也，美而诧之之词。

沈约怜何逊，延年毁谢庄。清新俱有得，名誉底相伤。

雾夕咏芙蕖，何郎得意初。此时谁最赏？沈范两尚书。

此种绝句倡自工部，已落论宗。然皆借事抒怀，故言尽而意不尽。使泛泛论古，则不免伧父。

无 题

白道萦回入暮霞,斑骓嘶断七香车。春风自共何人笑,枉破阳城十万家。

怨语以唱叹出之,不露怒张之态。

槿花二首

燕体伤风力,鸡香积露文。殷鲜一相杂,啼笑两难分。月里宁无姊,云中亦有君。三清与仙岛,何事不离群。

句句捏凑。

珠馆薰燃久,玉房梳扫余。烧兰才作烛,襞锦不成书。本以亭亭远,翻嫌脉脉疏。回头问残照,残照更空虚。

前四句亦不成语,五、六亦未是槿花,七、八小有意。

哭刘蕡

上帝深宫闭九阍,巫咸不下问衔冤。广陵别后春涛隔,湓浦书来秋雨翻。只有安仁能作诔,何曾宋玉解招魂。平生风义兼师友,不敢同君哭寝门。

一气鼓荡,字字沉郁。

"巫咸"当从朱氏作"巫阳","广陵"当从后哭蕡诗作"黄陵"。

"湓浦书来",谓讣音也。

二句与六句是一事,然二句言君不能知其冤,六句言己不能救其死,尚不为复。要之,不犯更妙耳。

杜司勋

高楼风雨感斯文,短翼差池不及群。刻意伤春复伤别,人间惟有杜司勋。

四家评曰:只自伤春伤别,乃弥有感于司勋也。

荆门西下

一夕南风一叶危,荆云回望夏云时。人生岂得轻离别,天意何曾忌崄巇?骨肉书题安绝徼,蕙兰蹊径失佳期。洞庭湖阔蛟龙恶,却羡杨朱泣路岐。

太尽便乏余味。

"安"字疑"空"字之讹。

碧 瓦

碧瓦衔珠树,红纶结绮寮。无双汉殿鬓,第一楚宫腰。雾唾香难尽,珠啼冷易销。歌从雍门学,酒是蜀城烧。柳暗将翻巷,荷欹正抱桥。钿辕开道入,金管隔邻调。梦到飞魂急,书成即席遥。河流冲柱转,海沫近槎飘。吴市蟛蜞甲,巴賨翡翠翘。他时未知意,重叠赠娇饶。

雕琢繁碎,意格俱下,此是尔时习气。杨、刘专效此种,遂使人集矢于义山。

蝶

叶叶复翻翻,斜桥对侧门。芦花惟有白,柳絮可能温。西子寻遗殿,昭君觅故村。年年芳物尽,来别败兰荪。

以人事今昔之感,托意于蝶,颇有情致。但起句调劣。四句"絮"字与通首不合,一本作"叶",又与"温"字不贯。五、六格亦卑俗,惟七、八句可观耳。

蝇蝶鸡麝鸾凤等成篇

韩蝶翻罗幕,曹蝇拂绮窗。斗鸡回玉勒,融麝暖金釭。玳瑁明书阁,琉璃冰酒缸。画楼多有主,鸾凤各双双。

堕入恶趣,不复以诗格绳之。蘅斋谓山谷《演雅》从此滥觞,未是。

山谷乃仿佛蔚宗和香方也。

韩翃舍人即事

萱草含丹粉,荷花抱绿房。鸟应悲蜀帝,蝉是怨齐王。通内藏珠府,应官解玉坊。桥南荀令过,十里送衣香。

此不得其本事,亦不能解其诗。然就诗论诗,自不佳。

公　子

一盏新罗酒,凌晨恐易消。归应冲鼓半,去不待笙调。歌好惟愁和,香浓岂惜飘。春场铺艾帐,下马雉媒娇。

极刻画纨袴性情,愈工愈佻,未协雅音。

"娇"字应是"骄"字之误。

子初全溪作

全溪不可到,况复尽余醅。汉苑生春水,昆池换劫灰。战蒲知雁唼,皱月觉鱼来。清兴恭闻命,言诗未敢回。

前四句不失风格,五、六太纤,七、八太鄙。

杨本胜说于长安见小男阿衮

闻君来日下,见我最娇儿。渐大啼应数,长贫学恐迟。寄人龙种瘦,失母凤雏痴。语罢休边角,青灯两鬓丝。

四家评曰:结有情致。诗须如此住意,方不尽于言中。

"娇"字应作"骄"字。

西　溪

怅望西溪水,潺湲奈尔何?不惊春物少,只觉夕阳多。色染妖韶柳,光含窈窕萝。人间从到海,天上莫为河。凤女弹瑶瑟,龙孙撼玉珂。京华他夜梦,好好寄云波。

  七、八句一开一合,寓意深微,言人间纵然到海,亦自不妨,但不可天上为河,隔牛女之会合耳。朱长孺谓"到海"取其朝宗,添设闲文,反隔语脉。

  后四句言恋阙情深,申所以莫为河意。

  "凤女"二句,即所谓京华梦也。

柳下暗记

无奈巴南柳,千条傍吹台。更将黄映白,拟作杏花媒。

  此冶游所见之作,故曰暗记。

妓 席

乐府闻桃叶,人前道得无。劝君书小字,慎莫唤官奴。

  官妓非经脱籍不得适人,故有"慎莫唤官奴"之戏。

少 年

外戚平羌第一功,生年二十有重封。直登宣室螭头上,横过甘泉豹尾中。别馆觉来云雨梦,后门归去蕙兰丛。灞陵夜猎随田窦,不识寒郊自转蓬。

  末句是一篇诗眼,通首以此句转合。格本太白"越王勾践破吴归"诗,但语太浅薄耳。

  "封"字在今为"奸"韵。当时原自通押,说在《上杜仆射》诗第二首。

无 题

近知名阿侯,住处小江流。腰细不胜舞,眉长惟是愁。黄金堪作屋,何不作重楼?

此三韵律诗,韩集、白集俱有之。

《河中之水歌》曰:"十五嫁为卢家妇,十六生儿似阿侯。"此句误用。藏于屋中人不得见,楼上则或得见矣。此小巧弄姿,无关大雅。

玄微先生

仙翁无定数,时入一壶藏。夜夜桂露湿,村村桃水香。醉中抛浩劫,宿处起神光。药裹丹山凤,棋函白石郎。弄河移砥柱,吞日倚扶桑。龙竹裁轻策,鲛绡熨下裳。树栽嗤汉帝,桥板笑秦王。径欲随关令,龙沙万里强。

句多拙俚。

药 转

郁金堂北画楼东,换骨神方上药通。露气暗连青桂苑,风声偏猎紫兰丛。长筹未必输孙皓,香枣何劳问石崇?忆事怀人兼得句,翠衾归卧绣帘中。

题与诗俱不可解,不必强为之词。

岳阳楼

欲为平生一散愁,洞庭湖上岳阳楼。可怜万里堪乘兴,枉是蛟龙解覆舟。

感遇之作,其词太激。

岳阳楼

汉水方城带百蛮,四邻谁道乱周班。如何一梦高唐雨,自此无心入武关。

无所取义,其指未详。

《左传》称,诸侯戍齐,使鲁为班,鲁以周班后郑。"周班"字本此。言楚之强横,四邻诸侯无敢议其乱周之班者也,殊不成语。

寄成都高苗二从事

家近红蕖曲水滨,全家罗袜起秋尘。莫将越客千丝网,网得西施别赠人。

亦不可解。

越燕二首

上国社方见,此乡秋不归。为矜皇后舞,犹着羽人衣。拂柳斜纹乱,衔花片影微。卢家文杏好,试近莫愁飞。

三、四句劣。

前六句实咏燕,末二句轻按喻意,带动次首,此是章法。

此诗本不佳,然二首章法相生,不容割裂。

将泥红蓼岸,得草绿杨村。命侣添新意,安巢复旧痕。去应逢阿母,原注:乐府诗:"东飞伯劳西飞燕,黄姑阿母时相见。"来莫害王孙。记取丹山凤,今为百鸟尊。

此首纯乎寓意。前四句言其得志,后四句戒以心在王室。虽所指之人不可考,而语意分明。

字字托意,而绝不粘皮带骨。

杜工部蜀中离席

长孺曰:"杜",一作"辟",非。

人生何处不离群?世路干戈惜暂分。雪岭未归天外使,松州犹驻殿前军。座中醉客延醒客,江上晴云杂雨云。美酒成都堪送老,当垆仍是卓文君。

此拟工部之作,朱长孺所注良是。程午桥力注"辟"字,非也。谢康乐《邺中集》诗、江文通《杂体诗》标题皆如此,集中《韩翃舍人即事》亦此例。

起二句大开大合,矫健绝伦。颔联申第二句,颈联正写离席。

蒙泉曰:题是离席,末二句留之也。

四家评曰:此等诗须合全体观之,不以字句论工拙。

隋　宫

紫泉宫殿锁烟霞,欲取芜城作帝家。玉玺不缘归日角,锦帆应是到天涯。于今腐草无萤火,终古垂杨有暮鸦。地下若逢陈后主,岂宜重问《后庭花》?

纯是衬贴活变之笔,无复排偶之迹,然调之不高亦坐此。

无限逸游,如何铺叙?三、四只作推算语,乃并未然之事亦包括无遗,最善用笔。

结句是中唐别于盛唐处,李、杜决不如此。此升降大关,不可不知。学义山者切戒此种。

结虽不佳,然炀帝实有吴公台事,借为点缀,尚属有因。若凭空作此种比较,则更入恶趣。

二月二日

二月二日江上行,东风日暖闻吹笙。花须柳眼各无赖,紫蝶黄蜂俱有情。万里忆归元亮井,三年从事亚夫营。新滩莫误游人意,更作风檐夜雨声。

四家评曰:前半逼出忆归,如此浓至,却令人不觉。

"新滩"一作"新春","莫误"一作"莫讶",俱误。

筹笔驿

猿鸟犹疑畏简书,风云常为护储胥。徒令上将挥神笔,终见降王走传车。管乐有才真不忝,关张无命欲何如?他年锦里经祠庙,《梁父》吟成恨有余。

蒙泉曰:起二句本意已尽,无可措手矣,三、四忽作开笔。五、六收转,两意相承,字字顿挫。七、八拓开作结,与少陵《蜀相》一篇不可妄置优劣也。

起二句极力推尊,三、四句忽然一贬,四句殆自相矛盾,盖由意中先有五、六二句,故敢如此离奇用笔,见若横绝,乃稳绝也。

五句原复一"终"字,考洞庭席氏翻刻宋本,乃作"真不忝"。

结句隐然自寓。

屏　风

六曲连环接翠帷,高楼半夜酒醒时。掩灯遮雾密如此,雨落月明俱不知。

四家以为寓浮云蔽日之感。然措语有痕,反成平浅。

春　日

欲入卢家白玉堂,新春吹破舞衣裳。蝶衔红蕊蜂衔粉,共助青楼一日忙。

此似刺急于邀求新宠之人,非艳诗也。

武侯庙古柏

蜀相阶前柏,龙蛇捧閟宫。阴成外江畔,老向惠陵东。大树思冯异,《甘棠》忆召公。叶凋湘燕雨,枝折海鹏风。玉垒经纶远,金刀历数终。谁将《出师表》,一为问昭融?

蒙泉曰:五、六句一锁,转处生慨。

此二句乃一篇眼目,不但以用事工细赏之。

"湘燕""海鹏"字无着落,此等是昆体涂泽可厌处。

有谓"金刀"句太纤者,不为无见,然尚不害诗格,但不得刻意效此种。

风

撩钗盘孔雀,恼带拂鸳鸯。罗荐谁教近?斋时锁洞房。

即　日

一岁林花即日休,江间亭下怅淹留。重吟细把真无奈,已落犹开未放愁。

山色正来衔小苑,春阴只欲傍高楼。金鞍忽散银壶漏,更醉谁家白玉钩？

　　纯以情致胜,笔笔唱叹,意境自深。《曲池》诗亦是此调,则近于靡矣。

九成宫

十二层城阆苑西,平时避暑拂虹霓。云随夏后双龙尾,风逐周王八骏蹄。吴岳晓光连翠巘,甘泉晚景上丹梯。荔枝卢橘沾恩幸,鸾鹊天书湿紫泥。

　　此感当世之衰,而追思贞观太平之盛,所谓《鱼藻》之意也,谓讽刺太宗者非。起手"平时"二字特清诗眼。七、八句言一草一木皆在涵育之中,望古遥集,声在弦外,诗人之言盖如是矣。

　　"荔枝""卢橘"皆夏熟,故拈此二物以概其余。

　　"穆王八骏"似刺佚游,不知王融《曲水诗》序曰:"夏后两龙载驱璇台之上,周王八骏如舞瑶池之阴。"庾信《三月三日华林园马射赋》序曰:"夏后瑶台之上,或御二龙;周王悬圃之前,犹骖八骏。"率作佳事用之,不以为刺。大抵唐人比拟人物,只取一节,不似后来之拘忌。

少　将

族亚齐安陆,风高汉武威。烟波别墅醉,花月后门归。青海闻传箭,天山报合围。一朝携剑起,上马即如飞。

　　此侠少之词,亦无刺意。诗颇骏爽,但太剽耳。

咏　史

历览前贤国与家,成由勤俭破由奢。何须琥珀方为枕,岂得真珠始是车？运去不逢青海马,力穷难拔蜀山蛇。几人曾预《南薰曲》,终古苍梧哭翠华。

　　恶劣。

赠白道者

十二楼前再拜辞,灵风正满碧桃枝。壶中若是有天地,又向壶中伤别离。

无题二首

昨夜星辰昨夜风,画楼西畔桂堂东。身无彩凤双飞翼,心有灵犀一点通。隔座送钩春酒暖,分曹射覆蜡灯红。嗟余听鼓应官去,走马兰台类断蓬。

闻道阊门萼绿华,昔年相望抵天涯。岂知一夜秦楼客,偷看吴王苑内花。

二首皆狭邪之作,无所寓意。深解者失之。

汉宫词

青雀西飞竟未回,君王长在集灵台。侍臣最有相如渴,不赐金茎露一杯。

长孺曰:按史,宪宗服金丹暴崩,穆宗、武宗复循其辙。义山此作深有托讽,与后《瑶池》诗同旨。

笔笔折转,警动非常,而出之以深婉。

露若能医消渴,犹可冀饮之长生,何不以一杯以试之?用意最曲。若作好神仙而不恤贤臣,其意浅矣。

无题四首

来是空言去绝踪,月斜楼上五更钟。梦为远别啼难唤,书被催成墨未浓。蜡照半笼金翡翠,麝熏微度绣芙蓉。刘郎已恨蓬山远,更隔蓬山一万重。

飒飒东风细雨来,芙蓉塘外有轻雷。金蟾啮锁烧香入,玉虎牵丝汲井回。贾氏窥帘韩掾少,宓妃留枕魏王才。春心莫共花争发,一寸相思一寸灰。

起二句妙有远神,可以意喻。从《诗》"殷其雷"化来。

"贾氏窥帘"以韩掾之少,"宓妃留枕"以魏王之才。自揣生平,谅非所顾,故曰"春心莫共花争发,一寸相思一寸灰",言思之无益也。

四首皆寓意之作，此首较有蕴味，不落纤琐。

《无题》诸诗大抵祖述美人、香草之遗，以曲传不遇之感，故情真调苦，足以感人。特诗格不高，往往失之纤侧。衍为七律尤易浮靡，且数见不鲜，转成窠臼。归愚讥以剪彩为花，绝少生韵，固不足以服其心，然摹拟剽贼，积为尘劫，自命名士风流，其弊有不可胜言者。读义山诗者，不可不知。

含情春晼晚，暂见夜阑干。楼响将登怯，帘烘欲过难。多羞钗上燕，真愧镜中鸾。归去横塘晚，华星送宝鞍。

何处哀筝随急管，樱花永巷垂杨岸。东家老女嫁不售，白日当天三月半。溧阳公主年十四，清明暖后同墙看。归来展转到五更，梁间燕子闻长叹。

赴职梓潼留别畏之员外同年

佳兆联翩遇凤凰，雕文羽帐紫金床。桂花香处同高第，柿叶翻时独悼亡。乌鹊失栖长不定，鸳鸯何事自相将？京华庯蜀三千里，送到咸阳见夕阳。

桂林路中作

地暖无秋色，江晴有暮晖。空余蝉嘒嘒，犹向客依依。村小犬相护，沙平僧独归。欲成西北望，又见鹧鸪飞。

前四句颇有气格。五、六句撑拄不起，并前半篇亦成滑调矣，此等处如屋有柱，必不可顺笔填凑者。晚唐之靡靡，病多坐此。

无 题

照梁初有情，出水旧知名。裙衩芙蓉小，钗茸翡翠轻。锦长书郑重，眉细恨分明。莫近弹琴局，中心最不平。

蝶三首

初来小苑中，稍与琐闱通。远恐芳尘断，轻忧艳雪融。只知防皓露，不觉逆尖风。回首双飞燕,乘时入绮栊。

　　后四句纯是寓意,然格卑意浅。

　　长眉画了绣帘开,碧玉行妆白玉台。为问翠钗钗上凤,不知香颈为谁回。

　　寿阳公主嫁时妆,八字宫眉捧额黄。见我佯羞频照影,不知身属冶游郎。

　　此二首乃游冶之词,误入于此。

无题二首

　　八岁偷照镜,长眉已能画。十岁去踏青,芙蓉作裙衩。十二学弹筝,银甲不曾卸。十四藏六亲,悬知犹未嫁。十五泣春风,背面秋千下。

　　独成一格,然觉有古意,古故不在字句音响间。

　　妙在直起直收,加一语便如嚼蜡。

　　芥舟曰:此首诚佳,然不可仿效,彼固由仿效而来,以能截体,故佳耳。

　　幽人不倦赏,秋暑贵招邀。竹碧转怅望,池清尤寂寥。露花终裛湿,风蝶强娇饶。此地如携手,兼君不自聊。

　　《无题》诸诗,有确有寄托者,"来是空言去绝踪"之类是也;有戏为艳语者,"近知名阿侯"之类是也;有实有本事者,如"昨夜星辰昨夜风"之类是也;有失去本题而后人题曰《无题》者,如"万里风波一叶舟"之类是也;有与《无题》诗相连,失去本题,误合为一者,如此"幽人不倦赏"是也。宜分别观之,不必概为穿凿。其摘诗中二字为题者,亦《无题》之类,亦有此数种。

王十二兄与畏之员外相访见招小饮,时予以悼亡日近不去,因寄

　　谢傅门庭旧末行,今朝歌管属檀郎。更无人处帘垂地,欲拂尘时簟竟床。嵇氏幼男犹可悯,左家娇女岂能忘?秋霖腹疾俱难遣,万里西风夜正长。

　　义山悼亡,而妻之兄弟亲串,乃燕饮歌管事同,可愤语亦太激。

　　起二句鄙。

　　"嵇氏幼男"指其子,"左家娇女"属对妇族,称王氏也。

隋　宫

乘兴南游不戒严,九重谁省谏书函?春风举国裁宫锦,半作障泥半作帆。

后二句微有风姿,前二句词直而意尽。

落　花

高阁客竟去,小园花乱飞。参差连曲陌,迢递送斜晖。肠断未忍扫,眼穿仍欲稀。芳心向春尽,所得是沾衣。

归愚曰:起法之妙,粘着者不知。

起句亦非人意中所无,但不免着在中联。末联写寂寞之景耳,此得神在逆折而入。

"稀"一作"归",非。

四家评曰:一结无限深情,"得"字意外巧妙。

芥舟曰:起句真是超绝。"眼穿""肠断",吾不喜之。

月

池上与桥边,难忘复可怜。帘开最明夜,簟卷已凉天。流处水花急,吐时云叶鲜。姮娥无粉黛,只是逗婵娟。

意格俱卑。

赠宗鲁筇竹杖

大夏资轻策,全溪问所思。静怜穿树远,滑想过苔迟。鹤怨朝还望,僧闲暮有期。风流真底事,常欲傍清羸。

此晚唐纤小家数。三、四愈刻画愈琐屑,七、八尤不成语。

垂　柳

娉婷小苑中,婀娜曲池东。朝佩皆垂地,仙衣尽带风。七贤宁占竹,三品且饶松。肠断灵和殿,先皇玉座空。

三、四太俗,五、六尤堕恶道。结二句自有体,然亦鹘兀。

曲 池

日下繁香不自持,月中流艳与谁期？迎忧急鼓疏钟断,分隔休灯灭烛时。张盖欲判江滟滟,回头更望柳丝丝。从来此地黄昏散,未信河梁是别离。

诗无情致,则粗犷不文。但取姿媚而乏筋节,其弊亦不可胜言。

"迎忧"字太造,"休灯灭烛"四字复。

结亦太尽。

代应二首

沟水分流西复东,九秋霜月五更风。离鸾别凤今何在？十二玉楼空更空。
昨夜双钩败,今朝百草输。关西狂小吏,惟喝绕床卢。

二首皆艳词。前首颇浅,次首不甚可解。

席上作

原注:予为桂州从事,故府郑公出家妓,令赋高唐诗。

澹云轻雨拂高唐,玉殿秋来夜正长。料得也应怜宋玉,一生惟事楚襄王。

语颇粗浅。别本末句作"只因无奈楚襄王",则病狂丧心,近乎周侯露秽矣。

访隐者不遇成二绝

秋水悠悠浸墅扉,梦中来数觉来稀。玄蝉去尽叶黄落,一树冬青人未归。

廉衣曰:"梦中"句累。

后二句自好。

城郭休过识者稀,哀猿啼处有柴扉。沧江白石樵渔路,日暮归来雨满衣。

"休"字作"不"字解,不作"莫"字解。"白石"朱本作"白日",非。

蒙泉曰:此想其所往也,写不遇亦别。

破　镜

玉匣清光不复持,菱花散乱月轮亏。秦台一照山鸡后,便是孤鸾罢舞时。

无　题

紫府仙人号宝灯,云浆未饮结成冰。如何雪月交光夜,更在瑶台十二层？

此亦寓言。午桥以为王氏却扇之作,武断甚矣。

赠庾十二朱版

原注:时庾在翰林。

固漆投胶不可开,赠君珍重抵琼瑰。君王晓坐金銮殿,只待相如草诏来。

李　花

李径独来数,愁情相与悬。自明无月夜,强笑欲风天。减粉与园籉,分香沾渚莲。徐妃久已嫁,犹自玉为钿。

格意殊卑。

三句自好,对句则不称李花。五、六猥琐,末亦轻佻。

柳

曾逐东风拂舞筵,乐游春苑断肠天。如何肯到清秋日,已带斜阳又带蝉。

数虚字转折唱叹,弦外有音。调之稍弱,亦缘于此。

姚平山曰:"肯"字妙。芥舟曰:此字亦险。

三月十日流杯亭

身属中军少得归,木兰花尽失春期。偷随柳絮到城外,行过水西闻子规。

语不必深,风调自异。

子规声曰"不如归去",隐含此意,妙不说明。

过招国李家南园二首

潘岳无妻客为愁,新人来坐旧妆楼。春风犹自疑联句,雪絮相和飞不休。
长亭岁尽雪如波,此去秦关路几多?惟有梦中相近分,卧来无睡欲如何?

二首皆卑俗。

留赠畏之

原注:时将赴职梓潼遇韩朝回三首。

清时无事奏明光,不遣当关报早霜。中禁词臣寻引领,左川归客自回肠。郎君下笔惊鹦鹉,侍女吹笙弄凤凰。空记大罗天上事,众仙同日咏《霓裳》。
待得郎来月已低,寒暄不道醉如泥。五更又欲向何处?骑马出门乌夜啼。
户外重阴黯不开,含羞迎夜复临台。潇湘浪上有烟景,安得好风吹汝来?

情调极佳。

此二首乃别诗误入。午桥曲为之词,愈凿愈谬。

董曲江前辈尝曰:"义山诗固多寄托,然亦有止是艳词者。如《柳枝五首》,倘不留一序,何不可作感慨遇合解。"即此足破注家症结。因论此诗,附录之。

为 有

为有云屏无限娇,凤城寒尽怕春宵。无端嫁得金龟婿,辜负香衾事早朝。

无 题

相见时难别亦难,东风无力百花残。春蚕到死丝方尽,蜡炬成灰泪始干。
晓镜但愁云鬓改,夜吟应觉月光寒。蓬山此去无多路,青鸟殷勤为探看。

此亦感遇之作。

三、四太鄙,七、八不作绝望语,诗人忠厚之遗。

碧城三首

碧城十二曲栏干,犀辟尘埃玉辟寒。阆苑有书多附鹤,女床无树不栖鸾。星沉海底当窗见,雨过河源隔座看。若是晓珠明又定,一生长对水晶盘。

对影闻声已可怜,玉池荷叶正田田。不逢萧史休回首,莫见洪崖又拍肩。紫凤放娇衔楚佩,赤鳞狂舞拨湘弦。鄂君怅望舟中夜,绣被焚香独自眠。

七夕来时先有期,洞房帘箔至今垂。玉轮顾兔初生魄,铁网珊瑚未有枝。检与神方教驻景,收将凤纸写相思。武皇内传分明在,莫道人间总不知。

三首确是寓言,亦《无题》之类,摘首二字为题耳。然所寓之意则不甚可知。胡孝辕以"不逢萧史"一联谓刺当时贵主,朱竹垞又以"七夕来时"一句定为追刺明皇,援据支离,于诗无当。义山一集,佳作多矣,不食马肝,未为不知味也。

对雪二首

原注:时欲之东。

寒气先侵玉女扉,清光旋透省郎闱。梅花大庾岭头发,柳絮章台街里飞。欲舞定随曹植马,有情应湿谢庄衣。龙山万里无多远,留待行人二月归。

旋扑珠帘过粉墙,轻于柳絮重于霜。已随江令夸琼树,又入卢家妒玉堂。侵夜可能争桂魄,忍寒应欲试梅妆。关河冻合东西路,肠断斑骓送陆郎。

二诗惟结句可观。前六句皆拙而俗。

蜂

小苑华池烂熳通,后门前槛思无穷。宓妃腰细才胜露,赵后身轻欲倚风。红壁寂寥崖蜜尽,碧帘迢递雾巢空。青陵粉蝶休离恨,长定相逢二月中。

次句不成语,三、四尤俗,后四句小有情致。

公　子

外戚封侯自有恩,平明通籍九华门。金唐公主年应小,二十君王未许婚。

不省所云。

赋得鸡

稻粱犹足活诸雏,妒敌专场好自娱。可要五更惊晓梦,不辞风雪为阳乌。

此刺怙势而不忠者。然比附有痕,嫌于粘滞。凡咏物托意,须言外得之方佳。

明　神

明神司过岂令冤?暗室由来有祸门。莫谓无人欺一物,他时须虑石能言。

毫无诗致。

辛未七夕

恐是仙家好别离,故教迢递作佳期。由来碧落银河畔,可要金风玉露时?清漏渐移相望久,微云未接过来迟。岂能无意酬乌鹊,惟与蜘蛛乞巧丝。

首四句作问之之词,后四句即兴就事论事,又逼入一层问之。超忽跌宕,不可方物。命意高则下笔得势耳。

惟其望久来迟,故幸得渡河,当酬乌鹊,此二句起下二句,非叙事也。或误以为铺叙七夕,故有末二句另化一意之说。

壬申七夕

已驾七香车,心心待晓霞。风轻惟响佩,日薄不嫣花。桂嫩传香远,榆高送影斜。成都过卜肆,曾妒识灵槎。

既曰"待晓霞",又曰"日薄",又曰"桂嫩""榆高",语殊夹杂。"桂嫩"二句亦无取义。

壬申闰秋题赠乌鹊

绕树无依月正高,邺城新泪溅云袍。几年始得逢秋闰,两度填河莫告劳。

感遇之作,微病其浅。第二句用字亦凑泊。

端　居

远书归梦两悠悠,只有空床敌素秋。阶下青苔与红树,雨中寥落月中愁。

四家谓"敌"字险而稳。此字炼得自好,然专标此种以论诗,吾见竟陵之为诗者矣。

夜　半

三更三点万家眠,露欲为霜月堕烟。斗鼠上堂蝙蝠出,玉琴时动倚窗弦。

四家评曰:不说人愁而愁已见,得三百篇法。

又曰:"万家眠"见一人不眠也,是愁在境前,非缘境起,写愁更深。

此有意不肯说出,然不免有做作态,盖意到而神不到之作。夫径直非诗也,含蓄而有做作之态,亦非其至也。此辨甚微。

玉　山

玉山高与阆风齐,玉水清流不贮泥。何处更求回日驭?此中兼有上天梯。珠容百斛龙休睡,桐拂千寻凤要栖。闻道神仙有才子,赤箫吹罢好相携。

此望荐之诗,借玉山以托意。首二句言其地望清高,三、四句言其势可凭借,五句戒以远小人,六句折入求进之意,七、八以本意结之。

张恶子庙

下马捧椒浆,迎神白玉堂。如何铁如意?独自与姚苌。

太直率。

雨

摵摵度瓜园，依依傍竹轩。秋池不自冷，风叶共成喧。窗迥有时见，檐高相续翻。侵宵送书雁，应为稻粱恩。

起二句及第四句写景俱细，三句近拙。

此必幕府之作，故有感于雁之冒雨而飞也。结"雨"字有不粘不脱之妙。

菊

暗暗澹澹紫，融融冶冶黄。陶令篱边色，罗含宅里香。几时禁重露，实是怯残阳。愿泛金鹦鹉，升君白玉堂。

前四句俗，后四句寓意亦浅。

牡 丹

锦帏初卷卫夫人，原注：《典略》云："夫子见南子在锦帏之中。"绣被犹堆越鄂君。垂手乱翻雕玉佩，折腰争舞郁金裙。石家蜡烛何曾剪？荀令香炉可待熏。我是梦中传彩笔，欲书花片寄朝云。

八句八事而一气涌出，不见襞积之迹。所恶于《碧瓦》诸诗者，为其雕镂琐屑，格意卑靡也，若此亦何恶于用事哉。

"折腰"句形出富贵风流之意。《英华》作"细腰频换郁金裙"，索然无味矣。末句"花叶"则宜从《英华》作"花片"。

北 楼

春物岂相干？人生只强欢。花犹曾敛夕，酒竟不知寒。异域东风湿，中华上象宽。此楼堪北望，轻命倚危栏。

结太竭情,所谓蹶骽声也。

拟沈下贤

千二百轻鸾,春衫瘦着宽。倚风行稍急,含雪语应寒。带火遗金斗,兼珠碎玉盘。河阳看花过,曾不问潘安。

不解所指。然不解处即是不佳处,未有巨手名篇而僻涩其字句者。

蝶

飞来绣户阴,穿过画楼深。重傅秦台粉,轻涂汉殿金。相兼惟柳絮,所得是花心。可要凌孤客,邀为《子夜吟》。

前四句俗,五、六亦纤。末二句不甚可解。

饮席代官妓赠两从事

新人桥上着春衫,旧主江边侧帽檐。原注:隋独孤信举止风流,曾风吹帽檐侧,观者塞路。愿得化为红绶带,许教双凤一时衔。

猥亵太甚。

代魏宫私赠

原注:黄初三年,已隔存没,追代其意,何必同时?亦广《子夜》吴歌之流。

来时西馆阻佳期,去后漳河隔梦思。知有宓妃无限意,春松秋菊可同时。

代元城吴令暗为答

背阙归藩路欲分,水边风日半西曛。荆王枕上原无梦,莫枉阳台一片云。

二首辩感甄之诬,立意极正。然何不自为一诗,而代拟赠答?落小家窠臼乎。流弊所至,罗隐代孔子和诗矣。不得以颜延年《织女赠牵牛》诗借口。

"背阙"二字割裂。

牡　丹

压径复缘沟,当窗又映楼。终销一国破,不啻万金求。鸾凤戏三岛,神仙居十洲。应怜萱草淡,却得号忘忧。

全不成语。

百果嘲樱桃

珠实虽先熟,琼荂纵早开。流莺犹故在,争得讳含来。

樱桃答

众果莫相诮,天生名品高。何因古乐府,惟有《郑樱桃》。

此寓刺之作,嘲诗攻其旧愆,答诗写悍然不顾、恬然不耻之意。

汉诗"橘柚生华实"一首,古人偶一为之。王无功衍为赠答,已俗不可医;卢仝至有《虾蟆请客》诗,亦琐陋极矣。

晓　坐

后阁罢朝眠,前墀思黯然。梅应未假雪,柳自不胜烟。泪续浅深缏,肠回高下弦。红颜无定所,得失在当年。

有悔从茂元之意,意真而格弱。

咏　史

北湖南埭水漫漫,一片降旗百尺竿。三百年间同晓梦,钟山何处有龙盘?

廉衣曰:此诗渐近粗响。

又曰:"一片"句鹘兀。

一 片

一片非烟隔九枝,蓬峦仙仗俨云旗。天泉水暖龙吟细,露畹春多凤舞迟。榆荚散来星斗转,桂花寻去月轮移。人间沧海朝朝变,莫遣佳期更后期。

此感遇之诗,与《锦瑟》诗一种格调,而又加浅俗。

日 射

日射纱窗风撼扉,香罗掩手春事违。回廊四合掩寂寞,碧鹦鹉对红蔷薇。

佳在竟住。

复"掩"字。

题 鹅

眠沙卧水自成群,曲岸残阳极浦云。那解将心怜孔翠,羁雌长共故雄分。

此深刺异己之作,其词浅露。

此恨鹅群之不怜"孔翠"。朱长孺谓"孔翠"之羁孤,不及鹅群之自适。作相羡之词,非"那解"二字之意矣。

华清宫

朝元阁迥羽衣新,首按昭阳第一人。当日不来高处舞,可能天下有胡尘?

诗太径直。既失讳尊之体,又乖讽刺之义。

梓潼望长卿山至巴西复怀谯秀

梓潼不见马相如,更欲南行问酒垆。行到巴西觅谯秀,巴西惟是有寒芜。

廉衣曰:字句衔叠而下,集中此格最多,在作者自有拙趣,然效之则成枯窘矣。神到之作,惟《夜雨寄北》一章耳。

齐宫词

永寿兵来夜不扃,金莲无复印中庭。梁台歌管三更罢,犹自风摇九子铃。

芥舟曰:胜《北齐二首》。

归愚曰:此篇不着议论,《贾生》篇竟着议论,异体而各极其致。

意只寻常,妙从小物寄慨,倍觉唱叹有情。

十一月中旬至扶风界见梅花

匝路亭亭艳,非时裛裛香。素娥惟与月,青女不饶霜。赠远虚盈手,伤离适断肠。为谁成早秀?不待作年芳。

寓慨颇深,异乎以逃虚为妙远。

梅诗固忌刻画,然烘染传神,至今日又成窠臼。桃源再至,便为村落。和靖诸诗亦有一种习气可厌矣,此难为外人道也。

青陵台

青陵台畔日光斜,万古贞魂倚暮霞。莫讶韩凭为蛱蝶,等闲飞上别枝花。

此亦寓意于新故去就之间。

"倚暮霞"三字趁韵,"倚"字尤不妥。

东 还

自有仙才自不知,十年长梦采华芝。秋风动地黄云暮,归去嵩阳寻旧师。

酬崔八早梅有赠兼示之作

知访寒梅过野塘,久留金勒为回肠。谢郎衣袖初翻雪,荀令熏炉更换香。何处拂胸资蝶粉,几时涂额藉蜂黄?维摩一室虽多病,亦要天花作道场。《英华》本原注:时余在惠祥上人讲下,故崔落句有"梵王宫地罗含宅,赖许时时听法来"。

此种刻画,自是不称此花。

春　风

春风虽自好,春物太昌昌。若教春有意,惟遣一枝芳。我意殊春意,先春已断肠。

不成语。

蜀　桐

玉垒高桐拂玉绳,上含非雾下含冰。枉教紫凤无栖处,斫作秋琴弹《坏陵》。

其词怨以怒。

汉　宫

通灵夜醮达清晨,承露盘晞甲帐春。王母不来方朔去,更须重见李夫人。

不下贬词,而讽刺至切。

"春"字趁韵。

判　春

题目太纤,诗自不能有格。

一桃复一李,井上占年芳。笑处如临镜,窥时不隐墙。敢言西子短,谁觉宓妃长？珠玉终相类,同名作夜光。

促　漏

促漏遥钟动静闻,报章重叠杳难分。舞鸾镜匣收残黛,睡鸭香炉换夕熏。归去定知还向月,梦来何处更为云？南塘渐暖蒲堪结,两两鸳鸯护水纹。

此摘首二字为题,"报章"自用《毛诗》语。长孺注牵合掌书官女以就高棟深宫怨女之说,似为未妥。午桥从姚旅露书定为悼亡,与前四句亦碍。

对面作结,妙有兴象。

江　东

惊鱼拨剌燕翩翾,独自江东上钓船。今日春光太漂荡,谢家轻絮沈郎钱。

蒙泉曰:无聊之思,亦在言外。

读任彦昇碑

任昉当年有美名,可怜才调最纵横。梁台初建应惆怅,不得萧公作骑兵。

此寓升沉之感。前二句鄙甚,后二句浅直。

荷　花

都无色可并,不奈此香何。瑶席乘凉设,金羁落晚过。回衾灯照绮,渡袜水沾罗。预想前秋别,离居梦棹歌。

起二句似牡丹。

"前秋"犹曰"先秋"。

五松驿

独下长亭念《过秦》,五松不见见舆薪。只应既斩斯高后,寻被樵人用斧斤。

粗鄙。

灞　岸

山东今岁点行频,几处冤魂哭虏尘。灞水桥边倚华表,平时二月有东巡。

首二句粗浅。后二句以倒装见吐属之妙。若以后二句意作起,前二句意作结,则索然矣。此用笔之法。

送臻师二首

昔去灵山非拂席,今来沧海欲求珠。楞伽顶上清凉地,善眼仙人忆我无?

苦海迷途去未因，东方过此几微尘。何当百忆莲花上，一一莲花见佛身。

七　夕

鸾扇斜分凤幄开，星桥横过鹊飞回。争将世上无期别，换得年年一度来。

亦浅近。

谢先辈防记念拙诗甚多，异日偶有此寄

晓用云添句，寒将雪命篇。良辰多自感，作者岂徒然。熟寝初同鹤，含嘶欲并蝉。题时长不展，得处定应偏。南浦无穷树，西楼不住烟。改成人寂寂，寄与路绵绵。星势寒垂地，河声晓上天。夫君自有恨，聊借此中传。

七、八句拙，余亦平平。

马嵬二首

冀马燕犀动地来，自埋红粉自成灰。君王若道能倾国，玉辇何由过马嵬？

太径直。

海外徒闻更九州，原注：邹衍云："九州之外，复有九州。"他生未卜此生休。空闻虎旅传宵柝，无复鸡人报晓筹。此日六军同驻马，当时七夕笑牵牛。如何四纪为天子，不及卢家有莫愁？

归愚谓虎、鸡、马、牛连用，及末二句拟人不伦，为诗病，皆是。谓起无原委则不然。此本第二首，前首已有原委。盖选本限于分体，惟摘此首入七律。归愚偶未考本集耳。

五、六逆挽之法，如此用笔便生动，温飞卿《苏武》诗亦此法也，归愚尝论之。

可　叹

幸会东城宴未回，年华忧共水相催。梁家宅里秦宫入，赵后楼中赤凤来。

冰簟且眠金镂枕,琼筵不醉玉交杯。宓妃愁坐芝田馆,用尽陈王八斗才。

望喜驿别嘉陵江水二绝

嘉陵江水此东流,望喜楼中忆阆州。若到阆中还赴海,阆州应更有高楼。
  曲折有味。

千里嘉陵江水色,含烟带月碧于蓝。今朝相送东流后,犹自驱车更向南。
  前首说江东流,是将别。此首说人南行,则已别矣。二首相生。

别薛岩宾

曙爽行将拂,晨清坐欲凌。别离真不那,风物正相仍。漫水清谁照?衰花浅自矜。还将两袖泪,同向一窗灯。桂树乖真隐,芸香是小惩。清规无以况,且用玉壶冰。
  语多拙涩,结更浅率。

富平少侯

七国三边未到忧,十三身袭富平侯。不收金弹抛林外,却惜银床在井头。彩树转灯珠错落,绣檀回枕玉雕锼。当关不报侵晨客,新得佳人字莫愁。
  太尖薄。

肠

有怀非惜恨,不奈寸肠何?即席回弥久,前时断固多。热应翻急烧,冷欲彻微波。隔树澌澌雨,通池点点荷。倦程山向背,望国阙嵯峨。故念飞书及,新欢借梦过。染筠休伴泪,绕雪莫追歌。拟问阳台事,年深楚语讹。
  题既鄙俚,诗尤琐屑。末二句亦无着落。

赠宇文中丞

欲构中天正急材,自缘烟水恋平台。人间只有嵇延祖,最望山公启事来。

原注：公感叹亡友张君，故有此句。

晓　起

拟杯当晓起，呵镜可微寒。隔箔山樱熟，褰帷桂烛残。书长为报晚，梦好更寻难。影响输双蝶，偏过旧畹兰。

晚唐纤体。

闺　情

红露花房白蜜脾，黄蜂紫蝶两参差。春窗一觉风流梦，却是同袍不得知。

亦是纤语。

月　夕

草下阴虫叶上霜，朱栏迢递压湖光。兔寒蟾冷桂花白，此夜姮娥应断肠。

对面写法。

廉衣曰：三句拙凑。

杏　花

上国昔相值，亭亭如欲言。异乡今暂赏，脉脉岂无恩？援少风多力，墙高月有痕。为含无限意，遂到不胜繁。仙子玉京路，主人金谷园。几时辞碧落，谁伴过黄昏？镜拂铅华腻，炉藏桂烬温。终应催竹叶，先拟咏《桃根》。莫学啼成血，从教梦寄魂。吴王采香径，失路入烟村。

通首以杏花寄感，然无一字切杏，即改题作桃李亦得。"援少"二句似秋非春，"镜拂"二句尤无谓。诗家借物写怀，题目在即离间者往往有之，然非此之谓也。

病在作长律，遂觉廓落处多。

灯

皎洁终无倦,煎熬亦自求。花时随酒远,雨后背窗休。冷暗黄茅驿,暄明紫桂楼。锦囊名画掩,玉局败棋收。何处无佳梦？谁人不隐忧？影随帘押转,光信箪文流。客自胜潘岳,侬今定莫愁。固应留半焰,回照下帏羞。

五句差可。

清 河

舟小回仍数,楼危凭亦频。燕来从及社,蝶舞太侵晨。绛雪除烦后,霜梅取味新。年华无一事,只是自伤春。

前四句小有致,后四句浅率。

袜

尝闻宓妃袜,渡水欲生尘。好借嫦娥着,清秋踏月轮。

不知所云。

追代卢家人嘲堂内

道却横波字,人前莫漫羞。只应同楚水,长短入淮流。

与《魏宫私赠二首》同,终非诗体。

道源注曰:"横波"同"楚水",欲其情之长也。以"淮"代"怀",乃隐语,如古乐府"石阙衔碑"之类。

代 应

本来银汉是红墙,隔得卢家白玉堂。谁与王昌报消息,尽知三十六鸳鸯？

离亭赋得折杨柳二首

暂凭樽酒送无憀,莫损愁眉与细腰。人世死前惟有别,春风争拟惜长条。

此首竭情。

含烟惹雾每依依,万绪千条拂落晖。为报行人休尽折,半留相送半迎归。

此则宛转有情。

廉衣曰:首二句格卑。

寄永道士

共上云山独下迟,阳台白道细如丝。君今并倚三珠树,不记人间落叶时。

淡语而寄慨殊深。

华州周大夫宴席 西铨

郡斋何用酒如泉,饮德先时已醉眠。若共门人推礼分,戴崇争得及彭宣。

愤语,殊乏诗致。

荆　山

压河连华势屡颜,鸟没云归一望间。杨仆移关三百里,可能全是为荆山。

意亦未详。

次陕州先寄源从事

离思羁愁日欲晡,东周西雍此分涂。回銮佛寺高多少,望尽黄河一曲无?

过郑广文旧居

宋玉平生恨有余,远循三楚吊三闾。可怜留著临江宅,异代应教庾信居。

通首以宋玉为比,又自一格。

东下三旬苦于风土马上戏作

路绕函关东复东,身骑征马逐惊蓬。天池辽阔谁相待?日日虚乘九万风。

戏笔不以诗论。此等编集者原不必存。

莫　愁

雪中梅下与谁期？梅雪相兼一万枝。若是石城无艇子,莫愁还自有愁时。

此有本事,偶借莫愁为比,非咏莫愁也。词殊佻薄。

梦令狐学士

山驿荒凉白竹扉,残灯向晓梦清晖。右银台路雪三尺,风诏裁成当直归。

有意作对照语,亦嫌有做作之态。

涉洛川

通谷阳林不见人,我来遗恨古时春。宓妃漫结无穷恨,不为君王杀灌均。

原注：灌均,陈王典签,谮诸王于文帝者。

刺谗之作。

"恨"字复。

有　感

中路因循我所长,古来才命两相妨。劝君莫强安蛇足,一盏芳醪不得尝。

鄙俚不文。

宫　妓

珠箔轻明拂玉墀,披香新殿斗腰支。不须看尽鱼龙戏,终遣君王怒偃师。

冯定远谓刺宫禁不严也。托讽甚深,妙于蕴藉。

宫　辞

君恩如水向东流,得宠忧移失宠愁。莫向樽前奏《花落》,凉风只在殿西头。

怨诽之极,而不失优柔唱叹之致。

廉衣曰:末二句妙矣,缘"西"字与首句"东"字相应,转成纤仄。

又曰:次句欠浑雅。

代赠二首

楼上黄昏欲望休,玉梯横绝月如钩。芭蕉不展丁香结,同向春风各自愁。
东南日出照高楼,楼上离人唱《石州》。总把春山扫眉黛,不知供得几多愁?

《乐苑》曰:《石州》,商调曲也。乐府载其词,乃戍妇思夫之语。

二首情致自佳,艳诗之不伤雅者。

楚　吟

山上离宫宫上楼,楼前宫畔暮江流。楚天长短黄昏雨,宋玉无愁亦自愁。

瑶　池

瑶池阿母绮窗开,《黄竹》歌声动地哀。八骏日行三万里,穆王何事不重来?

太快太尽。

柳

为有桥边拂面香,何曾自敢占流光?后庭玉树承恩泽,不信年华有断肠。

即《题鹅》诗意,亦径直少味。

寄在朝郑曹独孤李四同年

昔岁陪游旧迹多,风光今日两蹉跎。不因醉本兰亭在,兼忘当年旧永和。

友朋相怨之诗,着意题中"在朝"二字。然太少含蓄,近乎诟詈。

卷　中

南　朝

地险悠悠天险长,金陵王气应瑶光。休夸此地分天下,只得徐妃半面妆。

　　纤佻之极。

题汉祖庙

乘运应须宅八荒,男儿安在恋池隍。君王自起新丰后,项羽何曾在故乡?

　　亦粗鄙。

韩冬郎即席为诗相送,一座尽惊。他日余方追吟"连宵侍坐徘徊久"之句,有老成之风,因成二绝寄酬,兼呈畏之员外

十岁裁诗走马成,冷灰残烛动离情。桐花万里丹山路,雏凤清于老凤声。

剑栈风樯各苦辛,别时冰雪到时春。为凭何逊休联句,瘦尽东阳姓沈人。

原注:沈东阳约尝谓何逊曰:"吾每读卿诗,一日三复,终未能到。"余虽无东阳之才,而有东阳之瘦矣。

　　虽无深味,风调自佳。

评事翁寄赐饧粥,走笔为答

粥香饧白杏花天,省对流莺坐绮筵。今日寄来春已老,凤楼迢递忆秋千。

　　只将今昔对照,不说破处已是说破矣,此诗家惯法。

省,记也。

东阿王

国事分明属灌均,西陵魂断夜来人。君王不得为天子,半为当时赋《洛神》。

　　自寓之作。

圣女祠

松篁台殿蕙香帏,龙护瑶窗凤掩扉。无质易迷三里雾,不寒长着五铢衣。人间定有崔罗什,天上应无刘武威。寄问钗头双白燕,每朝珠馆几时归？

　　起二句其人在焉,呼之欲出。五、六恶劣,七、八亦佻薄。

独居有怀

麝重愁风逼,罗疏畏月侵。怨魂迷恐断,娇喘细疑沉。数急芙蓉带,频抽翡翠簪。柔情终不远,遥妒已先深。浦冷鸳鸯去,园空蛱蝶寻。蜡花长递泪,筝柱镇移心。觅使嵩云暮,回头灞岸阴。只闻凉叶院,露井近寒砧。

　　格不甚高,而语意清丽,纯以情韵胜人。

　　"娇喘"二字未雅。

　　七、八句上下转关。

过景陵

武皇精魄久仙升,帐殿凄凉烟雾凝。俱是苍生留不得,鼎湖何异魏西陵？

　　即少陵"孔子盗跖俱尘埃"意。然立言无体,义山往往有此病。

临发崇让宅紫薇

一树浓姿独看来,秋庭暮雨类轻埃。不先摇落应为有,已欲别离休更开。桃绶含情依露井,柳绵相忆隔章台。天涯地角同荣谢,岂要移根上苑栽？

此必茂元亡后,不协于茂元诸子而去也,其词怨以怒。

"应为有"三字不可解。疑本作"应有为",而校者以平仄不协颠倒之。不知此是拗体,上句四六二仄,下句以第五字平声救之,乃定格也。集中此调凡数处,可以互勘。

及第东归次灞上,却寄同年

芳桂当年各一枝,行期未分压春期。江鱼朔雁长相忆,秦树嵩云自不知。下苑经过劳想像,东门送饯又差池。灞陵柳色无离恨,莫枉长条赠所思。

致怨同年,语尤过激。义山盖褊躁人也。

野　菊

古竹园南椒坞边,微香冉冉泪涓涓。已悲节物同寒雁,忍委芳心与暮蝉。细路独来当此夕,清樽相伴省他年。紫云新苑移花处,不取霜栽近御筵。

中四句佳,末二句亦浅直。

此诗一作《咏楼前海石榴》,毛西河力主之,其说穿凿不足据。

"清樽相伴省他年"即所谓"曾共山翁把酒卮"也。

板桥晓别

回望高城落晓河,长亭窗户压微波。水仙欲上鲤鱼去,一夜芙蓉红泪多。

此狭斜留别之作,妙不伤雅。

过伊仆射旧宅

朱邸方酬力战功,华筵俄叹逝波穷。回廊檐断燕飞去,小阁尘凝人语空。幽泪欲干残菊露,余香犹入败荷风。何能更涉泷江去?独立寒流吊楚宫。

前六句庸俗。末二句结得松活,颇见笔意。

关门柳

永定河边一行柳,依依长发故年春。东来西去人情薄,不为清阴减路尘。

类白乐天不着意诗。

酬别令狐补阙

惜别夏仍半,回途秋已期。那修直谏草,更赋赠行诗。锦段知无报,青萍肯见疑。人生有通塞,公等系安危。警露鹤辞侣,吸风蝉抱枝。弹冠如不问,又到扫门时。

曲折圆劲,甚有笔力。

末二句太无品格,遂使全篇削色。凡归宿处最吃紧。

银河吹笙

怅望银河吹玉笙,楼寒院冷接平明。重衾幽梦他年断,别树羁雌昨夜惊。月榭故乡因雨发,风帘残烛隔霜清。不须浪作缑山意,湘瑟秦箫自有情。

题太纤俗,通首亦浮声多而切响少。从此一路入手,最害事。

中二联平头。

与同年李定言曲水闲话戏作

海燕参差沟水流,同君身世属离忧。相携花下非秦赘,对泣春天类楚囚。碧草暗侵穿苑路,珠帘不卷枕江楼。莫惊五胜埋香骨,地下伤春亦白头。

入手得势得法。四家曰:首句比也。

后二句正闲话所及,"亦"字回抱清楚,"戏"字即在句中。

亦沉郁,亦顿挫,题中字字俱到。

彭城公薨后赠杜二十七胜李十七潘二君,并与愚同出故尚书安平公门下

梁山兖水约从公,两地参差一旦空。谢墅庾村相吊后,自今岐路各西东。

语颇钝置。

"庾村"乃"庾楼"之误。

闻　歌

敛笑凝眸意欲歌,高云不动碧嵯峨。铜台罢望归何处?玉辇忘还事几多?青冢路边南雁尽,细腰宫里北人过。此声肠断非今日,香炧灯光奈尔何?

首句点题,次句写歌声之妙,中四句掷笔宕开,七句总承,八句挽合,极有画龙点睛之妙,但情韵深而格调靡。第一句鄙,第二句亦长吉涩体,入之七律终不宜。

赠华阳宋真人兼寄清都刘先生

沦谪千年别帝宸,至今犹谢蕊珠人。但惊茅许同仙籍,不道刘卢是世亲。玉检赐书迷凤篆,金华归驾冷龙鳞。不因杖履逢周史,徐甲何曾有此身?

楚宫二首

十二峰前落照微,高唐宫暗坐迷归。朝云暮雨长相接,犹自君王恨见稀。

月姊曾逢下彩蟾,倾城消息隔重帘。已闻佩响知腰细,更辨弦声觉指纤。暮雨自归山悄悄,秋河不动夜厌厌。王昌且在墙东住,未必金堂得免嫌。

前一首借抒睽违之感,次首乃他诗误入《无题》□,才□□,题曰《水天闲话旧事》,当有所本。

……言隔帘不见,徒想象其腰细指纤,是相逢而终不得见,失望而归,郁郁中夜耳。况彼东家自有王昌为所属意,焉有及我之理耶,分明言及乱

而曰不免于嫌,则诗人忠厚之词也。

和友人戏赠二首

东望花楼会不同,西来双燕信休通。仙人掌冷三霄露,玉女窗虚五夜风。翠袖自随回雪转,烛房寻类外庭空。殷勤莫使清香透,牢合金鱼镊桂丛。

迢递青门有几关?柳梢楼角见南山。明珠可贯须为佩,白璧堪裁且作环。子夜休歌团扇掩,新正未破剪刀闲。猿啼鹤怨终年事,未抵熏炉一夕间。

前一首属其防闲,后一首代写闺怨,所谓"戏"也。

"休歌"犹曰"停歌",亦不作"莫"字解。

末二句写怨旷之深。道源注谓"终岁相思,不如一夕佳会",失其指矣。

题二首后重有戏赠任秀才

一丈红蔷拥翠筠,罗窗不识绕街尘。峡中寻觅长逢雨,月里依稀更有人。虚为错刀留远客,枉缘书札损文鳞。遥知小阁还斜照,羡杀乌龙卧锦茵。

此又以彼有所欢,此空痴望为谑。此种皆不以诗论。

有感二首

原注:乙卯年有感,丙辰年诗成。

九服归元化,三灵叶睿图。如何本初辈,自取屈牦诛?有甚当车泣,因劳下殿趋。何成奏云物,直是灭萑苻?证逮符书密,辞连性命俱。竟缘尊汉相,不早辨胡雏。鬼箓分朝部,军烽照上都。敢云堪恸哭,未免怨洪炉。

丹陛犹敷奏,彤庭欻战争。临危对卢植,原注:是晚独召故相彭阳公。始悔用庞萌。御仗收前殿,兵徒剧背城。苍黄五色棒,掩遏一阳生。古有清君侧,今非乏老成。素心虽未易,此举太无名。谁瞑衔冤目,宁吞欲绝声。近闻开寿宴,不废用《咸英》。

此慨训、注之轻举，文宗之误任，致王涯等无辜蒙冤也。前首起四句，言人心天命俱未去唐，虽宦官掺柄，未遽有宗社之忧，何必自取诛夷？五句至八句序当日之变，九句、十句言蔓累之惨，十一、十二句点明误任匪人之过，十三句言杀戮之多，十四句言形势之危，总束上文，而末以运数结之。四家评曰：归祸于天，风人之旨。是也。次首法应竟起，故首二句即事直入。三、四句补令狐楚事，即折入本意。五句至八句极言其酿祸之烈。九句至十二句两开两合，言晋阳之甲，古虽有之，然乃重臣正士之任，非训、注所能当也。无论心不可问，即使心果为国，亦宜慎重其事，明正天讨，不宜于反形未著之日，出此无名之兵也。十四句至末，言徒累无辜，而仇士良等晏安如故，于事何补乎？二首反覆畅明，皆是此意。钱夕公因感明季珰祸，遂曲原训、注，并义山诗而穿凿之，非其旨也。

重有感

玉帐牙旗得上游，安危须共主君忧。窦融表已来关右，陶侃军宜次石头。岂有蛟龙愁失水，更无鹰隼与高秋。昼号夜哭兼幽显，早晚星关雪涕收。

"岂有""更无"，开合相应，上句言无受制之理，下句解受制之故也。钱夕公以"岂有"为讳之，亦非。大抵钱氏论诗，皆先存成见而矫揉古人以从之。牧斋笺杜诗亦然。

"兼幽显"，言神人共愤也。

寿安公主出降

沩水闻贞媛，常山索锐师。昔忧迷帝力，今分送王姬。事等和强虏，恩殊睦本枝。四郊多垒在，此礼恐无时。

立言无体。

夕阳楼

原注：在荥阳。今遂宁萧侍郎牧荥阳日作。

花明柳暗绕天愁,上尽重城更上楼。欲问孤鸿向何处,不知身世自悠悠。

亦微有做作态。

春　雨

怅卧新春白夹衣,白门寥落意多违。红楼隔雨相望冷,珠箔飘灯独自归。远路应悲春晼晚,残宵犹得梦依稀。玉珰缄札何由达,万里云罗一雁飞。

此因春雨而感怀,非咏春雨也。亦宛转有致,但格未高耳。

中元作

绛节飘飘空国来,中元朝拜上清回。羊权虽得金条脱,温峤终虚玉镜台。曾省惊眠闻雨过,不知迷路为花开。有娀未抵瀛州远,青雀如何鸩鸟媒?

此因中元所见,而借以托遇合之感。措语特沉着。

鸳　鸯

雌去雄飞万里天,云罗满眼泪潸然。不须长结风波愿,锁向金笼始两全。

浅露,亦鄙俗。

楚　宫

湘波如泪色漻漻,楚厉迷魂逐恨遥。枫树夜猿愁自断,女萝山鬼语相邀。空归腐败犹难复,更困腥臊岂易招?但使故乡三户在,彩丝谁惜惧长蛟。

三、四自佳,五、六太拙。

妓席暗记送同年独孤云之武昌

叠嶂千重叫恨猿,长江万里洗离魂。武昌若有山头石,为拂苍苔检泪痕。

宿晋昌亭闻惊禽

羁绪鳏鳏夜景侵,高窗不掩见惊禽。飞来曲渚烟方合,过尽南塘树更深。

胡马嘶和榆塞笛，楚猿吟杂橘村砧。失群挂木知何限？远隔天涯共此心。

　　甜熟，似许浑一辈诗。

　　先著"羁绪"一句，使通首有情。

　　后四句推得开，收得转，妙不沾滞。

　　末句"共此心"三字顶五、六句作收，实一笔贯到第一句。

深　宫

　　金殿销香闭绮栊，玉壶传点咽铜龙。狂飙不惜萝阴薄，清露偏知桂叶浓。斑竹岭边无限泪，景阳宫里及时钟。岂知为雨为云处，只有高唐十二峰。

　　钩勒清楚，然浅薄即在清楚处。

明禅师院酬从兄见寄

　　贞吝嫌兹世，会心驰本原。人非四禅缚，地绝一尘喧。霜露欹高木，星河压故园。斯游傥为胜，九折幸回轩。

　　语多拙滞。

寄裴衡

　　别地萧条极，如何更独来？秋应为黄叶，雨不厌青苔。沈约只能瘦，潘仁岂是才？离情堪底寄，惟有冷于灰。

　　起二句太突，末二句太率，三、四自好。

即　日

　　当作"即目"。

　　小苑试春衣，高楼倚暮晖。夭桃惟是笑，舞蝶不空飞。赤岭久无耗，鸿门犹合围。几家缘锦字，含泪坐鸳机。

　　蒙泉曰：感时事而作。三、四句对末二句，兴也。

淮阳路

荒村倚废营,投宿旅魂惊。断雁高仍急,寒溪晓更清。昔年当聚盗,此日颇分兵。猜贰谁先致?三朝事始平。

沉着圆劲,不减少陵。

崇让宅东亭醉后沔然有作

曲岸风雷罢,东亭霁日凉。新秋仍酒困,幽兴暂江乡。摇落真何遽,交亲或未忘?一帆彭蠡月,数雁塞门霜。俗态虽多累,仙标发近狂。声名佳句在,身世玉琴张。万古山空碧,无人鬓免黄。骅骝忧老大,鸂鶒妒芬芳。密竹沉虚籁,孤莲泊晚香。如何此幽胜,淹卧剧清漳?

"一帆"二句、"骅骝"二句并佳。

"暂江乡"言暂似江乡也,语殊未稳。"仙标"句亦粗犷。"鬓免黄"三字不雅,不得以黄发字借口。

晚　晴

深居俯夹城,春去夏犹清。天意怜幽草,人间重晚晴。并添高阁迥,微注小窗明。越鸟巢干后,归飞体更轻。

轻秀是钱、郎一格。五、六再健,则大历以上矣。

末二句细意熨贴,即无寓意亦自佳。

迎寄韩鲁州同年

积雨晚骚骚,相思正郁陶。不知人万里,时有燕双高。寇盗缠三辅,原注:时兴元贼起,三川兵出。莓苔滑百牢。圣朝推卫霍,归日动仙曹。

前四句一气浑成,五、六亦健。

四句对法活,所谓兴也。

阻于盗，故不得至。三川兵出，则已命卫、霍之将，指日削平，可以相见矣。别本作"卫索"，语便索然。非惟语脉不贯，亦未细看原注矣。

武夷山

只得流霞酒一杯，空中箫鼓几时回？武夷洞里生毛竹，老尽曾孙更不来。

辩神仙之妄也。"几时回"是问词，"更不来"是答词。别本嫌二句意复，改为"当时回"，并末句亦成死句，未喻其本不复也。

一 片

一片琼英价动天，连城十二昔虚传。良工巧费真为累，楮叶成来不直钱。

亦激亦鄙。

寄成都高苗二从事

原注：时二公从事商隐座主所。

红莲幕下紫梨新，命断湘南病渴人。今日问君能寄否？二江风水接天津。

观诗语，似代柬索梨。观题下注，知有望援之意也。

郑州献从叔舍人衮

蓬岛烟霞阆苑钟，三官笺奏附金龙。茅君奕世仙曹贵，许掾全家道气浓。绛简尚参黄纸案，丹炉犹用紫泥封。不知他日华阳洞，许上经楼第几重？

庸俗殆不可耐。

西南行却寄相送者

百里阴云覆雪泥，行人只在雪云西。明朝惊破还乡梦，定是陈仓碧野鸡。

以风调胜。诗固有无所取义而自佳。

着意在"还乡梦"三字，却借"陈仓""野鸡"反点之，用笔最妙。

四皓庙

羽翼殊勋弃若遗,皇天有运我无时。庙前便接山门路,不长青松长紫芝。

　　拙鄙。

　　"青松"暗指五大夫松。

题白石莲花寄楚公

白石莲花谁所共？六时长捧佛前灯。空庭苔藓饶霜露,时梦西山老病僧。大海龙宫无限地,诸天雁塔几多层？漫夸鹙子真罗汉,不会牛车是上乘。

安定城楼

　　朱长孺曰：按史,太和九年十月,王茂元为泾原节度使。义山时往来其幕,故有是诗。

迢递高城百尺楼,绿杨枝外尽汀洲。贾生年少虚垂泪,王粲春来更远游。永忆江湖归白发,欲回天地入扁舟。不知腐鼠成滋味,猜意鸳雏竟未休。

　　刺同侣猜忌之作。

　　五、六句王荆公所赏。四家以为逼近老杜,是也。然使老杜为之,末二句必不如此浅露。

　　"欲回"句言归老扁舟,舟中自为世界,如缩天地于一舟然。

隋宫守岁

消息东郊木帝回,宫中行乐百新梅。沉香甲煎为庭燎,玉液琼苏作寿杯。遥望露盘疑是月,远闻鼍鼓欲惊雷。昭阳第一倾城客,不踏金莲不宜来。

　　语多板滞。

利州江潭作

　　原注：感孕金轮所。

神剑飞来不易销,碧潭珍重驻兰桡。自携明月移灯疾,欲就行云散锦遥。河伯轩窗通贝阙,水宫帷箔卷冰绡。此时燕脯无人寄,雨满空城蕙叶凋。

通首以龙女托意。起二句言精灵长在,过者留连。三句言其神光离合。四句言可望而不可即,但见云如散锦耳。五、六句想其所居。末以怅望意结之。

首句用剑化龙事,终太鹘兀。

既自注"感孕金轮所",明以金轮寄意矣。如此立言,无乃非体,亦太不自占地步。

即 目

地宽楼已迥,人更迥于楼。细意经春物,伤醒属暮愁。望赊殊易断,恨久欲难收。大势真无利,多情岂自由?空园兼树废,败港拥花流。书去青枫驿,鸿归杜若洲。单栖应分定,辞疾索谁忧?更替林鸦恨,惊频去不休。

起句峭拔,结亦妙不犯实。余语平平。"细意"句、"大势"句,尤拙鄙。

相 思

相思树上合欢枝,紫凤青鸾共羽仪。肠断秦台吹管客,日西春尽到来迟。

感遇之作。

茂 陵

汉家天马出蒲梢,苜蓿榴花遍近郊。内苑只知含凤嘴,属车无复插鸡翘。玉桃偷得怜方朔,金屋修成贮阿娇。谁料苏卿老归国,茂陵松柏雨萧萧。

前六句一气,七、八句掉转作收,义山多用此格。此首尤神力完足,其言有物故也。

此及《楚宫》诗皆三萧、四宵、六肴同押。唐人自程试以外,不甚遵陆法言、孙勖。当时自必有例,今不可考,似乎"奸"韵耳。若《四皓庙》诗用"斤"字,则唐人"真""谆""臻""殷"同用,诸家之证甚明。

长孺曰:按史,武宗好游猎及武戏,亲受道士赵归真法箓,又深宠王才人,欲立为后。此诗全是托讽。

镜　槛

《才调集》作"锦槛","锦"字较易解。

镜槛芙蓉入,香台翡翠过。拨弦惊火凤,交扇拂天鹅。隐忍阳城笑,喧传郢市歌。仙眉琼作叶,佛髻钿为螺。五里无因雾,三秋只见河。月中供药剩,海上得绡多。玉集胡沙割,犀留圣水磨。斜门穿戏蝶,小阁锁飞蛾。骑襜侵鞯卷,车帷约幰鉧。传书两行雁,取酒一封驼。桥迥凉风压,沟横夕照和。待乌燕太子,驻马魏东阿。想像铺芳褥,依稀解醉罗。散时帘隔露,卧后幕生波。梯稳从攀桂,弓调任射莎。岂能抛断梦?听鼓事朝珂。

此种并无寓意,直是艳词,摘首二字为题。其词雕绘琐屑,殊非高格。海虞二冯专标此种为昆体,而义山扫地矣。

香泉以为眷怀歌妓之作,以末二句证之,似有事实,并非虚拟。

"梯稳"句言不羡登第,"弓调"句言不羡立功。

送郑大台文南觐

黎辟滩声五月寒,南风无处附平安。君怀一匹胡威绢,争拭酬恩泪得干。

语太应酬,借"胡威绢"关合父子,亦小巧。

风

迥拂来鸿急,斜催别燕高。已寒休惨淡,更远尚呼号。楚色分西塞,夷音接下牢。归舟天外有,一为戒波涛。

纯是寓意,字字沉着,却字字唱叹,绝无沾滞之痕。

洞庭鱼

洞庭鱼可拾，不假更垂罾。闹若雨前蚁，多于秋后蝇。岂思鳞作簪，仍计腹为灯。浩荡天池路，翱翔欲化鹏。

三、四鄙俚，五、六拙笨，七、八庸俗。

天 涯

春日在天涯，天涯日又斜。莺啼如有泪，为湿最高花。

四家评曰：一气浑成，如是即佳。

姚平山曰：最高花，花之绝顶枝也，花至此开尽矣。

喜舍弟羲叟及第上礼部魏公

国以斯文重，公仍旧署来。风标森太华，星象逼中台。朝满迁莺侣，门多吐凤才。宁同鲁司寇，惟铸一颜回。

前六句肤，末二句陋甚，不应无忌至此。即以诗论，亦拙极。

哀 筝

延颈全同鹤，柔肠素怯猿。湘波无限泪，蜀魄有余冤。轻憾长无道，哀筝不出门。何由问香炷，翠幕自黄昏。

此摘"哀筝"二字为题，非咏筝也。五、六晦涩不成语。

自山南北归经分水岭

水急愁无地，山深故有云。那通极目望，又作断肠分。郑驿来虽及，燕台哭不闻。犹余遗意在，许刻镇南勋。

风格甚老。

长孺曰：按史，开成初，令狐楚为山南节度使，卒于镇。山南治汉中。

题云"北归分水岭",而诗有"燕台哭不闻"之句,知必为令狐楚作也。义山尝为楚撰志文,故末曰"许刻镇南勋"。史云,楚没前一日,自草遗表,召从事李商隐助成之。可证彭阳没时,义山正在其幕也。

旧　顿

东人望幸久咨嗟,四海于今是一家。犹锁平时旧行殿,尽无宫户有宫鸦。

起二句拙,后二句亦习径。

代董秀才却扇

莫将画扇出帷来,遮掩春山滞上才。若道团圆似明月,此中须放桂花开。

小巧弄笔。此种可不必入集。

有　感

非关宋玉有微辞,却是襄王梦觉迟。一自《高唐》赋成后,楚天云雨尽堪疑。

义山深于讽刺,必有以诗贾怨者,故有此辨,盖为似有寓意而实无所指者作解也。四家谓为《无题》作解,失其指矣。

前二句言虽有讽刺,亦因人之愤愤而然。后二句乃言由此召疑。

骊山有感

骊岫飞泉泛暖香,九龙呵护玉莲房。平明每幸长生殿,不从金舆惟寿王。

既少含蓄,亦乖大体。此宜悬之戒律者。

别智玄法师

云鬓无端怨别离,十年移易住山期。东西南北皆垂泪,却是杨朱真本师。

起句不似别僧诗。

赠孙绮新及第

长乐遥听上苑钟,彩衣称庆桂香浓。陆机始拟夸《文赋》,不觉云间有士龙。

浅俗。

代秘书赠弘文馆诸校书

清切曹司近玉除,比来秋兴复何如？崇文馆里丹霜后,无限红梨忆校书。

风致自佳。

乱　石

虎踞龙蹲纵复横,星光渐减雨痕生。不须并碍东西路,哭杀厨头阮步兵。

语皆粗鄙。"厨头"二字尤不佳。

日　日

日日春光斗日光,山城斜路杏花香。几时心绪浑无事？得及游丝百尺长。

过楚宫

巫峡迢迢旧楚宫,至今云雨暗丹枫。微生尽恋人间乐,只有襄王忆梦中。

此似寓悼亡之意。

龙　池

龙池赐酒敞云屏,羯鼓声高众乐停。夜半宴归宫漏永,薛王沉醉寿王醒。

病与《骊山有感》诗同。宋人称为佳作,误之甚矣。

泪

永巷长年怨绮罗,离情终日思风波。湘江竹上痕无限,岘首碑前洒几多？

人去紫台秋入塞,兵残楚帐夜闻歌。朝来灞水桥边问,未抵青袍送玉珂。

六句六事,皆非正意,正意只于结句一点。运格绝奇,但体太卑耳。

十字水期韦潘侍御同年不至,时韦寓居水次故郭汾宁宅

伊水溅溅相背流,朱阑画阁几人游?漆灯夜照真无数,蜡炬晨炊竟未休。顾我有怀同大梦,期君不至更沉忧。西园碧树今谁主?与近高窗卧听秋。

牵合无理,便嫌端绪纷如。

流　莺

流莺漂荡复参差,渡陌临流不自持。巧啭岂能无本意,良辰未必有佳期。风朝露夜阴晴里,万户千门开闭时。曾苦伤春不忍听,凤城何处有花枝?

前六句以莺寓感,末乃结出本意。运意与《蝉》诗相类,但风格不及耳。

出关宿盘豆馆对丛芦有感

芦叶梢梢夏景深,邮亭暂欲洒尘襟。昔年曾是江南客,此日初为关外心。思子台边风自急,玉娘湖上月应沉。清声不远行人去,一世荒城伴夜砧。

情致宛转,格在不高不卑之间。

午桥谓"远"字是"逐"字之误,信然。谓"一世"是"一任"之误,则未是。"一世"说芦自妙,言终始常在荒城耳,作"一任"直而乏味。

和韩录事送宫人入道

星使追还不自由,双童捧上绿琼辀。九枝灯下朝金殿,三素云中侍玉楼。凤女颠狂成久别,月娥孀独好同游。当时若爱韩公子,埋骨成灰恨未休。

庸俗。

"韩公子"当是借用吴王小女紫玉魂见韩重事,长孺注误。

即 目

小鼎煎茶面曲池,白须道士竹间棋。何人书破蒲葵扇？记着南塘移树时。

语不可解。

圣女祠

杳霭逢仙迹,苍茫滞客途。何年归碧落？此路向皇都。消息期青雀,逢迎异紫姑。肠回楚国梦,心断汉宫巫。从骑裁寒竹,行车荫白榆。星娥一去后,月姊更来无？寡鹄迷苍壑,羁凰怨翠梧。惟应碧桃下,方朔是狂夫。

合《圣女祠》三首观之,确是刺女道士之淫佚。但结句太露,有伤大雅。皆不及"白石岩扉"一首之蕴藉。

七月二十九日崇让宅宴作

露如微霰下前池,风过回塘万竹悲。浮世本来多聚散,红蕖何事亦离披？悠扬归梦惟灯见,濩落生涯独酒知。岂到白头长只尔,嵩阳松雪有心期。

已开宋派。

三、四对法甚活,似江西派不经意。诗后半太平衍,便成滑调。

赠从兄阆之

怅望人间万事违,私书幽梦约忘机。荻花村里鱼标在,石藓庭中鹿迹微。幽径定携僧共入,寒塘好与月相依。城中猘犬憎兰佩,莫损幽芳久不归。

七句太露骨,便乏诗味。

吴 宫

龙槛沉沉水殿清,禁门深掩断人声。吴王宴罢满宫醉,日暮水漂花出城。

荒淫之状,言外见之。

嫦　娥

云母屏风烛影深,长河渐落晓星沉。嫦娥应悔偷灵药,碧海青天夜夜心。

意思藏在第一句,却从嫦娥对面写来,十分蕴藉。此悼亡之作,非咏嫦娥。

残　花

残花啼露莫留春,尖发谁非怨别人。若但掩关劳独梦,宝钗何日不生尘?

意不甚醒。

"尖发"二字不省所出。

天津西望

虏马崩腾忽一狂,翠华无不到东方。天津西望肠真断,满眼秋波出苑墙。

落句自好。首句拙,第二句尤欠稳。

西　亭

此夜西亭月正圆,疏帘相伴宿风烟。梧桐莫更翻清露,孤鹤从来不得眠。

《残花》诗病太深曲,此又病太浅直,皆不到恰好处。

忆住一师

无事经年别远公,帝城钟晓忆西峰。炉烟消尽寒灯晦,童子开门雪满松。

格韵俱高。

香泉曰:只写所住之境清绝如此,其人益可思矣。相忆之情,言外缥缈。

昨　夜

不辞鹈鴂妒年芳,但惜流尘暗烛房。昨夜西池凉露满,桂花吹断月中香。

感逝之作,所嫌露骨。

海　客

海客乘槎上紫氛,星娥罢织一相闻。只应不惮牵牛妒,聊用支机石赠君。

此怨令狐绹之作。比附显然,苦乏姿韵。

初食笋呈座中

嫩箨香苞初出林,於陵论价重如金。皇都陆海应无数,忍剪凌云一寸心。

亦病其浅。

早　起

风露淡清晨,帘间独起人。莺花啼又笑,毕竟是谁春?

刺名场之扰攘也。气体太薄,便近于佻。

寄蜀客

君到临邛问酒垆,近来还有长卿无?金徽却是无情物,不许文君忆故夫。

友朋相怨之诗。借蜀生情,便无犷态。

行至金牛驿寄兴元渤海尚书

楼上春云水底天,五云章色破巴笺。诸生个个王恭柳,从事人人庾杲莲。六曲屏风江雨急,九枝灯檠夜珠圆。深惭走马金牛路,骤和陈王白玉篇。

俗不可耐,三、四尤恶。

深树见一颗樱桃尚在

高桃留晚实,寻得小庭南。矮堕绿云鬓,欹危红玉簪。惜堪充凤食,痛已被莺含。越鸟夸香荔,齐名亦未甘。

此亦悔从王氏之作。五、六分明,然不成语。

细　雨

帷飘白玉堂,簟卷碧牙床。楚女当时意,萧萧发彩凉。

小诗之有情致者,佳在浑成。

歌　舞

遏云歌响清,回雪舞腰轻。只要君流盼,君倾国自倾。

殊乏蕴藉。

海　上

石桥东望海连天,徐福空来不得仙。直遣麻姑与搔背,可能留命待桑田。

此刺求仙之作,似为武宗发也。微伤于快。

平山曰此是进一层意:莫说不遇仙,即遇仙人何益?

魏侯第东北楼堂郢叔言别,聊用书所见成篇

暗楼连夜阁,不拟为黄昏。未必断别泪,何曾妨梦魂?疑穿花逶迤,渐近火温麐。海底翻无水,仙家却有村。锁香金屈戌,带酒玉昆仑。羽白风交扇,冰清月映盆。旧欢尘自积,新岁电犹奔。霞绮空留段,云峰不带根。念君千里舸,江草漏灯痕。

末句有致。

白云夫旧居

平生误识白云夫,再到仙檐忆酒垆。墙外万株人绝迹,夕阳惟照欲栖乌。

"误识"犹言错认,言当时竟不深知其人。

同学彭道士参寥

莫羡仙家有上真,仙家暂谪亦千春。月中桂树高多少?试问西河斫树人。

到　秋

扇风淅沥簟流离,万里南云滞所思。守到清秋还寂寞,叶丹苔碧闭门时。

"到"字好,以前有多少话在。

不言愁而愁自见,住得恰好。

华　师

孤鹤不眠云无心,衲衣筇杖来西林。院门昼锁回廊静,秋日当阶柿叶阴。

殊有静意,然尚是着力写出,非自然流露。

华岳下题西王母庙

神仙有分岂关情?八马虚随落日行。莫恨名姬中夜没,君王犹自不长生。

病与《海上》诗同。

过华清内厩门

华清别馆闭黄昏,碧草悠悠内厩门。自是明时不巡幸,至今青海有龙孙。

四家评曰:婉而多风,胜《龙池》多多。

乐游原

万树鸣蝉隔岸虹,乐游原上有西风。羲和自趁虞泉宿,不放斜阳更向东。

有迟暮之感。首句太凑。

赠荷花

世间花叶不相伦,花入金盆叶作尘。惟有绿荷红菡萏,卷舒开合任天真。

此荷此叶常相映,翠减红衰愁杀人。

不成语。

丹　丘

青女丁宁结夜霜,羲和辛苦送朝阳。丹丘万里无消息,几对梧桐忆凤凰。

蒙泉曰:有西方美人之慨。

起二句太凑泊。

房君珊瑚散

不见姮娥影,清秋守月轮。月中闲杵臼,桂子捣成尘。

小桃园

竟日小桃园,休寒亦未暄。坐莺当酒重,送客出墙繁。啼久艳粉薄,舞多香雪翻。犹怜未圆月,先出照黄昏。

起"竟日"句好,末二句亦可观。五句不佳,六句直是柳诗。

嘲樱桃

朱实鸟含尽,青楼人未归。南园无限树,独自叶如帏。

此自寓讽,然未喻其意。

和张秀才落花有感

晴暖感余芳,红苞杂绛房。落时犹自舞,扫后更闻香。梦罢收罗荐,仙归敕玉箱。回肠九回后,犹有剩回肠。

三、四微有作意,然亦非大方规格。六句太涩,七、八句尤鄙。

代越公房妓嘲徐公主

笑啼俱不敢,几欲是吞声。遽遣离琴怨,都由半镜明。应防啼与笑,微露浅深情。

> 略有齐梁意味,然非齐梁之佳作。

代贵公主

芳条得意红,飘落忽西东。分逐春风去,风回得故丛。明朝金井露,始看忆春风。

凤

万里峰峦归路迷,未判容彩借山鸡。新春定有将雏乐,阿阁华池两处栖。

> 寓讽亦浅。

昭肃皇帝挽歌辞三首

九县怀雄武,三灵仰睿文。周王传叔父,汉后重神君。玉律朝惊露,金茎夜切云。筘箫凄欲断,无复咏横汾。

> 四家评曰:五、六写大行,蕴藉。

"切云"乃"切近"之"切"。长孺注引《楚词》,误。《楚词》"切云"乃冠名也。

玉塞惊宵柝,金桥罢举烽。始巢阿阁凤,旋驾鼎湖龙。门咽通神鼓,楼凝警夜钟。小臣观吉从,犹误欲东封。

> 廉衣曰:结句调警而意纤。

莫验昭华琯,虚传甲帐神。海迷求药使,雪隔献桃人。桂寝青云断,松扉白露新。万方同象鸟,举恸满秋尘。

> 又以求仙唱叹作收,是悲非刺。

> 三首俱不失风骨。

梓州罢吟寄同舍

不拣花朝与雪朝,五年从事霍嫖姚。君缘接座交珠履,我为分行近翠翘。

楚雨含情皆有托,漳滨卧病竟无憀。长吟远下燕台近,惟有衣香染未销。

  斗起有力。平山曰:倒装法也。

  结语感叹不尽。

无题二首

  凤尾香罗薄几重？碧文圆项夜深缝。扇裁月魄羞难掩,车走雷声语未通。曾是寂寥金烬暗,断无消息石榴红。斑骓只系垂杨岸,何处西南任好风？

  重帏深下莫愁堂,卧后清宵细细长。神女生涯原是梦,小姑居处本无郎。原注:古诗有"小姑无郎"之句。风波不信菱枝弱,月露谁教桂叶香？直道相思了无益,未妨惆怅是清狂。

病中早访招国李十将军,遇挈家游曲江

十顷平波溢岸青,病来惟梦此中行。相如未是真消渴,犹放沱江过锦城。

  迂曲而无味。

昨　日

  昨日紫姑神去也,今朝青鸟使来赊。未容言语还分散,少得团圆足怨嗟。二八月轮蟾影破,十三弦柱雁行斜。平明钟后更何事？笑倚墙边梅树花。

  亦《无题》之类,语多近鄙。

樱桃花下

  流莺舞蝶两相欺,不取花芳正结时。他日未开今日谢,嘉辰长短是参差。

  即郭震"春风满目还惆怅,半欲离披半未开"意。

  集中屡咏樱桃,必有所为,亦可以意会之。

故驿迎吊故桂府常侍有感

饥乌翻树晚鸡啼,泣过秋原没马泥。二纪征南恩与旧,此时丹旐玉山西。

四家评曰：悲出无字。

妙不更着一字，亦不必更着一字

槿　花

风露凄凄秋景繁，可怜荣落在朝昏。未央宫里三千女，但保红颜莫保恩。

有粘皮带骨之病，蒙泉抹之是也。

暮秋独游曲江

荷叶生时春恨生，荷叶枯时秋恨成。深知身在情长在，怅望江头江水声。

不深不浅，妙有余味。

廉衣曰：渐近泼调。亦是。

任弘农尉献州刺史乞假还京

黄昏封印点刑徒，愧负荆山入座隅。却羡卞和双刖足，一生无复没阶趋。

毫无诗致。

赠勾芒神

佳期不定春期赊，春物天阔兴咨嗟。愿得勾芒索青女，不教容易损年华。

题既纤俗，诗亦粗浅。

无愁果有愁曲北齐歌

东有青龙西白虎，中含福星包世度。玉壶渭水笑清潭，凿天不到牵牛处。骐骥踏云天马狞，牛山撼碎珊瑚声。秋娥点滴不成泪，十二玉楼无故钉。推烟唾月抛千里，十番红桐一行死。白杨别屋鬼迷人，空留暗记如蚕纸。日暮西风牵短丝，血凝血散今谁是？

长吉一派。

"天马狞""无故钉""鬼迷人""血凝血散",皆不成语。

《尸子》曰:"天左辟而起牵牛。""不到牵牛处"用此。长孺注误。

房中曲

蔷薇泣幽素,翠带花钱小。娇郎痴若云,抱日西帘晓。枕是龙宫石,割得秋波色。玉簟失柔肤,但见蒙罗碧。忆得前年春,未语含悲辛。归来已不见,锦瑟长于人。今日涧底松,明日山头檗。愁到天池翻,相看不相识。

亦长吉体。然犹《大堤曲》之流,未至流为诡怪。

"娇郎"二句,妙可意会。

天池,海也。"海翻"字出《酉阳杂俎》,别本作"天地",非。

齐梁晴云

缓逐烟波起,如柘柳绵飘。故临飞阁度,欲入回陂销。萦歌怜画扇,敧景弄柔条。更奈天南位,牛渚宿残宵。

效徐陵体赠更衣

密帐真珠络,温帏翡翠装。楚腰知便宠,宫眉正斗强。结带悬栀子,绣领刺鸳鸯。轻寒衣省夜,金斗熨沉香。

又效江南曲

郎船安两桨,侬舸动双桡。扫黛开宫额,裁裙约楚腰。乖期方积思,临酒欲拌娇。莫以《采菱》唱,欲羡秦台箫。

以上三首皆酷拟齐梁,非惟貌似,神亦似之。然齐梁此种原非高唱。

月夜重寄宋华阳姊妹

偷桃窃药事难兼,十二城中锁彩蟾。应共三英同夜赏,玉楼仍是水精帘。

宋华阳应是女冠,故皆用道家语。

首句言宋等能如姮娥窃药,而已不能如方朔偷桃也,然是底语。

访友人不遇留别馆

卿卿不惜锁窗春,去作长楸走马身。闲倚绣帘吹柳絮,日高深院断无人。

前二句鄙,后二句卑。

雨中长乐水馆送赵十五滂不及

碧云东去雨云西,苑路高高驿路低。秋水绿芜终尽分,夫君太骋锦障泥。

赵十五当是得意疾行,故此诗刺之。"碧云""苑路"以比赵,"雨云""驿路"以自比。末言荣华终有尽日,不须如此得意也。

汴上送李郢之苏州

人高诗苦滞夷门,万里梁王有旧园。烟幌自应怜《白纻》,月楼谁伴咏黄昏?露桃涂颊依苔井,风柳夸腰住水村。苏小小坟今在否?紫兰香径与招魂。

前四句方说汴上,后四句突入苏州,端绪纷如,格亦庸下。

赠郑谠处士

浪迹江湖白发新,浮云一片是吾身。寒归山观随棋局,暖入汀洲逐钓纶。越桂留烹张翰鲙,蜀姜供煮陆机莼。相逢一笑怜疏放,他日扁舟有故人。

竟似后来《剑南集》诗,虽清浅而无恶状。

廉衣谓起二句俗,亦是。然是熟调,非鄙语。

复至裴明府所居

伊人卜筑自幽深,桂巷杉篱不可寻。柱上雕虫对书字,槽中秣马仰听琴。求之流辈岂易得?行矣关山方独吟。赊取松醪一斗酒,与君相伴洒烦襟。

三、四拙笨，五、六似江西派诗。偶一为之，亦自可喜。

览 古

莫恃金汤忽太平，草间霜露古今情。空糊赪壤真何益？欲举黄旗竟未成。长乐瓦飞随水逝，景阳钟堕失天明。回头一吊箕山客，始信逃尧不为名。

起句浅俗，中四句庸下。以警戒意起，以旷语作结，尤无法律。

结句是晚唐粗犷语，切忌效之。

子初郊墅

看山对酒君思我，听鼓离城我访君。腊雪已添墙下水，斋钟不散槛前云。阴移竹柏浓还淡，歌杂渔樵断更闻。亦拟村南买烟舍，子孙相约事耕耘。

亦自朴老。

芥舟曰："君思我""我访君"，此调用在起句，故只觉脱洒，不嫌油滑，亦以其所衬字雅净。若吴梅村偷用于颔联，曰"青山憔悴卿怜我，红粉飘零我忆卿"，则俗不可耐矣。

汉南书事

西师万众几时回，哀痛天书近已裁。文吏何曾重刀笔？将军犹自舞轮台。几时拓土成王道？从古穷兵是祸胎。陛下好生千万寿，玉楼长御白云杯。

萧何主关中馈饷，故汉祖借以有功。在内无此人，将军在外何益乎？此非轻何之词，勿泥"刀笔"二字。

"拓土""穷兵"是正面，而承"哀痛天书"言之，则借为反衬矣，故不嫌露骨。

结句就"哀痛天书"作收，可谓婉而章矣。

"几时"二字复。

当句有对

密迩平阳接上兰,秦楼鸳瓦汉宫盘。池光不定花光乱,日气初涵露气干。但觉游蜂饶舞蝶,岂知孤凤忆离鸾。三星自转三山远,紫府程遥碧落宽。

西昆下派。

井 络

井络天彭一掌中,谩夸天设剑为峰。阵图东聚夔江右,边柝西悬雪岭松。堪叹故君成杜宇,可能先主是真龙。将来为报奸雄辈,莫向金牛访旧踪。

五、六句用事精切。三、四转折太硬,意强可通,而费解宜甚。七、八句太直,七句尤粗。

写 意

燕雁迢迢隔上林,高秋望断正长吟。人间路有潼江险,天外山惟玉垒深。日向花间留返照,云从城上结层阴。三年已制思乡泪,更入新年恐不禁。

"潼江""玉垒"岂必独险独深,意中觉其如是耳。结恐太直,故萦拂一层,挽进一步收之。此"新年"乃未来之新年。或泥此二字,欲改"高秋"为"高楼",失其旨矣。

随师东

此随师直指隋朝欧阳询书《醴泉铭》"随氏旧官"句,字亦从"辵"。

东征日调万黄金,几竭中原买斗心。军令未闻诛马谡,捷书惟是报孙歆。原注:平吴之役,上言得歆首。吴平,歆尚在。但须鸷鹫巢阿阁,岂假鸱鸮在泮林?可惜前朝玄菟郡,积骸成莽阵云深。

四家评曰:终伤蹇直。

五、六句归愚所赏,然诗中筋节在此,过求筋节而失之板腐亦在此。

所□□成死句也。渔洋倡为□□之说,其流弊乃有"有声无字"之谓。故归愚救以朴实,然朴实亦有流弊,在善学者斟酌之。

此全借隋事以托讽。长孺谓末二句始举隋事,非也。

宋　玉

何事荆台百万家,惟教宋玉擅才华?《楚辞》已不饶唐勒,《风赋》何曾让景差?落日渚宫供观阁,开年云梦送烟花。可怜庾信寻荒径,犹得三朝托后车。

四家评曰:失之钩剔过明,又是一种不惬人意。

韩同年新居饯韩西迎家室戏赠

籍籍征西万户侯,新缘贵婿起朱楼。一名我漫居先甲,千骑君翻在上头。云路招邀回彩凤,天河迢递笑牵牛。南朝禁脔无人近,瘦尽琼枝咏《四愁》。

起二句卑俗。

末二句似是自嘲。盖悼亡以后,或以茂元之故,无人与婚也。如指韩,则文意不可解。

奉和太原公送前杨秀才戴兼招杨正字戎

潼关地接古弘农,万里高飞雁与鸿。桂树一枝当白日,芸香三代继清风。仙舟尚惜乖双美,彩服何由得尽同?谁惮士龙多笑疾,美髯终类晋司空。

末二句用笔愈切愈增滞相,无所取。

池　边

玉管葭灰细细吹,流莺上下燕参差。日西千绕池边树,忆把枯条撼雪时。

此写时光迅速之感。起句俗,后二句小有意。

贾　生

宣室求贤访逐臣,贾生才调更无伦。可怜夜半虚前席,不问苍生问鬼神。

纯用议论,然以唱叹出之,故佳。不善效之,便成伧语。
第二句率笔。

送王十三校书分司

多少分曹掌秘文,洛阳花雪梦随君。定知何逊缘联句,每到城东忆范云。

从对面落笔,避窠臼也。然此种避法,今日又为窠臼矣。神奇腐臭,转易何常?故知变而出之一语,乃学古之金针也。

寄恼韩同年,时韩住萧洞二首

帘外辛夷定已开,开时莫放艳阳回。年华若到经风雨,便是胡僧话劫灰。
龙山晴雪凤楼霞,洞里迷人有几家?我为伤春心自醉,不劳君劝石榴花。

谒　山

从来系日乏长绳,水去云回恨不胜。欲就麻姑买沧海,一杯春露冷如冰。

未解其旨。

钧　天

上帝钧天会众灵,昔人因梦到青冥。伶伦吹裂孤生竹,却为知音不得听。

太激便非诗。

失　猿

祝融南去万重云,清啸无因更一闻。莫遣碧江通箭道,不教肠断忆同群。

语极曲折,然曲折而无味。

通箭道则人得而取之矣。故平山笺曰:恐其或逢意外之伤也。用意却忠厚。

戏题友人壁

花径逶迤柳巷深,小阑亭午啭春禽。相如解作《长门赋》,却用文君取酒金。

平山以为戏其借妻之资。此种不以诗论。

假　日

此指给假休沐之日。长孺注引《楚词》,误。

素琴弦断酒瓶空,倚坐欹眠日已中。谁向刘伶天幕内?更当陶令北窗风。

寄　远

姮娥捣药无时已,玉女投壶未肯休。何日桑田俱变了,不教伊水向东流。

言安得天地消沉,使情根亦尽也。用意深至,语则未工。

王昭君

毛延寿画欲通神,忍为黄金不顾人。马上琵琶行万里,汉宫长有隔生春。

鄙浅。

旧将军

云台高议正纷纷,谁定当时荡寇勋?日暮灞陵原上猎,李将军是故将军。

四家评曰:说当时弃功不录也,词致清婉。

曼倩辞

十八年来堕世间,瑶池归梦碧桃闲。如何汉殿穿针夜,又向窗中觑阿环?

自感之作,寓慨不尽。

所 居

窗下寻书细,溪边坐石平。水风醒酒病,霜日曝衣轻。鸡黍随人设,蒲鱼得地生。前贤无不谓,容易即遗名。

"无不谓"一作"不无谓",文意略可通,然总不成句。

高 松

高松出众木,伴我向天涯。客散初晴候,僧来不语时。有风传雅韵,无雪试幽姿。上药终相待,他年访伏龟。

起句挺拔。

芥舟曰:三、四太廓,五、六太粘。

访 秋

酒薄吹还醒,楼危望已穷。江皋当落日,帆席见归风。烟带龙潭白,霞分鸟道红。殷勤报秋意,只是有丹枫。

此亦得杜之藩篱者。

昭 州

桂水春犹早,昭川日正西。虎当官道斗,猿上驿楼啼。绳烂金沙井,松干乳洞梯。乡音殊可骇,仍有醉如泥。

三、四自好。后四句转折未清。

哭刘司户

路有论冤谪,言皆在中兴。空闻迁贾谊,不待相孙弘。江阔惟回首,天高但抚膺。去年相送地,春雪满黄陵。

起二句拙。香泉曰:公孙弘再举贤良,乃遭遇人主,致身相位,用事最亲切。

逆挽作收,结法甚好。

裴明府居止

爱君茅屋下,向晚水溶溶。试墨书新竹,张琴和古松。坐来闻好鸟,归去度疏钟。明月还相见,桥南赁酒酣。

陆发荆南始至商洛

昔去真无奈,今还岂自知？青辞木奴橘,紫见地仙芝。四海秋风阔,千岩暮景迟。向来忧际会,犹有五湖期。

芥舟曰：三、四镌削而不工。

后四句居然杜意。

一宕一折,以歇后作收,又一住法。

陈后宫

玄武开新苑,龙舟宴幸频。渚莲参法驾,沙鸟犯勾陈。寿献金茎露,歌翻玉树尘。夜来江令醉,别诏宿临春。

较"茂苑城如画"一首,骨法稍为厚重。末二句太尖,便佻。此是义山习气。

乐游原

春梦乱不记,春原登已重。青门弄烟柳,紫阁舞云松。拂砚轻冰散,开樽绿酎浓。无悰托诗遣,吟罢更无悰。

起有笔意,余未佳。

赠子直花下

池光忽隐墙,花气乱侵房。屏缘蝶留粉,窗油蜂印黄。官书推小吏,侍史从清郎。并马更吟去,寻思有底忙。

三、四纤俗,结句太率。

小园独酌

柳带谁能结？花房未肯开。空余双蝶舞,竟绝一人来。半展龙须席,轻斟玛瑙杯。年年春不定,虚信岁前梅。

思 归

固有楼堪倚,能无酒可倾？岭云春沮洳,江月夜晴明。鱼乱书何托？猿哀梦易惊。旧居连上苑,时节正迁莺。

起得超忽,收得恰好。

廉衣谓古法备具,所乏生韵。余谓只乏新意,尚不至土偶衣冠。

献寄旧府开封公

幕府三年远,《春秋》一字褒。书论秦《逐客》,赋续楚《离骚》。地理南溟阔,天文北极高。酬恩抚身世,未觉胜鸿毛。

次句突兀无理,末二句亦鄙。

向 晚

当风横去幰,临水卷空帷。北土秋千罢,南朝祓禊归。花情羞脉脉,柳意怅微微。莫叹佳期晚,佳期自古稀。

格亦卑靡。

春 游

桥峻斑骓疾,川长白鸟高。烟轻惟润柳,风滥欲吹桃。徙倚三层阁,摩挲七宝刀。庚郎年最少,青草妒春袍。

芥舟曰：起四句平头。

后半有老骥伏枥之悲,非香倩语也。

四家赏"滥"字之奇,然此字实不佳。专取此种,便入《瀛奎律髓》门径。

芥舟以五、六为健笔,廉衣则以为客气。各有所见,可参观之。

离　席

出宿金樽掩,从公玉帐新。依依向余照,远远隔芳尘。细草翻惊雁,残花伴醉人。杨朱不用劝,只是更沾巾。

结太竭情。

俳　谐

短顾何由遂？迟光且莫惊。莺能歌《子夜》,蝶解舞宫城。柳讶双眉浅,桃猜粉太轻。年华有情状,吾岂怯平生？

俳体亦有分寸,此嫌太纤。

细　雨

潇洒傍回汀,依微过短亭。气凉先动竹,点细未开萍。稍促高高燕,微疏的的萤。故园烟草色,仍近五门青。

细腻熨贴。

结句若近若远,不粘不脱,确是细雨思乡,作寻常思乡不得,作猛雨思乡亦不得。

商于新开路

六百商于路,崎岖古共闻。蜂房春欲暮,虎阱日初曛。路向泉间辨,人从树杪分。更谁开捷径？速拟上青云。

"蜂房"二字如比乱石,则与"春欲暮"不贯。如实咏蜂房,则与第二句"崎岖"不接。结亦径露。

题郑大有隐居

结构何峰是,喧闲此地分。石梁高泻月,樵路细侵云。偃卧蛟螭室,希夷鸟兽群。近知西岭上,玉管有时闻。原注:君居近子晋憩鹤台。

三、四高唱。

夜　饮

卜夜容衰鬓,开筵属异方。烛分歌扇酒,雨送酒船香。江海三年客,乾坤百战场。谁能辞酩酊?淹卧剧清漳。

王荆公极推此五、六句,通体亦皆老健,惟三句微纤耳。

江　上

万里风来地,清江北望楼。云通梁苑路,月带楚城秋。刺字从漫灭,归途尚阻修。前程更烟水,吾道岂淹留。

蒙泉曰:三、四佳句。

凉　思

客去波平槛,蝉休露满枝。永怀当此节,倚立自移时。北斗兼春远,南陵寓使迟。天涯占梦数,疑误有新知。

起四句一气涌出,气格殊高,尤妙于倒转下笔。若换一、二作三、四,则平钝语矣。

五句在可解不可解间,然其妙可思。

结句承"寓使迟"来,言家在天涯,不知留滞之故,几疑别有新知也。

鸾凤

旧镜鸾何处？衰桐凤不栖。金钱饶孔雀，锦段落山鸡。王子调清管，天人降紫泥。岂无云路分，相望不应迷。

感遇之作，意露而格卑。连用四鸟，亦一病。

李卫公

绛纱弟子音尘绝，鸾镜佳人旧会稀。今日致身歌舞地，木棉花暖鹧鸪飞。

末句如指南迁所居，不应云"歌舞地"；如指旧第，不应云"木棉""鹧鸪"。殊不可解。"致身"二字亦未稳。

韦蟾

谢家离别正凄凉，少府临岐赌佩囊。却忆短亭回首处，夜来烟雨满池塘。

题有脱字，诗遂难解。然就诗论诗，自不佳。

自贶

陶令弃官后，仰眠书屋中。谁将五斗米，拟换北窗风？

蝶

孤蝶小徘徊，翩翾粉翅开。并应伤皎洁，频近雪中来。

夜意

帘垂幕半卷，枕冷被仍香。如何为相忆？魂梦过潇湘。

小有情致，亦无深味。

因书

题上有脱字。

绝徼南通栈,孤城北枕江。猿声连月槛,鸟影落天窗。海石分棋子,椰筒当酒缸。生归话辛苦,别夜对凝釭。

奉寄安国大师兼简子蒙

忆奉莲花座,兼闻贝叶经。岩光分蜡屐,涧响入铜瓶。日下徒推鹤,天涯正对萤。鱼山羡曹植,眷属有文星。

四句自好,后半殊俗。

闲　游

危亭题竹粉,曲沼嗅荷花。数日同携酒,平明不在家。寻幽殊未极,得句总堪夸。强下西楼去,西楼倚暮霞。

蘅斋曰:"荷风送香气,竹露滴清响","涧影见藤竹,水香闻芰荷",每诵孟公佳句,觉题竹嗅荷,殊为不韵。

县中恼饮席

晚醉题诗赠物华,罢吟还醉忘归家。若无江氏五色笔,争奈河阳一县花。

露才扬己,殊不足观。

题李上暮壁

旧著《思玄赋》,新编杂拟诗。江庭犹近别,山舍得幽期。嫩割周颙韭,肥烹鲍照葵。饱闻南烛酒,仍及拨醅时。

"江庭"当是"江亭"之误。

"周颙韭"犹可,因《园葵赋》而称"鲍照葵",未免凑泊。

江村题壁

沙岸竹森森,维艄听越禽。数家同老寿,一径自阴深。喜客尝留橘,应官说采金。倾壶真得地,爱日静霜砧。

三、四如画。"爱日"字俗。

即　日

桂林闻旧说,曾不异炎方。原注:宋考功有"小长安"之句。山响匡床语,花飘度腊香。几时逢雁足,著处断猿肠。独抚青青桂,临城忆雪霜。

三、四不对,恐有讹字。

漫成五章

沈宋裁辞矜变律,王杨落笔得良朋。当时自谓宗师妙,今日惟观对属能。
李杜操持事略齐,三才万象共端倪。集仙殿与金銮殿,可是苍蝇惑曙鸡?
生儿古有孙征虏,嫁女今无王右军。借问琴书终一世,何如旗盖仰三分?
代北偏师衔使节,关中裨将建行台。不妨常日饶轻薄,且喜临戎用草莱。
郭令素心非黩武,韩公本意在和戎。两都耆旧皆垂泪,临老中原见朔风。

全入论宗,绝句变体。不善效之,便成死句。要以有唱叹神韵为佳。

射鱼曲

思牢弩箭磨青石,绣额蛮渠三虎力。寻潮背日伺泅鳞,贝阙夜移鲸失色。纤纤粉筍馨香饵,绿鸭回塘养龙水。含冰汉语远于天,何由回作金盘死?

长吉派之不佳者。

日　高

镀镮故锦縻轻拖,玉笙不动便门锁。水精眠梦是何人?栏药日高红髲鬖。飞香上云春诉天,云梯十二门九关。轻身灭影何可望?粉蛾帖死屏风上。

"栏药"句佳。

宫中曲

云母滤宫月,夜夜白于水。赚得羊车来,低扇遮黄子。水精不觉冷,自刻鸳鸯翅。蚕缕茜香浓,正朝缠左臂。巴笺两三幅,满写承恩字。欲得识青天,昨夜苍龙是。

此于长吉派中为极轨。"水晶"二句,"巴笺"二句,写儿女痴情入微。

海上谣

桂水寒于江,玉兔秋冷咽。海底觅仙人,香桃如瘦骨。紫鸾不肯舞,满翅蓬山雪。借得龙堂宽,晓出㩗云发。刘郎旧香炷,立见茂陵树。云孙帖帖卧秋烟,上元细字如蚕眠。

李夫人三首

一带同心结,两股方安髻。惭愧白茅人,月没教星替。

剩结茱萸枝,多擘秋莲的。独自有波光,彩囊盛不得。

蛮丝系条脱,妍眼和香屑。寿宫不惜铸南人,柔肠早被秋眸割。清澄有余幽素香,鳏鱼渴凤真珠房。不知瘦骨类冰井,更许夜帘通晓霜。土花漠漠云茫茫,黄河欲尽天苍苍。

景阳宫井双桐

秋港菱花干,玉盘明月蚀。血渗两枯心,情多去未得。徒经白门伴,不见丹山客。未待刻作人,愁多有魂魄。谁将玉盘与,不死翻相误。天更阔于江,孙枝觅郎主。昔妒邻宫槐,道类双眉敛。今日繁红樱,抛人占长簟。翠襦不禁绽,留泪啼天眼。寒灰劫尽问方知,石羊不去谁相绊?

以上五首皆长吉派,了无可取。

秋日晚思

桐槿日零落,雨余方寂寥。枕寒庄蝶去,窗冷胤萤销。取适琴将酒,忘名牧与樵。平生有游旧,一一在烟霄。

"庄蝶""胤萤"字鄙。五、六劣调。

春宵自遣

地胜遗尘事,身闲念岁华。晚晴风过竹,深夜月当花。石乱知泉咽,苔荒任径斜。陶然恃琴酒,忘却在山家。

此所谓马首之络。

七夕偶题

宝婺摇珠佩,嫦娥照玉轮。灵归天上匹,巧遗世间人。花果香千户,笙竽滥四邻。明朝晒犊鼻,方信阮家贫。

无所取义。此种尘劫题可以不作。

灵仙阁晚眺寄郓州韦评事

愚公方住谷,仁者本依山。共誓林泉志,胡为樽俎间?华莲开菡萏,荆玉刻孱颜。爽气临周道,岚光入汉关。满壶从蚁泛,高阁已苔斑。想就安车召,宁期负矢还。潘游全璧散,郭去半舟闲。定笑幽人迹,鸿轩不可攀。

"潘游"二句劣。

幽居冬暮

羽翼摧残日,郊园寂寞时。晓鸡惊树雪,寒鹜守冰池。急景忽云暮,颓年浸已衰。如何匡国分,不与夙心期?

四家评曰:浑圆有味。

无句可摘,自然深至。此由火候成熟,强效之,非枯则率。

过姚孝子庐偶书

拱木临周道,荒庐积古苔。鱼因感姜出,鹤为吊陶来。两鬓蓬常乱,双眸血不开。圣朝敦尔类,非独路人哀。

句句鄙陋。

孝子诗的难于节妇诗,殆于无措手处,作律诗尤难。

赋得月照冰池

皓月方离海,坚冰正满池。金波双激射,璧彩两参差。影占徘徊处,光含的皪时。高低连素色,上下接清规。顾兔飞难定,潜鱼跃未期。鹊惊俱欲绕,狐听始无疑。似镜将盈手,如霜恐透肌。独怜游玩意,达晓不知疲。

试帖之绝工致者。

"狐听"句只有"冰"字,亦不切"池",亦不切"月"。"鹊惊"句亦无理,乌鹊绕树,非绕月也。

连用四鸟兽,亦一病。

永乐县所居一草一木无非自栽。今春悉已芳茂,因书即事一章

手种悲陈事,心期玩物华。柳飞彭泽雪,桃散武陵霞。枳嫩栖鸾叶,桐香待凤花。缓藤萦弱蔓,袍草展新芽。学植功虽倍,成蹊迹尚赊。芳年谁共玩?终老邵平瓜。

句句杂凑。

"彭泽"字添出"雪","武陵"字添出"霞"。"枳"非鸾凤所栖,不得谓之"栖鸾叶"。"缓藤"字俗,"袍草"字尤不通。

南潭上亭宴集,以疾后至因而抒情

马卿聊应召,谢傅已登山。歌发百花外,乐调深竹间。鹢舟萦远岸,鱼钥

启重关。莺蝶如相引,烟萝不暇攀。佳人启玉齿,上客颔朱颜。肯念沉疴士,俱期倒载还。

寒食行次冷泉驿

驿途仍近节,旅宿倍思家。独夜三更月,空庭一树花。介山当驿秀,汾水绕关斜。自怯春寒苦,那堪禁火赊。

中唐正派。

前四句是夜宿之景,五、六忽写形势,端绪不清。

"赊"字趁韵,不妥。

寄华岳孙逸人

灵岳几千仞,老松逾百寻。攀崖仍蹑壁,唼叶复眠阴。海上呼三鸟,斋中戏五禽。唯应逢阮籍,长啸作鸾音。

三、四不成语,余亦浅率。

戏题赠稷山驿吏王全

原注:全为驿吏五十六年,人称有道术,往来多赠诗章。

绛台驿吏老风尘,耽酒成仙几十春。过客不劳询甲子,惟书亥字与时人。

和韦潘前辈七月十二日夜泊池州城下,先寄上李使君

桂含爽气三秋首,蓂吐中旬二叶新。正是澄江如练处,玄晖应喜见诗人。

首句七月,次句十二日,三句夜泊,四句韦寄李诗,字字清楚而毫无意味。首二句尤劣。

花下醉

寻芳不觉醉流霞,倚树沉眠日已斜。客散酒醒深夜后,更持红烛赏残花。

情致有余,格力未足。

所居永乐县久旱,县宰祈祷得雨,因赋诗

甘膏滴滴是精诚,昼夜如丝一尺盈。只怪间阎喧鼓吹,邑人同报束长生。

卷　下

正月十五夜闻京有灯，恨不得观

月色灯光满帝都，香车宝辇隘通衢。身闲不睹中兴盛，羞逐乡人赛紫姑。

赠赵协律晳

俱识孙公与谢公，三年歌哭处还同。已叨邹马声华末，更共刘卢族望通。原注：愚与赵俱出今吏部相公门下，又同为故尚书安平公所知，复皆是安平公表侄。南省恩深宾馆在，东山事往妓楼空。不堪岁暮相逢地，我欲西征君又东。

纯乎滑调，末二句尤滑。

摇　落

摇落伤年日，羁留念远心。水亭吟断续，月幌梦飞沉。古木含风久，疏萤怯露深。人闲始遥夜，地迥更清砧。结爱曾伤晚，端忧复至今。未谙沧海路，何处玉山岑？滩激黄牛暮，云屯白帝阴。遥知沾洒意，不减欲分襟。

蒙泉曰：五、六句蕴藉之极。

语极浓至，佳在不靡。

滞　雨

滞雨长安夜，残灯独客愁。故乡云水地，归梦不宜秋。

运思甚曲，而出以自然，故为高调。

偶题二首

小亭闲眠微醉消,山榴海柏枝相交。水文簟上琥珀枕,傍有堕钗双翠翘。
　　艳而能逸。第二句有意无意,绝佳。

清月依微香露轻,曲房小院多逢迎。春丛定是饶栖鸟,饮罢莫持红烛行。
　　对面写来,极有情韵。此艳诗之工者。

月

过水穿楼触处明,藏人带树远含情。初生欲缺虚惆怅,未必圆时即有情。
　　第二句不成语。后二句亦径直。

夜冷

树绕池宽月影多,村砧坞笛隔风萝。西亭翠被余香薄,一夜将愁向败荷。
　　憔悴欲绝,而不为蹶蹷之声。

正月崇让宅

密锁重关掩绿苔,廊深阁迥此徘徊。先知风起月含晕,尚自露寒花未开。蝙拂帘旌终展转,鼠翻窗网小惊猜。背灯独共余香语,不觉犹歌《起夜来》。
　　悼亡之作,颇嫌格卑。
　　正月岂有绿苔?

城外

露寒风定不无情,临水当山又隔城。未必明时胜蟀蛤,一生长共月亏盈。
　　诗与题俱不可解。

撰彭阳公志文毕有感

延陵留表墓,岘首送沈碑。敢伐不加点,犹当无愧辞。百生终莫报,九死谅难追。待得生金后,川原亦几移。

三、四不成语,五、六竭情,结句自好。

北青萝

残阳西入崦,茅屋访孤僧。落叶人何在?寒云路几层?独敲初夜磬,闲倚一枝藤。世界微尘里,吾宁爱与憎。

三、四格高。末句"吾"字乃"君"字之讹。

芥舟曰:五、六嫌弱,结句尤凑。

戏赠张书记

别馆君孤枕,空庭我闭关。池光不受月,野气欲沉山。星汉秋方会,关河梦几还。危弦伤远道,明镜惜红颜。古木含风久,平芜尽日闲。心知两愁绝,不断若循环。

戏张之忆家也,妙不伤雅。

三、四,王荆公亦赏之。

幽 人

丹灶三年火,苍崖万岁藤。樵归说逢虎,棋罢正留僧。星斗同秦分,人烟接汉陵。东流清渭苦,不尽照衰兴。

后四句言世界忙忙,反衬"幽"字,绝可味。

廉衣谓三、四滞相。然极写"幽"字,似乎无碍。

念 远

日月淹秦甸,江湖动越吟。苍桐应露下,白阁自云深。皎皎非鸾扇,翘翘失凤簪。床空鄂君被,杵冷女媭砧。北思惊沙雁,南情属海禽。关山已摇落,天地共登临。

五句未解，或"非"字是"悲"字之讹。

结二句自阔远。

过故崔充海宅与崔明秀才话旧，因寄旧僚杜赵李三椽

绛帐恩如昨，乌衣事莫寻。诸生空会葬，旧掾已华簪。共入留宾驿，俱分市骏金。莫凭无鬼论，终负托孤心。

语亦老洁，微嫌直致。

赵饴山《谈龙录》载吴修龄之言曰：意喻之米，文则炊而为饭，诗则酿而为酒。饭不变米形，酒则变尽。啖饭则饱，饮酒则醉。醉则忧者以乐，喜者以悲。有不知其所以然者，如《凯风》《小弁》之意，断不可以文章之道平直出之者也。此论入微，故此诗未为高唱。

微 雨

初随林霭动，稍共夜凉分。窗迥侵灯冷，庭虚近水闻。

四家曰：虽无远指，写"微"字自得神。

南山赵行军新诗盛称游宴之洽，因寄一绝

莲幕遥临黑水津，橐鞬无事但寻春。梁王司马非孙武，且免宫中斩美人。

语不可晓，然自不佳。

曲 江

望断平时翠辇过，空闻子夜鬼悲歌。金舆不返倾城色，玉殿犹分下苑波。死忆华亭闻唳鹤，老忧王室泣铜驼。天荒地变心虽折，若比伤春意未多。

"子夜"指半夜，道源注非。

五、六宕开，七、八收转。言陆机、索靖虽有天荒地变之悲，犹未及此时之感时伤乱也。若以五、六为借比时事，则末二句文意不顺，且碍理

多矣。

景阳井

景阳宫井剩堪悲,不尽龙鸾誓死期。肠断吴王宫外水,浊泥犹得葬西施。

惜丽华不死于宫井而死于清溪也。

故番禺侯以赃罪致不辜,事觉母者他日过其门

饮鸩非君命,兹身亦厚亡。江陵从种橘,交广合投香。不见千金子,空余数仞墙。杀人须显戮,谁举汉三章?

题有脱字。疑"事觉母者"当作"事毋觉者"。

拙鄙之甚。

咏 云

捧月三更断,藏星七夕明。才闻飘迥路,旋见隔重城。潭暮随龙起,河秋压雁声。只应惟宋玉,知是楚神名。

亦似齐梁。

夜出西溪

东府忧春尽,西溪许日曛。月澄新涨水,星见欲销云。柳好休伤别,松高莫出群。军书虽倚马,犹未当能文。

五、六自佳。

五、六虽是自比,然尚未说出,七、八句突接无绪,意虽通而语不明。

七、八亦太径直。

效长吉

长长汉殿眉,窄窄楚宫衣。镜好鸾空舞,帘疏燕误飞。君王不可问,昨夜

约黄归。

他作往往似长吉,独此云效长吉,乃竟不似,未喻其说。

四句小巧。

柳

江南江北雪初销,漠漠轻黄惹嫩条。灞岸已攀行客手,楚宫先骋舞姬腰。清明带雨临官道,晚日含风拂野桥。如线如丝正牵恨,王孙归路一何遥?

音调流美,然格之卑靡亦在此。此一派最误人。归愚所谓咏物尘劫也。

九月于东逢雪

举家欣共报,秋雪堕前峰。岭外他年忆,于东此日逢。粒轻还自乱,花薄未成重。岂是惊离鬓?应来洗病容。

四皓庙

本为留侯慕赤松,汉庭方识紫芝翁。萧何只解追韩信,岂得虚当第一功?

酷似胡曾《咏史诗》,义山何以有此?

送阿龟归华

草堂归意背烟萝,黄绶垂腰不奈何。因汝华阳求药物,碧松根下茯苓多。

风格自老。

次句鄙。

九　日

曾共山翁把酒卮,霜天白菊绕阶墀。十年泉下无人问,九日樽前有所思。不学汉臣栽苜蓿,空教楚客咏江蓠。郎君官贵施行马,东阁无因再得窥。

蒙泉以为一气鼓荡,信然。然后四句太讦,非诗人之意。

首蓿乃外国之草,张骞携种而归种之离宫。义山本彭阳弟子,绚以其亲于茂元,遂为敌国,故曰:"不学汉臣栽首蓿。"此种究是迂曲。

僧院牡丹

叶薄风才倚,枝轻露不胜。开先如避客,色浅为依僧。粉壁正荡水,缃帏初卷灯。倾城惟待笑,要裂几多缯?

起二句似非牡丹。五、六句,句句拙鄙。七、八尤不称僧院。

赠司勋杜十三员外

杜牧司勋字牧之,清秋一首《杜秋》诗。前身应是梁江总,名总还曾字总持。心铁已从干镆利,鬓丝休叹雪霜垂。汉江远吊西江水,羊祜韦丹尽有碑。

原注:时杜奉诏撰《韦碑》。

自成别调,不可无一,不可有二。

高　花

花将人共笑,篱外露繁枝。宋玉临江宅,墙低不碍窥。

嘲　桃

无赖夭桃面,平明露井东。春风为开了,却拟笑春风。

此刺得意负心者,词亦佻薄。

送丰都李尉

万古商于地,凭君泣路岐。固难寻绮季,可得信张仪。雨气燕先觉,叶阴蝉遽知。望乡尤忌晚,山晚更参差。

三、四即商于发世途之慨,偶然拈合,不着迹相。上卷《商于》诗亦用此二事，工拙悬矣，此有寓意，彼砌故实也。

天平公座中呈令狐令公，时蔡京在坐。京曾为僧徒，故有第五句

罢执霓旌上醮台，慢妆娇树水晶盘。更深欲诉蛾眉敛，衣薄临醒玉艳寒。白足禅僧思败道，青袍御史拟休官。虽然同是将军客，不敢公然子细看。

　　皆不成语。

　　唐时御史不预宴会，《册府元龟》载李栖筠事可证，故曰"青袍御史拟休官"。

江上忆严五广休

征南幕下带长刀，梦笔深藏五色毫。逢着澄江不敢咏，镇西留与谢功曹。

饯席重送从叔余之梓州

莫叹万重山，君还我未还。武关犹怅望，何况百牢关。

　　一气浑成。

访　隐

路到层峰断，门依老树开。月从平楚转，泉自上方来。薤白罗朝馔，松黄暖夜杯。相留笑孙绰，空解赋《天台》。

　　四家评曰：首四句浑壮清切，难以时代局之。

　　首四句句法不变，然排于起处，如四峰并峙，不辨低昂，弥增朴老，捧心虽病，亦谓之佳可也。若中四句平头切脚，初唐多有之，不可以训。

　　末二句反衬"访"字。

寓　兴

薄宦仍多病，从知竟远游。谈谐叨客礼，休浣接冥搜。树好频移榻，云奇

不下楼。岂关无景物？自是有乡愁。

五、六自好。四句不佳,结亦径直。

东　南

东南一望日中乌,欲逐羲和去得无？且向秦楼棠树下,每朝先觅照罗敷。

似言进取无能,姑属意于所欢。未甚了了,亦未见佳处。

归　来

旧隐无何别,归来始更悲。难寻白道士,不见惠禅师。草径虫鸣急,沙渠水下迟。却将波浪眼,清晓对红梨。

前四句率,后四句自可。

子直晋昌李花

吴馆何时熨？秦台几夜熏？绡轻谁解卷？香异自先闻。月里谁无姊,云中亦有君。樽前见飘荡,愁极客襟分。

前四句支离。五、六本非佳句,自套尤不佳。末句"分"字,亦押不倒。

无一字似李花。

河清与赵氏昆季宴集得拟杜工部

胜概殊江右,佳名逼渭川。虹收青嶂雨,鸟没夕阳天。客鬓行如此,沧波坐渺然。此中真得地,漂荡钓鱼船。

四家评曰：譬以摹书画,得其神解。

又曰：三、四清而丽,五、六浑而妥。

平山曰：五、六转接得力,是杜法。

寓　目

园桂悬心碧,池莲钬眼红。此生真远客,几别即衰翁。小幌风烟入,高窗雾雨通。新知他日好,锦瑟傍朱栊。

前四句乃触目生慨,后四句乃追寻旧迹,故两层写景而不复,非屋上架屋之比。

格意殊高,不以字句香倩掩之。

题道静院。院在中条山,故王颜中丞所置,虢州刺史舍官居此,今写真存焉

紫府丹成化鹤群,青松手植变龙文。壶中别有仙家日,岭上犹多隐士云。独坐遗芳成故事,褰帷旧貌似元君。自怜筑室云山下,徒望朝岚与夕曛。

赋得桃李无言

夭桃花正发,秾李蕊方繁。应候非争艳,成蹊不在言。静中霞暗吐,香处雪潜翻。得意摇风态,含情泣露痕。芬芳光上苑,寂默委中园。赤白徒自许,幽芳谁与论?

试帖中之平平者。

登霍山驿楼

庙列前峰迥,楼开四望穷。岭巁岚色外,陂雁夕阳中。弱柳千条露,衰荷一面风。壶关有狂孽,速继老生功。

岚色之外岂辨小鼠?此句无理。末二亦突如其来。

寄和水部马郎中题兴德驿

原注:时昭义已平。

仙郎倦去心,郑驿暂登临。水色潇湘阔,沙程朔漠深。鹢舟时往复,鸥鸟恣浮沉。更想逢归马,悠悠岳树阴。

"水色"二句是可好可恶之句。通体如佳,此等亦足配色。如一篇中无主峰,末无结穴,专倚此调为敷衍,风斯下矣。

题小松

怜君孤秀植庭中,细叶轻阴满座风。桃李盛时虽寂寞,雪霜多后始青葱。一年几变枯荣事,百尺方资柱石功。为谢西园车马客,定悲摇落尽成空。

行次昭应县道上,送户部李郎中充昭义攻讨

将军大斾扫狂童,诏选名贤赞武功。暂逐虎牙临故绛,远含鸡舌过新丰。鱼游沸鼎知无日,鸟覆危巢岂待风?早勒勋庸燕石上,伫光纶绋汉廷中。

亦自宏整,但无深味。

水　斋

多病欣依有道邦,南塘晏起想秋江。卷帘飞燕还拂水,开户暗虫犹打窗。更阅前题已披卷,仍斟昨夜未开缸。谁人为报故交道?莫惜鲤鱼时一双。

奉同诸公题河中任中丞新创河亭四韵之作

万里谁能访十洲?新亭云构压中流。河鲛纵玩难为室,海蜃遥惊耻化楼。左右名山穷远目,东西大道锁轻舟。独留巧思传千古,长与蒲津作胜游。

俗不可医。

过故府中武威公交城旧庄感事

信陵亭馆接郊畿,幽象遥通晋水祠。日落高门喧燕雀,风飘大树感熊罴。新蒲似笔思投日,芳草如茵忆吐时。山下只今黄绢字,泪痕犹堕六州儿。

三、四有声有情。"燕雀""熊罴"乃借对,此吊大树将军事,若作"撼"字,索然无味。

五、六最纤,所谓下劣诗魔。

赠田叟

荷蓧衰翁似有情,相逢携手绕村行。烧畬晓映远山色,伐树暝传深谷声。鸥鸟忘机翻浃洽,交亲得路昧平生。抚躬道直诚感激,在野无贤心自惊。

结不成语。

赠别前蔚州契苾使君

原注:使君远祖,国初功臣也。

何年部落到阴陵?奕世勤王国史称。夜掩牙旗千帐雪,朝飞羽骑一河冰。蕃儿襁负来青冢,狄女壶浆出白登。日晚鸊鹈泉畔猎,路人遥识郅都鹰。

声调清遒。

郅都酷吏,非佳事;且号曰苍鹰,非鹰为都所畜也。此三字究不妥帖。

香泉曰:少题中"别"字意。

和人题真娘墓

原注:真娘,吴中乐伎,墓在虎丘山下寺中。

虎丘山下剑池边,长遣游人叹逝川。买树断丝悲舞席,出云清梵想歌筵。柳眉空吐效颦叶,榆荚还飞买笑钱。一自香魂招不得,只应江上独婵娟。

俗格。

人日即事

文王喻复今朝是,子晋吹笙此日同。舜格有苗句太远,周称流火月难穷。镂金作胜传荆俗,剪彩为人起晋风。独想道衡诗思苦,离家恨得二年中。

前四句用经悖谬,后半堆砌不成语。

春日寄怀

世间荣落重逡巡,我独丘园坐四春。纵使有花兼有月,可堪无酒又无人。青袍似草年年定,白发如丝日日新。欲逐风波千万里,未知何路到龙津?

亦是滑调。

和刘评事永乐闲居见寄

白社幽闲君暂居,青云器业我全疏。看封谏草归鸾掖,尚贲衡门待鹤书。莲耸碧峰关路近,荷翻翠扇水堂虚。自探典籍忘名利,欹枕时惊落蠹鱼。

和马郎中移白菊见示

陶诗只采黄金实,郢曲新传《白雪》英。素色不同篱下发,繁花疑自月中生。浮杯小摘开云母,带露全移缀水精。偏称含香五字客,从兹得地始芳荣。

刻意写"白"字。然此花格韵不宜如此刻画了之。

喜闻太原同院崔侍御台拜,兼寄在台三二同年之什

鹓鱼何事遇屯同?云水升沉一会中。刘放未归鸡树老,邹阳新去兔园空。寂寥我对先生柳,赫奕君乘御史骢。若向南台见莺友,为传垂翅度春风。

起句笨,余亦平钝。

喜　雪

朔雪自龙沙,呈祥势可嘉。有田皆种玉,无树不开花。班扇慵裁素,曹衣讵比麻。鹅归逸少宅,鹤满令威家。寂寞门扉掩,依稀履迹斜。人疑游面市,马似困盐车。洛水妃虚妒,姑山客漫夸。联辞非许谢,和曲本惭巴。粉署闱全

隔,霜台路正赊。此时倾贺酒,相望在京华。

鄙俚纤琐,绝不称题。"寂寞"二句稍可。

"粉署""霜台"亦关合小样。

柳枝五首 有序

柳枝,洛中里娘也。父饶好贾,风波死湖上。其母不念他儿子,独念柳枝。生十七年,涂妆绾髻,未尝竟,已复起去,吹叶嚼蕊,调丝擪管,作天海风涛之曲,幽忆怨断之音。居其旁,与其家接故往来者,闻十年尚相与,疑其醉眠梦断不娉。余从昆让山,比柳枝居为近。他日春曾阴,让山下马柳枝南柳下,咏余《燕台》诗,柳枝惊问:"谁人有此?谁人为是?"让山谓曰:"此吾里中少年叔耳。"柳枝手断长带,结让山为赠叔乞诗。明日,余比马出其巷,柳枝丫鬟毕妆,抱扇立下,风鄣一袖,指曰:"若叔是,后三日,邻当去溅裙水上,以博香山待,与郎俱过。"余诺之。会所友有偕当诣京师者,戏盗余卧装以先,不果留。雪中让山至,且曰:"为东诸侯取去矣。"明年,让山复东,相背于戏上,因寓诗以墨其故处云。

序涩甚。

"居其旁"上似有脱字。

花房与蜜脾,蜂雄蛱蝶雌。同时不同类,那复更相思?
本是丁香树,春条结始生。玉作弹棋局,中心亦不平。
嘉瓜引蔓长,碧玉冰寒浆。东陵虽五色,不忍值牙香。
柳枝井上蟠,莲叶浦中干。锦鳞与绣羽,水陆有伤残。
画屏绣步障,物物自成双。如何湖上望?只是见鸳鸯。

五首皆有《子夜》《读曲》之遗。

燕台四首

春

　　风光冉冉东西陌,几日娇魂寻不得。蜜房羽客类芳心,冶叶倡条遍相识。暖蔼辉迟桃树西,高鬟共立桃鬟齐。雄龙雌凤杳何许?絮乱丝繁天亦迷。醉起微阳若初曙,映帘梦断闻残语。愁将铁网罥珊瑚,海阔天翻迷处所。衣带无情有宽窄,春烟自碧秋霜白。研丹擘石天不知,愿得天牢锁冤魄。夹罗委箧单绡起,香肌冷衬琤琤佩。今日东风自不胜,化作幽光入西海。

夏

　　前阁雨帘愁不卷,后堂芳树阴阴见。石城景物类黄泉,夜半行郎空柘弹。绫扇唤风阊阖天,轻帷翠幕波渊旋。蜀魂寂寞有伴未?几夜瘴花开木棉。桂宫留影光难取,嫣薰兰破轻轻语。直教银汉堕怀中,未遣星妃镇来去。浊水清波何异源?济河水清黄河浑。安得薄雾起缃裙,手接云軿呼太君?

秋

　　月浪冲天天宇湿,凉蟾落尽疏星入。云屏不动掩孤嚬,西楼一夜风筝急。欲织相思花寄远,终日相思却相怨。但闻北斗声回环,不见长河水清浅。金鱼锁断红桂春,古时尘满鸳鸯茵。堪悲小苑作长道,玉树未怜亡国人。瑶琴愔愔藏楚弄,越罗冷薄金泥重。帘钩鹦鹉夜惊霜,唤起南云绕云梦。双珰丁丁联尺素,内记湘川相识处。歌唇一世衔雨看,可惜馨香手中故。

冬

　　天东日出天西下,雌凤孤飞女龙寡。青溪白石不相望,堂中远甚苍梧野。冻壁霜华交隐起,芳根中断香心死。浪乘画舸忆蟾蜍,月娥未必婵娟子。楚管蛮弦愁一概,空城舞罢腰支在。当时欢向掌中销,桃叶桃根双姊妹。破鬟矮堕凌朝寒,白玉燕钗黄金蝉。风车雨马不持去,蜡烛啼红怨天曙。

　　以"燕台"为题,知为幕府托意之作,非艳词也。纯用长吉体,亦自有一种佳处,但究非中声耳。

河内诗二首

楼　上

鼍鼓沉沉虬水咽,秦丝不上蛮弦绝。嫦娥衣薄不禁寒,蟾蜍夜艳秋河月。碧城冷落空蒙烟,帘轻幕重金钩栏。灵香不下两皇子,孤星直上相风竿。八桂林边九芝草,短襟小鬟相逢道。入门暗数一千春,愿去闰年留月小。栀子交加香蓼繁,停辛伫苦留待君。

湖　中

阊门日下吴歌远,陂路绿菱香满满。后溪暗起鲤鱼风,船旗闪断芙蓉干。倾身奉君畏身轻,双桡两桨樽酒清。莫因风雨罢团扇,此曲断肠惟此声。低楼小径城南道,犹自金鞍对芳草。

　　此二首似是艳词,或写河内所遇也。

　　"此声"一作"北声",误。

赠送前刘五经映三十四韵

建国宜师古,兴邦属上庠。从来以儒戏,安得振朝纲？权世何多难？兹基遂已亡。泣麟犹委吏,歌凤更佯狂。屋壁余无几,焚坑逮可伤。挟书秦二世,坏宅汉诸王。草草临盟誓,区区务富强。微茫金马署,狼籍斗鸡场。尽欲心无窍,皆如面正墙。惊疑豹文鼠,贪窃虎皮羊。南渡宜终否？西迁冀小康。策非方正士,贡绝孝廉郎。海鸟悲钟鼓,狙公畏服裳。多歧空扰扰,幽室竞伥伥。凝邈为时范,虚空作士常。何由羞五霸,直自诒三皇。别派驱杨墨,他镳并老庄。《诗》《书》资破冢,法制困探囊。周礼仍存鲁,隋师果禅唐。鼎新麾一举,革故法三章。星宿森文雅,风雷起退藏。缪因为学切,掌故受经忙。夫子时之彦,先生迹未荒。褐衣终不召,白首兴难忘。感激殊非圣,栖迟到异粻。片辞褒有德,一字贬无良。燕地尊邹衍,西河重卜商。式闾真道在,拥彗信谦光。原注：外舅太原公亦受经于公也。获预青衿列,叨来绛帐旁。虽从各言志,还要大为防。勿谓孤寒弃,深忧讦直妨。叔孙谗易得,盗跖暴难当。雁下秦云黑,蝉休陇叶黄。莫渝巾屦念,容许后升堂。

步骤清楚,时有累句,长篇铺叙多而筋骨少,非其至也。

哭遂州萧侍郎二十四韵

遥作时多难,先令祸有源。初惊逐客议,旋骇党人冤。密侍荣方入,司刑望愈尊。皆因优诏用,实有谏书存。苦雾三辰没,穷阴四塞昏。虎威狐更假,隼击鸟逾喧。徒欲心存阙,终遭耳属垣。遗音和蜀魄,易簀对巴猿。有女悲初寡,无男泣过门。原注:公止裴氏一女,结缡之明年,又丧良人。朝争屈原草,庙馁若敖魂。迥阁伤神峻,长江极望翻。青云宁寄意,白骨始沾恩。早岁思东阁,为邦属故园。原注:余初谒于郑舍。登舟惭郭泰,解榻愧陈蕃。分以忘年契,情犹锡类敦。公先真帝子,我系本王孙。啸傲张高盖,从容接短辕。秋吟小山桂,春醉后堂萱。自叹离通籍,何尝忘叫阍。不成穿圹入,终拟上书论。多士还鱼贯,云谁正骏奔?暂能诛倢忽,长与问乾坤。蚁漏三泉路,蛩啼百草根。始知同泰讲,徼福是虚言。

起手说得与世运相关,高占地位。

凡长篇须有次第。此诗起四句提纲,次四句叙其立官本末,次四句叙时事之非,次十二句叙其得罪放逐而死。次十二句叙从前交好,次四句自写己意,次八句总收。步武厘然,可以为式。

长篇易至散缓,须有沉着语支拄其间,乃如屋有柱。"皆因"四句、"徒欲"二句、"自叹"四句皆篇中筋节也。

"苦雾"四句极悲壮,"白骨"二句极沉痛。妙皆出以蕴藉,是为诗人之笔。

先有"早岁"一段,"自叹"四句乃有根,此是上下血脉转注处。

收亦满足。

移"公先"二句于"分以"二句前,移"登舟"二句于"分以"二句后,文义更融洽。

送千牛李将军赴阙五十韵

　　照席琼枝秀,当年紫绶荣。班资古直阁,勋伐旧西京。在昔王纲紊,因谁国步清?如无一战霸,安有大横庚?内竖依凭切,凶门责望轻。中台终恶直,上将更要盟。丹陛祥烟灭,皇闱杀气横。喧阗众狙怒,容易八蛮惊。桷杙宽之久,防风戮不行。素来矜异类,此去岂亲征?舍鲁真非策,居邠未有名。曾无力牧御,宁待雨师迎。火箭侵乘石,云桥逼禁营。何时绝刁斗,不夜见欃枪。屡亦闻投鼠,谁其敢射鲸?世情休念乱,物议笑轻生。大卤思龙跃,苍梧失象耕。灵衣沾愧汗,仪马困阴兵。别馆兰薰酷,深宫蜡焰明。黄山遮舞态,黑水断歌声。纵未移周鼎,何辞免赵坑?空眷转斗地,数板不沉城。且欲凭神算,无因计力争。幽囚苏武节,弃市仲由缨。下殿言终验,增埤事早萌。原注:先时桑道茂请修奉天城。蒸鸡殊减膳,屑曲异和羹。否极时还泰,屯余运果亨。流离几南渡,仓卒得西平。神鬼收昏黑,奸凶首满盈。官非督护贵,师以丈人贞。覆载还高下,寒暄急改更。马前烹莽卓,坛上揖韩彭。扈跸三才正,回军六合晴。此时惟短剑,仍世尽双旌。顾我田群从,逢君叹老成。庆流归嫡长,贻厥在名卿。隼击须当要,鹏抟莫问程。趋朝排玉座,出位泣金茎。幸借梁园赋,叨蒙许氏评。中郎推贵婿,定远重时英。政已标三尚,人今佇一鸣。长刀悬月魄,快马骇星精。披豁惭深眷,睽离动素诚。蕙留春晼晚,松待岁峥嵘。异县期回雁,登时已饭鲭。去程风剌剌,别夜漏丁丁。庾信生多感,杨朱死有情。弦危中妇瑟,甲冷想夫筝。会与秦楼凤,俱听汉苑莺。洛川迷曲沼,烟月两心倾。

　　　　四家评曰:跳动激发,笔驱风云,人拟之于老杜,于此信之。
　　　"在昔"四句总领前半篇,声光震耀,气脉宏深。
　　　"否极"四句上下转关,亦字字精神勃发。
　　　"此时"二句落到千牛,前路何等繁重。此处何等径捷,绝可玩味。

"隼击"四句与下文接笋未清,"幸借"八句自叙亦近鄙。若去此六韵,竟以"披豁"句接"名卿"句则完美矣。文人每患才多,故班孟坚不满傅武仲也。

结亦圆足。凡长篇忌收处潦草,如水无归墟,山无根麓。

铺排不难,难于气格;层次不难,难于机轴。《长庆集》诗仅有滔滔如话者,终不免轻俗之讥。

咏怀寄秘阁旧僚二十六韵

年鬓日堪悲,衡茅益自嗤。攻文枯若木,处世钝如锤。敢忘垂堂戒,宁将暗室欺。悬头曾苦学,折臂反成医。仆御嫌夫懦,孩童笑叔痴。小男方嗜栗,幼女漫忧葵。遇炙谁先啖？逢簞即便吹。官衔同画饼,面貌乏凝脂。典籍将蠡测,文章若管窥。图形翻类狗,入梦肯非罴。自哂成书簏,终当咒酒卮。懒沾襟上血,羞镊镜中丝。橐籥言方喻,樗蒱齿讵知。事神徒惕虑,佞佛愧虚辞。曲艺垂麟角,浮名状虎皮。乘轩宁见宠,巢幕更逢危。礼俗拘嵇喜,侯王忻戴逵。穷途方结舌,静胜但搘颐。粝食空弹剑,亨衢讵置锥。柏台成口号,芸阁暂肩随。悔逐迁莺伴,谁观择虱时？瓮间眠太率,床下隐何卑？奋迹登宏阁,摧心对董帷。校雠如有暇,松竹一相思。

病同《送刘五经》诗,而气格又薄。

戊辰会静中出贻同志二十韵

大道谅无外,会越自登真。丹元子何索？在己莫问邻。蕡璨玉琳华,翱翔九真君。戏掷万里火,聊召六甲旬。瑶简被灵诰,持符开七门。金铃摄群魔,绛节何鬖鬖？吟弄东海若,笑倚扶桑暾。三山诚迥视,九州扬一尘。我本玄元胄,禀华由上津。中迷鬼道乐,沉为下土民。托质属太阴,炼形复为人。誓将覆宫泽,安此真与神。龟山有慰荐,南真为弥纶。玉管会玄圃,火枣承天姻。科车遏故气,侍香传灵氛。飘飖被青霓,婀娜佩紫纹。林洞何其微,下仙不与群。丹泥因未控,万劫犹逡巡。荆芜既以薙,舟壑永无湮。相期保妙命,腾景侍帝宸。

　　骨力亦颇苍劲,杂之通明《真诰》中,殆不可辨,然终恨有章咒气。

和郑愚赠汝阳王孙家筝妓二十韵

　　水雾怨何穷,秦丝娇未已。寒空烟霞高,白日一万里。碧嶂愁不行,浓翠遥相倚。茜袖捧琼姿,皎日丹霞起。孤猿耿幽寂,西风吹白芷。回首苍梧深,女萝闭山鬼。荒郊白鳞断,别浦晴霞委。长约压河心,白道连地尾。秦人昔富家,绿窗闻妙旨。鸿惊雁背飞,象床殊故里。因令五十丝,中道分宫徵。斗粟配新声,娣侄徒纤指。风流大堤上,怅望白门里。蠹粉实雌弦,灯光冷如水。羌管促蛮柱,从醉吴宫耳。满内不扫眉,君王对西子。初花惨朝露,冷臂凄愁髓。一曲送连钱,远别长于死。玉砌衔红兰,妆窗结碧绮。九门十二关,清晨禁桃李。

　　刻意写之,墨痕不化,涩处廓处,不一而足。

四年冬,以退居蒲之永乐,渴然有农夫望岁之思,遂作《忆雪》,又作《残雪》诗,各一百言,以寄情于游旧

忆　雪

　　爱景人方乐,同云候稍愆。徒闻《周雅》什,愿赋《朔风》篇。欲俟千箱庆,须资六出妍。咏留飞絮后,歌唱落梅前。庭树思琼蕊,妆楼认粉绵。瑞邀盈尺日,丰待两岐年。预约延枚酒,虚乘访戴船。映书孤志业,披氅阻神仙。几向霜阶步,频将月幌褰。玉京应已足,白屋但颙然。

残　雪

　　旭日开晴色,寒空失素尘。绕墙全剥粉,傍井渐销银。刻兽摧盐虎,为山倒玉人。珠还犹照魏,璧碎尚留秦。落日惊侵昼,余光误惜春。檐冰滴鹅管,屋瓦镂鱼鳞。岭霁岚光坼,松暄翠粒新。拥林愁拂尽,著砌恐行频。焦寝忻无

患,梁园去有因。莫能知帝力,空此荷平均。

《忆雪》诗一无可采。《残雪》诗极意刻画,又多累句。

大卤平后移家到永乐县居,书怀十韵寄刘韦二前辈。
二公尝于此县寄居

驱马绕河干,家山照露寒。依然五柳在,况值百花残。昔去惊投笔,今来分挂冠。不忧悬磬乏,乍喜覆盂安。甑破宁回顾,舟沉岂暇看?脱身离虎口,移疾就猪肝。鬓入新年白,颜无旧日丹。自悲秋获少,谁惧夏畦难?逸志忘鸿鹄,清香披蕙兰。还持一杯酒,坐想二公欢。

亦自清妥。

"依然"句藏得刘、韦二人故居在,故末句不妨直出二公。

河阳诗

黄河摇溶天上来,玉楼影近中天台。龙头泻酒客寿杯,主人浅笑红玫瑰。梓泽东来七十里,长沟复堑埋云子。可惜秋眸一窬光,汉陵走马黄尘起。南浦老鱼腥古涎,真珠密字芙蓉篇。湘中寄到梦不到,衰容自去抛凉天。忆得蛟丝裁小卓,蛱蝶飞回木棉薄。绿绣笙囊不见人,一口红霞夜深嚼。幽兰泣露新香死,画图浅缥松溪水。楚丝微觉《竹枝》高,半曲新辞写绵纸。巴陵夜市红守宫,后房点臂斑斑红。堤南渴雁自飞久,芦花一夜吹西风。晓帘串断蜻蜓翼,罗屏但有空青色。玉湾不钓三千年,莲房暗被蛟龙惜。湿银注镜井口平,鸾钗映月寒铮铮。不知桂树在何处,仙人不下双金茎。百尺相风插重屋,侧近嫣红伴柔绿。百劳不识对月郎,湘竹千条为一束。

不甚可解。或以题曰"河阳",定为悼亡,亦似近之。

云母亦称云子,古有以云母葬者。长孺注非。

自桂林奉使江陵途中感怀寄献尚书

下客依莲幕，明公念竹林。原注：公与江陵相国韶叙叔侄。纵然膺使命，何以奉徽音？投刺虽伤晚，酬恩岂在今？迎来新琐闼，从到碧瑶岑。水势初知海，天文始识参。固惭非贾谊，惟恐后陈琳。前席惊虚辱，华樽许细斟。尚怜秦痔苦，不遣楚醪沉。既载从戎笔，仍披选胜襟。泷通伏波柱，帘对有虞琴。宅与严城接，门藏别岫深。阁凉松冉冉，堂静桂森森。社内容周续，乡中保展禽。白衣居士访，乌帽逸人寻。佞佛将成传，耽书或类淫。长怀五羖赎，终著《九州箴》。良讯封鸳绮，余光借玳簪。张衡愁浩浩，沈约瘦愔愔。芦白疑粘鬓，枫丹欲照心。归期无雁报，旅抱有猿侵。短日安能驻？低云只有阴。乱鸦冲瞁网，寒女簇遥砧。东道违宁久，西园望不禁。江生魂黯黯，泉客泪涔涔。逸翰应藏法，高辞肯浪吟。数须传庾翼，莫独与卢谌。假寐凭书簏，哀吟叩剑镡。未尝贪偃息，那复拟登临？彼美回清镜，其谁受曲针？人皆向燕路，无乃费黄金。

颇乏警策。

末四句归美于郑，然突出无端绪，颇恨草草。尾句近于戏语，亦嫌太佻。

原注"韶叙叔侄"当是"昭穆叙叔侄"，脱一"穆"字，又讹"昭"为"韶"。

送从翁从东川弘农尚书幕

大镇初更帅，嘉宾素见邀。使车无远近，归路更烟霄。稳放骅骝步，高安翡翠巢。御风知有在，去国肯无聊。早悉诸孙末，俱从小隐招。心悬紫云阁，梦断赤城标。素女悲清瑟，秦娥弄玉箫。山连玄圃近，水接绛河遥。岂意闻周铎，翻然慕舜韶。皆辞乔木去，远逐断蓬飘。薄俗谁其激？斯民已甚恌。鸾凰期一举，燕雀不相饶。敢共颓波远，因之内火烧。是非过别梦，时节惨惊飙。未至谁能赋？中乾欲病痟。屡曾纡绵绣，勉欲报琼瑶。我恐霜侵鬓，君先绶挂腰。甘心与陈阮,挥手谢松乔。锦里差邻接,云台闭寂寥。一川虚月魄,万崦自芝苗。瘴雨泷间急,离魂峡外销。非关无烛夜,其奈落花朝。几处逢鸣佩,何筵不翠翘?蛮童骑象舞,江市卖鲛绡。南诏知非敌,西山亦屡骄。勿贪佳丽地,不为圣明朝。少减东城饮,时看北斗杓。莫因乖别久,遂逐岁寒凋。盛幕开高宴,将军问故僚。为言公玉季,早日弃渔樵。

　　沉雄飞动,此亦得杜之藩篱者。中晚纤秾清浅之作,举不足以当之。

　　"岂意"二句转折跳脱,"一川"两句浑劲之至,顾盼有神。

　　"因之"句未雅。

　　末一段以勉为送,立意正大,胜于《送李千牛》诗。

　　结四句带出望荐之意,收缴前路两大段。

　　亦"萧""宵""肴"通押。

李肱所遗画松诗书两纸得四十韵

　　万草已凉露,开图披古松。青山遍沧海,此树生何峰?孤根邈无倚,直立撑鸿蒙。端如君子身,挺若壮士胸。樛枝势夭矫,忽欲蟠拿空。又如惊螭走,默与奔云逢。孙枝擢细叶,旖旎狐裘茸。邹颠蓐发软,丽姬眉黛浓。视久眩目睛,倏忽变辉容。竦削正稠直,婀娜旋敷峰。又如洞房冷,翠被张穹笼。亦若暨罗女,平旦妆颜容。细疑袭气母,猛若争神功。燕雀固寂寂,雾露常冲冲。香兰愧伤暮,碧竹惭空中。可集呈瑞凤,堪藏行雨龙。淮山桂偃蹇,蜀郡桑重童。枝条亮渺脆,灵气何由同?昔闻咸阳帝,近说稽山侬。或著仙人号,或以大夫封。终南与青都,烟雨遥相通。安知夜夜意,不起西南风。美人昔清兴,重之犹月钟。宝笥十八九,香缇千万重。一旦鬼瞰室,稠叠张羉罿。赤羽中要害,是非皆匆匆。生如碧海月,死践霜郊蓬。平生握中玩,散失随奴童。我闻照妖镜,及与神剑锋。寓身会有地,不为凡物蒙。伊人秉兹图,顾盼择所从。而我何为者?开颜捧灵踪。报以漆鸣琴,悬之真珠栊。是时方暑夏,座内若严冬。忆昔谢四骑,学仙玉阳东。千株尽若此,路入琼瑶宫。口咏《玄云歌》,手把金芙蓉。浓蔼深霓袖,色映琅玕中。悲哉堕世网,去之若遗弓。形魄天坛上,海日高曈曈。终骑紫鸾归,持寄扶桑翁。

前半篇规抚昌黎,语多庞杂。"淮山"以下,居然正声。入后层层唱叹,兴寄横生,伸缩起伏之妙,略似工部《韦讽录事宅观曹将军画马歌》。

"敷峰"应是"敷丰"之误。

起句言"万草凉露",乃作诗之时。中言"是时暑夏",乃得画之时。

若删去"孙枝"以下十韵,直以"默与"句接"淮山"句,便为完璧。

戏题枢言草阁三十二韵

君家在河北,我家在山西。百岁本无业,阴阴仙李枝。尚书文与武,战罢幕府开。君从渭南至,我自仙游来。平昔苦南北,动成云雨乖。逮今两携手,对若床下鞋。夜归碣石馆,朝上黄金台。我有苦寒调,君抱《阳春》才。年颜各少壮,发绿齿尚齐。我虽不能饮,君时醉如泥。政静筹画简,退食多相携。扫掠走马路,整顿射雉翳。春风二三月,柳密莺正啼。清河在门外,上与浮云齐。欹冠调玉琴,弹作《松风》哀。又弹《明君怨》,一去怨不回。感激坐者泣,起视雁行低。翻忧龙山雪,却杂胡沙飞。仲容铜琵琶,项直声凄凄。上贴金捍拨,画为承露鸡。君时卧枨触,劝客白玉杯。苦云年光疾,不饮将安归?我赏此言是,因循未能谐。君言中圣人,坐卧莫我违。榆荚乱不整,杨花飞相随。上有白日照,下有东风吹。青楼有美人,颜色如玫瑰。歌声入青云,所痛无良媒。少年苦不久,顾慕良难哉。徒令真珠肌,裹入珊瑚腮。君今且少安,听我苦吟诗。古诗何人作?老大徒伤悲。

长庆体之佳者。

"对若"句粗俚。

中段写景有致,后段尤佳。结四句长庆劣调,最忌效之。

偶成转韵七十二句赠四同舍

沛国东风吹大泽,蒲青柳碧春一色。我来不见隆准人,沥酒空余庙中客。征东同舍鸳与鸾,酒酣劝我悬征鞍。蓝山宝肆不可入,玉中仍是青琅玕。武威将军使中侠,少年箭道惊杨叶。战功高后数文章,怜我秋斋梦蝴蝶。诘旦九门传奏章,高车大马来煌煌。路逢邹枚不暇揖,腊月大雪过大梁。忆昔公为会昌宰,我时入谒虚怀待。众中赏我赋《高唐》,回看屈宋由年辈。公事武皇为铁冠,历厅请我相所难。我时憔悴在书阁,卧枕芸香春夜阑。明年赴辟下昭桂,东郊恸哭辞兄弟。韩公堆上跋马时,回望秦川树如荠。依稀南指阳台云,鲤鱼食钩猿失群。湘妃庙下已春尽,虞帝城前初日曛。谢游桥上澄江馆,下望山城如一弹。鹈鸪声苦晓惊眠,朱槿花娇晚相伴。顷之失职辞南风,破帆坏桨荆江中。斩蛟断璧不无意,平生自许非匆匆。归来寂寞灵台下,着破蓝衫出无马。天官补吏府中趋,生骨瘦来无一把。手封狴牢屯制囚,直厅印锁黄昏愁。平明赤帖使修表,上贺嫖姚收贼州。旧山万仞青霞外,望见扶桑出东海。爱君忧国去未能,白道青松了然在。此时闻有燕昭台,挺身东望心眼开。且吟王粲《从军乐》,不赋渊明《归去来》。彭门十万皆雄勇,首戴公恩若山重。廷评日下握灵蛇,书记眠时吞彩凤。之子夫君郑与裴,何甥谢舅当世才。青袍白简风流极,碧沼红莲倾倒开。我生粗疏不足数,梁父哀吟鸲鹆舞。横行阔视倚公怜,狂来笔力如牛弩。借酒祝公千万年,吾徒礼分常周旋。收旗卧鼓相天子,相门出相光青史。

　　直作长庆体。接落平钝处,未脱元、白习径。中间沉郁顿挫处,则元、白不能为也。

　　"玉骨"句鄙。

　　芥舟曰:"韩公堆上""湘妃庙下""虞帝城前""谢游桥上",句法连犯。"之子""夫君"叠用亦无理。

五言述德抒情诗一百四十韵献上杜七兄仆射相公

帝作黄金阙,仙开白玉京。有人扶太极,惟岳降元精。耿贾官勋大,荀陈地望清。旗常悬祖德,甲令著嘉声。经出宣尼壁,书留晏子楹。武乡传阵法,践土主文盟。自昔流王泽,由来仗国桢。九河分合沓,一柱忽峥嵘。得主劳三顾,惊人肯再鸣。碧虚天共转,黄道日同行。后饮曹参酒,先和傅说羹。即时贤路辟,此夜泰阶平。愿保无疆福,将图不朽名。率身期济世,叩额虑兴兵。感念骰尸露,咨嗟赵卒坑。倘令安隐忍,何以赞贞明？恶草虽当路,寒松实挺生。人言真可畏,公意本无争。故事留台阁,前驱且旂旌。芙蓉王俭府,杨柳亚夫营。清啸频疏俗,高谈屡析酲。过庭多令子,乞墅有名甥。南诏应闻命,西山莫敢惊。寄辞收㺊博,端坐扫欃枪。雅宴初无倦,长歌底有情。槛危春水暖,楼迥雪峰晴。移席牵缃蔓,回桡扑绛英。谁知杜武库,只见谢宣城。有客趋高义,于今滞下卿。登门惭后至,置驿恐虚迎。自是依刘表,安能比老彭？雕龙心已切,画虎意何成？岂有曾黔突,徒劳不倚衡。乘时乖巧宦,占象合艰贞。废忘淹中学,迟回谷口耕。悼伤潘岳重,树立马迁轻。陇鸟悲丹觜,湘兰怨紫茎。归期过旧岁,旅梦绕残更。弱植叨华族,衰门倚外兄。欲陈劳者曲,未唱泪先横。

起四句气脉自阔。

"自昔"四句声华宏壮。

"碧虚"二句太过分。

"感念"一段沉郁顿挫。他人作古诗尚不能如此曲折尽意。

"衰门"句不雅。

今月二日不自度量，辄以诗一首四十韵干渎尊严。伏蒙仁恩俯赐披览奖逾，其实情溢于辞。顾惟疏芜，曷用酬戴？辄复五言四十韵诗献上，亦诗人咏叹不足之义也

家擅无双誉，朝居第一功。四时当首夏，八节应条风。涤濯临清济，巉岩倚碧嵩。鲍壶冰皎洁，王佩玉丁东。原注：挚虞《决录要注》曰："汉末绝无玉佩，侍中王粲识旧佩，始复作之。今玉佩受法于粲也。"处剧张京兆，通经戴侍中。将星临迥夜，卿月丽层穹。下令销秦盗，高谈破宋聋。含霜太山竹，拂雾峄阳桐。乐道乾知退，当官寒匪躬。服箱青海马，入兆渭川熊。固是符真宰，徒劳让化工。凤池春潋滟，鸡树晓瞳昽。愿守三章约，还期九译通。薰琴调大舜，宝瑟和神农。慷慨资元老，周旋值狡童。仲尼羞问阵，魏绛喜和戎。款款将除蠹，孜孜欲达聪。所求因渭浊，安肯与雷同。物议将调鼎，君恩忽赐弓。开吴相上下，全蜀占西东。锐卒鱼悬饵，豪胥鸟在笼。疲民呼杜母，邻国仰羊公。置驿推东道，安禅合北宗。嘉宾增重价，上士悟真空。扇举遮王导，尊开见孔融。烟飞愁舞罢，尘定惜歌终。岸柳兼池绿，园花映烛红。未曾周颙醉，转觉季心恭。系滞喧人望，便蕃属圣衷。天书何日降？庭燎几时烘？早岁乖投刺，今晨幸发蒙。远途哀跛鳖，薄艺奖雕虫。故事曾尊隗，前修有荐雄。终须烦刻画，聊拟更磨砻。蛮岭晴留雪，巴江晚带枫。营巢怜越燕，裂帛待燕鸿。自苦诚先蘖，长飘不后蓬。容华虽少健，思绪即悲翁。感激淮山馆，优游碣石宫。待公三入相，丕祚始无穷。

精力尽于前篇，此为强弩之末矣。

唐人自程试以外，东、冬、锺三韵虽律诗亦通押，盖休文旧赠也，别有说在《沈氏四声考》。

骄儿诗

衮师我骄儿，美秀乃无匹。文葆未周晬，固已知六七。四岁知名姓，眼不视梨栗。交朋颇窥观，谓是丹穴物。前朝尚器貌，流品方第一。不然神仙姿，不尔燕鹤骨。安得此相谓，欲慰衰朽质。青春妍和月，朋戏浑甥侄。绕堂复穿林，沸若金鼎溢。门有长者来，造次请先出。客前问所须，含意不吐实。归来学客面，闯败秉爷笏。或谑张飞胡，或笑邓艾吃。豪鹰毛崭奀，猛马气佶傈。截得青筼筜，骑走恣唐突。忽复学参军，按声唤苍鹘。又复纱灯旁，稽首礼夜佛。仰鞭冒蛛网，俯首饮花蜜。欲争蛱蝶轻，未谢柳絮疾。阶前逢阿姊，六甲颇输失。凝走弄香奁，拔脱金屈戌。抱持多反侧，威怒不可律。曲躬牵窗网，䂮唾拭琴漆。有时看临书，挺立不动膝。古锦请裁衣，玉轴亦欲乞。请爷书春胜，春胜宜春日。芭蕉斜卷笺，辛夷低过笔。爷昔好读书，恳苦自著述。憔悴欲四十，无肉畏蚤虱。儿慎勿学爷，读书求甲乙。穰苴《司马法》，张良黄石术。便为帝王师，不假更纤悉。况今西与北，羌戎正狂悖。诛赦两未成，将养如痼疾。儿当速成大，探雏入虎穴。当为万户侯，勿守一经帙。

本左思《娇女》而拓之。

太冲诗以竟住为高，若按谱填腔即归窠臼，故末以寓慨为出路，方有变化。且古人言简，可以言外见意。既已拓为长篇，而言无归宿，随处可住，则非矣。凡长篇须知此意。

借"请爷"四语递入"爷昔读书"，引起结束一段，有神无迹。

"六甲"诸本无注。按虞裕《谈撰》曰："双陆之戏，最盛于唐。考其制，凡白黑各用六子，乃今人所谓六甲是也。"乃知六甲输失乃与姊双陆不胜耳。

"凝走"当是"痴走"之误。

行次西郊作一百韵

蛇年建午月，我自梁还秦。南下大散关，北济渭之滨。草木半舒坼，有类冰雪晨。又若夏苦热，燋卷无芳津。高田长櫖枥，下田长荆榛。农具弃道旁，饥牛死空墩。依依过村落，十室一无存。存者皆面啼，无衣可迎宾。始若畏人问,及门还具陈。右辅田畴薄,斯民常苦贫。伊昔称乐土,所赖牧伯仁。官清若冰玉,吏善如六亲。生儿不远征,生女事四邻。浊酒盈瓦缶,烂谷堆荆囷。健儿庇旁妇,衰翁舐童孙。况自贞观后,命官多儒臣。例以贤牧伯,征入司陶钧。降及开元中,奸邪挠经纶。晋公忌此事,多录边将勋。因令猛毅辈,杂牧升平民。中原遂多故,除授非至尊。或出幸臣辈,或由帝戚恩。中原困屠解,奴隶厌肥豚。皇子弃不乳,椒房抱羌浑。重赐竭中国,强兵临北边。控弦二十万,长臂皆如猿。皇都三千里,来往同雕鸢。五里一换马,十里一开筵。指顾动白日,暖热回苍旻。公卿辱嘲叱,唾弃如粪丸。大朝会万方,天子正临轩。彩旗转初旭,玉座当祥烟。金障既特设,珠帘亦高褰。捋须蹇不顾,坐在御榻前。忤者死艰屦,附之升顶颠。华侈矜递炫,豪俊相并吞。因失生惠养,渐见征求频。奚寇西北来,挥霍如天翻。是时正忘战,重兵多在边。列城绕长河,平明插旗幡。但闻虏骑入,不见汉兵屯。大妇抱儿哭,小妇攀车轓。生小太平年,不识夜闭门。少壮尽点行,疲老守空村。生分有死誓,挥泪连秋云。廷臣例獐怯,诸将如嬴奔。为贼扫上阳,捉人送潼关。玉辇望南斗,未知何日旋。诚知开辟久,遘此云雷屯。送者问鼎大,存者要高官。抢攘互间谍,孰辨枭与鸾?千马无返辔,万车无还辕。城空鼠雀死,人去豺狼喧。南资竭吴越,西费失河源。因令左藏库,摧毁惟空垣。如人当一身,有左无右边。筋体半痿痹,肘腋生臊膻。历圣蒙此耻,含怀不能宣。谋臣拱手立,相戒无敢先。万国困杼轴,内库无金钱。健儿立霜雪,腹歉衣裳单。馈饷多过时,高估铜与铅。山东望河北,爨烟犹相联。朝廷不暇给,辛苦无半年。行人搉行资,居者税屋椽。中间遂作梗,狼藉用戈铤。临门送节制,以锡通天班。破者以族灭,存者尚迁延。礼数异君父,羁縻如羌零。直求输赤诚,所望大体全。巍巍政事堂,宰相厌八珍。敢问下执事,今谁掌其权?疮痍几十载,不敢扶其根。国蹙赋更重,人稀役弥繁。近年牛医儿,城社更扳援。盲目把大斾,处此京西藩。乐祸忘怨敌,树党多狂狷。生为人所惮,死非人所怜。快刀断其头,列若猪牛悬。凤翔三百里,兵马如黄巾。夜半军牒来,屯兵万五千。乡里骇供亿,老少相扳牵。

儿孙生未孩,弃之无惨颜。不复议所适,但求死山间。尔来又三岁,甘泽不及春。盗贼亭午起,问谁多穷民。节使杀亭吏,捕之恐无因。咫尺不相见,旱久多黄尘。官健腰佩弓,自言为官巡。常恐值荒迥,此辈还射人。愧客问本末,愿客无因循。郿坞抵陈仓,此地忌黄昏。我听此言罢,冤愤如相焚。昔闻举一会,群盗为之奔。又闻理与乱,在人不在天。我愿为此事,君前剖心肝。叩头出鲜血,滂沱污紫宸。九重黯已隔,涕泗空沾唇。使典作尚书,厮养为将军。慎勿道此言,此言未忍闻。

亦是长庆体,而气格苍劲,则胎息少陵,故衍而不平,质而不俚。虽未敢遽配《北征》,然自在《南山》以上。

通首归咎任用之非人,段段申明此意。

"草木半舒坼"以下四句与"建午月"起句不合,当是"建申月"之讹。

"有类冰雪晨"句,朱本原作"不类",此从汲古阁本。

"椒房"句是义山病痛,工部集中断无此语。

"诚知"二句筋节震动。

"问谁多穷民"乃上问下答句法,汉童谣曰"谁其获者妇与姑",即是此格。

"我听"以下,淋漓郁勃。非此一束,不能结此长篇。

井泥四十韵

皇都依仁里,西北有高斋。昨日主人氏,治井堂西陲。工人三五辈,辇出土与泥。到水不数尺,积共庭树齐。他日井甃毕,用土益作堤。曲随林掩映,缭以池周回。下去冥寞穴,上承雨露滋。寄辞别地脉,因言谢泉扉。升腾不自意,畴昔忽已乖。伊余掉行鞅,行行来自西。一日下马到,此时芳草萋。四面多好树,日暮云霞姿。晚落花满地,幽鸟鸣何枝?萝幄既已荐,山樽亦可开。待得孤月上,如与佳人来。因兹感物理,恻怆平生怀。茫茫此群品,不定轮与蹄。喜得舜可禅,不以瞽瞍疑。禹竟代舜立,其父吁咈哉。嬴氏并六合,所来因不韦。汉祖把左契,自言一布衣。当涂佩国玺,本乃黄门携。长戟乱中原,何妨起戎氏。不独帝王耳,臣下亦如斯。伊尹佐兴王,不借汉父资。磻溪老钓叟,坐为周之师。屠狗与贩缯,突起定倾危。长沙启封土,岂是出程姬?帝问主人翁,有自卖珠儿。武昌昔男子,老苦为人妻。蜀王有遗魄,今在林中啼。淮南鸡舐药,翻向云中飞。大钧运群有,难以一理推。顾于冥冥内,为问秉者谁?我恐更万世,此事愈云为。猛虎与双翅,更以角副之。凤凰不五色,联翼上鸡栖。我欲秉钧者,揭来与我偕。浮云不相顾,寥沉谁为梯?悒怏夜将半,但歌井中泥。

长庆体之不佳者。

新添集外诗

夜 思

银箭耿寒漏,金釭凝夜光。彩鸾空自舞,别雁不相将。寄恨一尺素,含情双玉珰。会前犹月在,去后始宵长。往事经春物,前期托报章。永令虚綮枕,长不掩兰房。觉动迎猜影,疑来浪认香。鹤应闻露警,蜂亦为花忙。古有阳台梦,今多下蔡倡。何为薄冰雪?消瘦滞非乡。

此乃艳词,西昆下派,虽雕琢而不工。

思贤顿

内殿张弦管,中原绝鼓鼙。舞成青海马,斗杀汝南鸡。不见华胥梦,空闻下蔡迷。宸襟他日泪,薄暮望贤西。

五、六太露骨,遂为全篇之累。

无 题

万里风波一叶舟,忆归初罢更夷犹。碧江地没元相引,黄鹤沙边亦少留。益德冤魂终报主,阿童高义镇横秋。人生岂得长无谓,怀古思乡共白头。

此是佚去本题而编录者署曰《无题》,非他寓言之比。

全篇从"更夷犹"三字生出。

前四句低徊徐引,五、六振起,七、八以曼声收之,绝好笔意。

"怀古思乡"收缴第二句,完密。

"地没"二字不可解。午桥曰当作"地脉",亦一说。

有怀在蒙飞卿

薄宦频移疾,当年久索居。哀同庾开府,瘦极沈尚书。城绿新阴远,江清返照虚。所思惟翰墨,从古待双鱼。

第三句太过。唐虽乱而未亡,义山亦非窜身别国也。

"从古"二字不可解。

春深脱衣

睥睨江鸦集,堂皇海燕过。减衣怜蕙若,展帐动烟波。日烈忧花甚,风长奈柳何?陈遵容易学,身世醉时多。

五、六寓意,然五句太拙。结二句不切。

怀求古翁

何时粉署仙,傲兀逐戎旃。关塞犹传箭,江湖莫系船。欲收棋子醉,竟把钓车眠。谢朓真堪忆,才多不忌前。

五月十五夜忆往岁秋与彻师同宿

紫阁相逢处,丹岩议宿时。堕蝉翻败叶,栖鸟定寒枝。万里飘流远,三年问讯迟。炎方忆初地,频梦碧琉璃。

一气浑圆,如题即住,所谓恰到好处也。

次联亦深有托寓。

城　上

有客虚投笔,无憀独上城。沙禽失侣远,江树著阴轻。边遽稽天讨,军须竭地征。贾生游刃极,作赋又论兵。

五、六不成句,七、八佻薄。

如 有

如有瑶台客，相难复索归。芭蕉开绿扇，菡萏荐红衣。浦外传光远，烟中结响微。良宵一寸焰，回首是重帏。

不甚可解，语亦未工。

朱槿花二首

莲后红何患？梅先白莫夸。才飞建章火，又落赤城霞。不卷锦步障，未登油壁车。日西相对罢，休浣向天涯。

前六句拙鄙之甚。

西北朝天路，登临思上才。城闲烟草遍，村暗雨云回。人岂无端别，猿应有意哀。征南余更远，吟断望乡台。

此当是怀人之作，误入此题下。虽无新意，而句句老成。

寓 怀

彩鸾餐颢气，威凤入卿云。长养三清境，追随五帝君。烟波遗汲汲，缯缴任云云。下界围黄道，前程合紫氛。《金书》惟是见，玉管不胜闻。草为回生种，香缘却死熏。海明三岛见，天迥九江分。寨树无劳援，神禾岂用耘？斗龙风结阵，恼鹤露成文。汉岭霜何早，秦宫日易曛。星机抛密绪，月杼散灵芬。阳鸟西南下，相思不及群。

略涉铺排，句法尚健。

木 兰

二月二十二，木兰开坼初。初当新病酒，复自久离居。愁绝更倾国，惊新闻远书。紫丝何日障？油壁几时车？弄粉知伤重，调红或有余。波痕空映袜，烟态不胜裾。桂岭含芳远，莲塘属意疏。瑶姬与神女，长短定何如？

累句太多，语亦浮泛。

细雨成咏献尚书河东公

　　洒砌听来响，卷帘看已迷。江间风暂定，云外日应西。稍稍落蝶粉，班班融燕泥。飐萍初过沼，重柳更缘堤。必拟和残漏，宁无晦暝鼙。半将花漠漠，全共草萋萋。猿别方长啸，乌惊始独栖。府公能八咏，聊且续新题。

　　刻画细腻，然只是试帖家数。

　　"必拟"二句太拙。

病中闻河东公乐营置酒，口占寄上

　　闻驻行春旆，中途赏物华。缘忧武昌柳，遂忆洛阳花。嵇鹤原无对，荀龙不在夸。只将沧海月，长压赤城霞。兴欲倾燕馆，欢终到习家。风长应侧帽，路隘岂容车。原注：《乐府》："相逢狭路间，路隘不容车。"楼迥波窥镜，窗虚日弄纱。锁门金了鸟，展幛玉鸦叉。舞妙从兼楚，歌能莫杂巴。必投潘岳果，谁掺祢衡挝。刻烛当时忝，传杯此夕赊。可怜漳浦卧，愁绪乱如麻。

回中牡丹为雨所败二首

　　下苑当年未可追，西州今日忽相期。水亭暮雨寒犹在，罗荐春香暖不知。舞蝶殷勤收落蕊，有人惆怅卧遥帷。章台街里芳菲伴，且问宫腰损几枝？

　　纯乎唱叹，何处着一滞笔！

　　第四句对面衬出，对法奇变，意亦妙远。

　　蝶无收落花之理。"舞"字应是"无"字之误。"无蝶""有人"，感慨得神，大胜"舞蝶"。"佳人"字似因讹"无"为"舞"，校者嫌其不对，改为"佳人"就之也。长孺注非。

　　"章台"二句深情忽触，妙绝言诠。

　　浪笑榴花不及春，先期零落更愁人。玉盘迸泪伤心数，锦瑟惊弦破梦频。

万里重阴非旧圃，一年生意属流尘。《前溪》舞罢君回顾，并觉今朝粉态新。

结句言他日零落更有甚于今日者，挽过一步，与长江"并州故乡"同一运意。

拟　意

怅望逢张女，迟回送阿侯。空看小垂手，忍问大刀头。妙选茱萸帐，平居翡翠楼。云屏不取暖，月扇未遮羞。上掌真何有，倾城岂自由。楚妃交荐枕，汉后共藏阄。夫向羊车觅，男从凤穴求。书成《袚禊帖》，唱杀《畔牢愁》。夜杵鸣江练，春刀解石榴。象床穿幰网，犀帖钉窗油。仁寿遗明镜，陈仓拂彩球。真防舞如意，佯盖卧箜篌。濯锦桃花水，溅裙杜若洲。鱼儿悬宝剑，燕子合金瓯。银箭催摇落，华筵惨去留。几时销薄怒，从此抱离忧。帆落啼猿峡，樽开画鹢舟。急弦肠对断，剪蜡泪争流。璧马谁能带？金虫不复收。银河扑醉眼，珠串咽歌喉。去梦随川后，来风贮石邮。兰丛衔露重，榆荚点星稠。解佩无遗迹，凌波有旧游。曾来《十九首》，私谶咏牵牛。

此是艳词，更无寓意。

起四句总提，"银箭"四句上下转关，后四句总收。局亦清整。

谢往桂林至彤庭窃咏

辰象森罗正，勾陈翊卫宽。鱼龙排百戏，剑佩俨千官。城禁将开晚，宫深欲曙难。月轮移枌梓，仙路下栏干。共贺高禖应，将陈寿酒欢。金星压芒角，银汉转波澜。王母来空阔，羲和上屈盘。凤凰传诏旨，獬豸冠朝端。造化中台座，威风上将坛。甘泉犹望幸，早晚冠呼韩。

宏敞称题，结寓伤时之意，亦不露骨。

廉衣曰："鱼龙"句欠庄，"王母"句无谓，"羲和"句未浑成。

烧香曲

钿云蟠蟠牙比鱼，孔雀翅尾蛟龙须。漳宫旧样博山炉，楚娇捧笑开芙蕖。

八蚕茧绵分小炷,兽焰微红隔云母。白天月泽寒未冰,金虎含秋向东吐。玉佩呵光铜照昏,帘波日暮冲斜门。西来欲上茂陵树,柏梁已失栽桃魂。露庭月井大红气,轻衫薄细当君意。蜀殿琼人伴夜深,金銮不问残灯事。何当巧吹君怀度,襟灰为土填清露。

此长吉体之不佳者,句句僻涩。

送从翁东川弘农尚书幕

长孺曰:按此题重见。又全诗都咏禄山乱后事,与题无干,必有脱误。

昔帝回冲眷,维皇恻上仁。三灵迷赤气,万汇叫苍旻。刊木方隆禹,升陑始创殷。夏台曾圮闭,汜水敢逡巡。拯溺休规步,防虞要徙薪。蒸黎今得请,宇宙昨还淳。缵祖功宜急,贻孙计甚勤。降灾虽代有,稔恶不无因。宫掖方为蛊,边隅忽遘迍。献书秦逐客,间谍汉名臣。北伐将谁使?南征决此辰。中原重板荡,玄象失钩陈。诘旦违清道,衔枚别紫宸。兹行殊厌胜,故老遂分新。去异封于巩,来宁避处豳。永嘉几失坠,宣政遽酸辛。元子当传启,皇孙合授询。时非三揖让,表请再陶钧。旧好盟还在,中枢策屡遵。苍黄传国玺,违远属车尘。雏虎如凭怒,漦龙性漫驯。封崇自何等,流落乃斯民。逗挠官军乱,优容败将频。早朝披草莽,夜缒达丝纶。忘战追无及,长驱气益振。妇言终未易,庙算况非神。日驭难淹蜀,星旄要定秦。人心诚未去,天道亦无亲。锦水湔云浪,黄山扫地春。斯文虚梦鸟,吾道欲悲麟。断续殊乡泪,存亡满席珍。魂销季羔窦,衣化子张绅。建议庸何所?通班昔滥臻。浮生见开泰,独得咏汀蘋。

题既讹误,诗末六句,亦似天宝朝臣作于乱定之后者,义山时不相及,必他作误收李集也。语自苍健可诵。

晋昌晚归马上赠

勇多侵露去,恨有碍灯还。嗅自微微白,看成沓沓殷。坐来疑物外,归去有帘间。君问伤春句,千辞不可删。

前四句不成语,亦不可解。

哭虔州杨侍郎虞卿

汉网疏仍漏,齐民困未苏。如何大丞相,翻作弛刑徒？中宪方外易,尹京终就拘。本矜能弭谤,先议取非辜。巧有凝脂密,功无一柱扶。深知狱吏贵,几迫季冬诛。叫帝青天阔,辞家白日晡。流亡诚不吊,神理若为诬。在昔恩知忝,诸生礼秩殊。入韩非剑客,过赵受钳奴。楚水招魂远,邙山卜宅孤。甘心亲垤蚁,旋踵戮城狐。原注:是冬,舒、李伏易。阴鸷今如此,天灾未可无。莫凭牲玉请,便望救焦枯。

措语多未浑成,结亦太尽,不及《哭遂州萧侍郎》诗。

原注"伏易"字有讹,然诸本并同。

寄太原卢司空三十韵

隋舰临淮甸,唐旗出井陉。断鳌揩四柱,卓马济三灵。祖业隆盘石,孙谋复大庭。从来师俊杰,可以焕丹青。旧族开东岳,雄图奋北溟。邪同猰𧴐触,乐伴凤凰听。酣战仍挥日,降妖亦斗霆。将军功不伐,叔舅德惟馨。鸡塞谁生事？狼烟不暂停。拟填沧海鸟,敢竞太阳萤。内草才传诏,前茅已勒铭。那劳《出师表》,尽入《大荒经》。德水萦长带,阴山绕画屏。只忧非繄肯,未觉有膻腥。保佐资冲漠,扶持在杳冥。乃心防暗室,华发称明廷。按甲神初静,挥戈思欲醒。羲之当妙选,原注:小弟羲叟早蒙眷以嘉姻。孝若近归宁。原注:三十五丈明府高科来归膝下。月色来侵幌,诗成有转棂。罗含黄菊宅,柳恽白𬞟汀。神物龟酬孔,仙才鹤姓丁。西山童子药,南极老人星。自顷徒窥管,于今愧挈瓶。何由叨末席,还得叩玄扃。庄叟虚悲雁,终童漫识鲭。幕中虽策画,剑外且伶俜。侯侯行忘止,鳏鳏卧不瞑。身应瘠于鲁,泪欲溢为荥。禹贡思金鼎,尧图忆土铏。公乎来入相,王欲驾云亭。

前半气象自伟,后半浅弱不称。且"羲之"二句、"禹贡"二句转折皆不分明,"罗含"六句亦杂凑不联贯,不及《上杜仆射》诗。

"降妖"句不雅,"泪欲"句趁韵。

安平公诗

原注:故赠尚书讳戎。

丈人博陵王名家,怜我总角称才华。华州留语晓至暮,高声喝吏放两衙。明朝骑马出城外,送我习业南山阿。仲子延岳年十六,面如白玉欹乌纱。其弟炳章犹两丱,瑶林琼树含奇花。陈留阮家诸侄秀,逦迤出拜何骈罗。府中从事杜与李,麟角虎翅相过摩。清词孤韵有歌响,击触钟磬鸣环珂。三月石堤冻销释,东风开花满阳坡。时禽得伴戏新木,其声尖咽如鸣梭。公时载酒领从事,踊跃鞍马来相过。仰看楼殿撮清汉,坐视世界如恒沙。面热脚掉互登陟,青云表柱白云崖。一百八句在贝叶,三十三天长雨花。长者子来辄献盖,辟支佛去空留靴。公时受诏征东鲁,遣我草诏随车牙。顾我下笔即千字,疑我读书倾五车。呜呼大贤苦不寿,时世方士无灵砂。五月至止六月病,遽颓泰山惊逝波。明年徒步吊京国,宅破子毁哀如何。西风冲户卷素帐,隟光斜照旧燕窠。古人常叹知己少,况我沦贱艰虞多。如公之德世一二,岂得无泪如黄河。沥胆咒愿天有眼,君子之泽方滂沱。

真朴无纤态,自是正声,然非佳篇也。

"沥胆"句鄙俚。

赤　壁

朱长孺曰:以下四首一本阙。

此诗又载《杜樊川集》。

折戟沉沙铁未销,自将磨洗认前朝。东风不与周郎便,铜雀春深锁二乔。

讥公瑾之幸成,自是僻论。许彦周讥其不念宗社而念妇人,却不中其病。大乔乃伯符之妻、仲谋之嫂；小乔乃公瑾妻也。宗社不亡，二人焉得被辱？全不识诗人措词之法矣。

垂　柳

垂柳碧髿茸，楼昏雨带容。思量成夜梦，束久废春慵。梳洗凭张敞，乘骑笑稚恭。碧虚随辅笠，红烛近高舂。怨目明秋水，愁眉澹远峰。小阑花尽蝶，静院醉醒蛩。旧作琴台凤，今为药店龙。宝奁抛掷久，一任景阳钟。

雕琢烦碎。

"醉醒"言醉而醒耳，与"花尽"作对。长孺疑作"醉闻"，非。

清夜怨

含泪坐春宵，闻君欲度辽。绿池荷叶嫩，红砌杏花娇。曙月当窗满，征云出塞遥。画楼终日闭，清管为谁调？

诗自不失体格，词气亦不似义山。

定　子

此首亦见《樊川外集》。

檀槽一抹广陵春，定子初开睡脸新。却教吃虚隋炀帝，破家亡国为何人？

末二句不成语。

唐人试律说

〔清〕纪昀 撰

编校说明

《唐人试律说》以清乾隆二十五年刊本为底本,并参校《文苑英华》。

自　序

　　诗至试律而体卑，虽极工，论者弗尚也。然同源别派，其法实与诗通。度曲倚歌，固非古乐，要不能废五音也。迩来选本至夥，大抵笺注故实，供初学者之剽窃。初学乐于剽窃，亦遂纷然争购之。于抄袭诚便矣，如诗法何？

　　今岁夏，枣强李生清彦、宁津侯生希班、延庆郭生墉及余姊子马葆善，从余读书阅微草堂。偶取其案上唐试律，粗为别白，举其大凡。诸子不鄙余言，集而录之，积为一册。因略为点勘，而告之曰：余于此事，亦所谓揣骨听声者也。然窃闻师友之绪论曰：为试律者，先辨体。题有题意，诗以发之，不但如应制诸诗，惟求华美，则襞积之病可免矣。次贵审题，批窾导会，务中理解，则涂饰之病可免矣。次命意，次布格，次琢句，而终之以炼气炼神。气不炼，则雕镂工丽，仅为土偶之衣冠；神不炼，则意言并尽，兴象不远，虽不失尺寸，犹凡笔也。大抵始于有法，而终于以无法为法；始于用巧，而终于以不巧为巧。此当寝食古人，培养其根柢，陶镕其意境，而后得其神明变化、自在流行之妙，不但求之试律间也。若夫入门之规矩，则此一册书，略见大意矣。

　　是书也，体例略仿《瀛奎律髓》。为诗不及七八十首，采诸说不过三两家，借以论诗，不求备也。诗无伦次，随说随录，不更编也。其词质而不文，烦而不杀，取示初学，非著书也。持论颇刻核，欲初学知所别择，非与古人为难也。管窥之见，不过如此。如欲考据故实，则有诸家之书在。

乾隆己卯秋七月，河间纪昀书

数荚

元 稹

将课司天历,先观近砌荚。一旬开应月,五日数从星。桂满丛初合,蟾亏影渐零。辨时常有素,数闰或余青。坠叶推前事,新芽察未形。尧年始今岁,方欲瑞千龄。

题重"数"字,非咏荚英。起二句醒题意也。必先知其数,而后数之。旬数十,星数五,合为十五叶也。五句言望而叶齐,六句言既望而落,七句言开落有常,八句补小月则一叶不落。意以尽其变,逐细分析,荚英之数已尽。九句、十句,复从既落之后推及次月之复生,则日月不穷矣,故以"千龄"结之。

"十"非月之数,此避下句"日"字而然,然是语病。五日从星,亦牵合无理。

"青"对"素",假对法也。闰生于小月,故曰"数闰"。

"辨时"句总承上文,"数闰"句乃补出小月,"坠叶"句又总承上文,"新芽"句乃推到次月,诗须如此层次分明。

"荚英生庭"乃尧事,结以顾母为颂词。微之以元和元年登第,适值改元,故曰"始今岁"。试帖原有关合时事之体。

第十一句单拗格,说详《泗滨得石磬》诗。

白云归帝乡

黄 滔

杳杳复霏霏,应缘有所依。不言天路远,终望帝乡归。高岳和霜过,遥关带月飞。渐怜双阙近,宁恨众山违。阵触银河乱,光连粉署微。旅人随计日,自笑比麻衣。

以白云自寓,着意"归帝乡"三字。而"和霜""带月""银河""粉署",

"白"字即随手点缀,轻重有伦。

"高岳"二句,言"望帝乡"而来唐都长安,故以华岳函关为点缀。"渐怜"二句,言其将至,"光连粉署"则已至矣。写"归"字有层次。

第一句破"白云",第二句破"归帝乡",而措语近拙。余欲以靖节《咏贫士》语注:靖节《贫士》诗曰:"万族各有托,孤云独无依。"改为"杳杳复霏霏,孤云何所依",既点"云"字,又与三、四句呼应;且以"孤云"比贫士,尤与末二句秘响潜通。

《庄子》:"乘彼白云,至于帝乡。"郭象注曰:"气散则无不之。"明以登遐为言,殊难措笔。故此诗就题论题,直以"帝乡"为京师。凡题有应顾本旨者,如"风雨鸡鸣",必不可不切君子;有可不拘本旨者,如"春草碧色",可不必切送别,各以意消息之。

"杳杳"句,唐人试律之陋调,不宜效之。

风雨鸡鸣

李　频

不为风雨变,鸡德一何贞？在暗长先觉,临晨即自鸣。阴霾方见信,顷刻讵移声。向晦如相警,知时似独清。萧萧和断漏,喔喔报重城。欲识诗人兴,中含君子情。

以"风雨"比乱世,以"鸡鸣"比君子不改节,此双关题也。然纯为比体,未言正意。通篇隐隐切合,结处乃画龙点睛。此一定之法,可以为式。中八句语多拙滞,分别观之。

以"萧萧"二句移作第三联,以"阴霾"二句移作第五联,文义更顺。盖"萧萧"二句是题面,在篇中则可,在篇末则嫌敷衍。"阴霾"二句是题意,移在篇末,尤与结句呼应也。

雨夜帝里闻猿声
吴　融

雨滴秦山夜,猿闻峡外声。已吟何逊恨,还赋屈平情。暗逐哀鸿唳,遥含禁漏清。直疑游万里,不觉在重城。霎霎侵灯乱,啾啾入梦惊。明朝临晓镜,别有鬓丝生。

题有三层,一层不容脱略。"雨滴秦山夜",点"雨夜帝里"。"猿闻峡外声",点"闻猿"。"已吟何逊恨",承"雨夜"。"还赋屈平情",承"猿声"。"暗逐哀鸿唳",写"猿声"。"遥含禁漏清",写"雨夜",兼写"帝里"。因上三句但写"雨夜""闻猿",恐"帝里"字竟脱,故急挽合之。"直疑"二句,即剔醒"帝里"字。"霎霎",雨也;"侵灯乱",则夜雨。"啾啾",猿也;"入梦惊",则夜猿。"明朝"二句,结"夜"字,结"闻"字,而以求名未遂为祈请,并"帝里"亦暗结矣。

何逊有"夜雨滴空阶"句,屈平《九歌》有"猿啾啾兮狖夜鸣"句,三、四句用此意。然食古不化,遣词太晦,此堆砌典故之病。

玄元皇帝应见贺圣祚无疆
殷　寅

应历生周日,修祠表汉年。复兹秦岭上,殊似霍山前。昔赞神功起,今符圣祚延。已题金简字,仍访玉堂仙。睿祖光元始,曾孙体又元。言因六梦接,庆叶九龄传。北阙心超矣,南山寿固然。无由同拜庆,窃抃贺陶甄。

起二句叙"玄元皇帝"缘起,三、四句以旧事衬出"应见"。五、六句即借势折入"圣祚无疆"。七句用泰山金策古帝王年祚事。八句拍合梦见老子访求遗像事,言圣祚本自无疆,而又得此瑞应。补干有体,跌宕有势。此八句纯以机轴起伏。九句、十句言家法相传,心源相续,应抉"应见"之所以然。十一句正赋"应见",十二句急接"圣祚无疆"。十三、十四句言端拱无为,得老子延年清净之旨,抉"圣祚无疆"之所以然。此六句纯以意义推阐,实际虚神,互相映发,诗法也。末二句于祈请之中,补点"贺"字,亦完密。

凡律句,无孤平。"言因"二字皆平声,故"六梦接"可以三仄,此律句定格,不须下句更互救者。若"言因"字再用一仄声,则为孤平失调,下句更无救法矣。俗有"一三五不论"之说,其言固陋;谨守声韵,不考唐人变例者,又以三仄为失调,皆非也。

"六梦"乃《周礼》旧典,写"应见",极雅;"九龄"正家庭间事,关合"玄元皇帝",亦警切。

"北阙"二句,虚字自然。凡诗押虚字最难,苟非限韵,可不必作茧自缚。

主上元日梦王母献白玉环

丁 泽

梦中朝上日,阙下拜天颜。仿佛瞻王母,分明献玉环。灵姿趋甲帐,悟道契玄关。似见霜姿白,如看月彩弯。霓裳归物外,凤历晓人寰。仙圣非相远,昭昭寤寐间。

"悟道"字不对"灵姿",必有误。戴东原曰:"'悟'字或是'妙'字之讹。"然"灵姿"句顶"瞻王母",此句宜顶"献玉环",方与下联相接。横插此句,上下语脉殊不贯。"元日"为履端之首,有此瑞应,非比常时,亦不应略,皆是瑕疵。惟末二句抉题之根,斡旋有力,立言有体,足为运意之法。

此梦无与授时之事,"凤历"必"凤诏"之讹。盖当时宣示此梦,故用为试题。

元日望含元殿御扇开合

张　莒

万国来初岁,千年觐圣君。辇迎仙仗出,扇匝御香焚。俯对朝元近,先知曙色分。冕旒开处见,钟磬合时闻。影动承朝日,花攒似庆云。蒲葵那可比,徒用隔炎氛。

题无深意,但写形似而已。"御扇"不必元日含元殿始有。起二句点明"元日",五、六句带写"含元殿"不竟,略过足矣,无须刻画。此似脱非脱,所谓四体妍媸也。

海盐朱氏曰:结用"蒲葵"为比,用意稍落偏小,能收应"元日"更佳。

中和节诏赐公卿尺

陆复礼

春仲令初吉,欢娱乐大中。皇心贞百度,宝尺赐群公。欲使方隅法,还令规矩同。捧观珍质丽,拜受圣恩崇。共荷裁成德,思酬分寸功。从兹度天地,与国庆无穷。

《李泌传》称:"废正月晦,以二月朔为中和节,因赐大臣戚里尺,谓之裁度。"则赐尺本有取义,非比偶然,故诗发裁度之旨。尺之形状、赐之典礼,七、八句一点即足,此立言体。

九句本作"如荷丘山重",句无所取,为移李观诗,此句补之,浑然无迹。

第一句"令"字用仄,平仄失调。唐人起结原不拘,如文昌《反舌无声》诗,并二四亦不谐是也。今则不可,必不得已,下句当以"平仄平"救之,说详《泗滨得石磬》诗。

清明日赐百僚新火

韩 濬

朱骑传红烛,天厨赐近臣。火随黄道见,烟绕白榆新。荣耀分他日,恩光共此辰。更调金鼎味,还暖玉堂人。灼灼千门晓,辉辉万井春。应怜萤聚者,瞻望及东邻。

海盐朱氏曰:朱、红、黄、白,四句中见之,出以错互过,不碍格。季春,心星出东方。心是大火,出黄道之东,故曰"火随黄道见";春取榆柳之火,而天上星亦曰"白榆",故蒙上句曰"烟绕白榆新"。"荣耀分他日",就"他日"拓一笔;"恩光共此辰"钩入"赐"字。四联实赋百僚,五联推及千门万井。注:朱氏又谓:四、五两联承"共"字,误。"赐火"不及"千门万井"。结乃就己身寓祈请,此章法也。末联"萤聚"者,指聚萤之人。此诗无萤可聚,则瞻望"东邻",希其凿壁分光也。若作"萤聚夜",清明之夜,安得聚萤?

结寓祈请,唐试律类然,亦一时风气如是,今则不必。又如颂圣作结,固属对扬之体,然亦须关合本题。若以通套肤词,后半篇支缀三四韵,非诗法也。

此及王濯诗,世并传诵。然彼诗起四句泛言"赐火",不及此作首二句点"赐火",三句点"清明",四句点"新火"也。彼诗五句"金屋"字不切"百僚",六句"锦茵"字趁韵,不切"火",七句、八句虽点染"清明",而上下语脉横隔,不及此作。五句从赐"百僚"补题,六句拍"清明"醒题,七句、八句紧切"百僚",言"赐火"。后四句意思相等,然余波剩意不足道矣。互相比较,可悟诗法。

晨光动翠华

早朝开紫殿,佳气逐清晨。北阙华旌在,东方曙景新。影连香雾合,光媚庆云频。鸟羽飘难定,龙文照转真。直宜冠佩入,长爱冕旒亲。摇动祥烟里,朝朝映侍臣。

　　首二句全不点题。然紫殿所以有"翠华",清晨所以有"晨光",题境甚狭,宽以引之之法也。三、四句承明,五、六句写"晨光",隐含"动"字。七句实写"动"字,八句实写"晨光","龙文"、"鸟羽"切定"翠华",虚实隐显,步伍厘然。若次句"逐"字费解,三句"在"字太稚,后四句支缀完篇,且"直宜"句文义不明,皆是疵病,不必曲为之词。

　　此题极难摹写。动非真动,乃日光所烁,炫耀不定,有似于动耳。余常拟一篇曰:"日抱丹乌上,旗开翠凤新。陆离光莫定,炫耀望难真。不道精芒闪,惟疑荡漾频。龙蛇微掣影,杨柳共摇春。玉仗临黄道,金光震紫宸。祥原征五色,彩更焕三辰。仙旆高迎旭,灵风不动尘。森严瞻羽卫,长此颂重轮。"

观庆云图

　　五云从表瑞,藻绘宛成图。柯叶何时改?丹青此不渝。非烟色尚丽,似盖状应殊。渥彩看犹在,轻阴望已无。方将遇翠幄,那羡起苍梧。欲识从龙处,今逢圣合符。

　　题为《观庆云图》,则"图"字、"观"字,乃诗之眼。泛写"庆云",无当题旨。诗能批题之窾。

　　七句"犹"字复五句"尚"字,改为"如"字即合。

府试开观元皇帝东封图

马　戴

　　俨若翠华举,登封图乍开。冕旒明主立,冠剑侍臣陪。迹类飞仙去,光同拜日来。粉痕疑检玉,黛色讶生苔。挂壁云将起,凌风仗若回。年年复东幸,鲁叟望悠哉。

　　命意与《观庆云图》诗同,而笔力尤健。马于晚唐诗人中,风骨本高也。故试律虽小技,亦必学有根柢乃工。

首二句双拗格,说详《泗滨得石磬》诗。

"粉痕"二句以诗法论之,点缀纤巧,所谓下劣诗魔也。在试律则不失为好句。文各有体,言各有当,在善读者别择之。

"挂壁"句,用"白云起封中"事,无迹。沧浪所谓着盐水中,饮水方知盐味者也。刘随州《过贾谊故宅》诗曰:"秋草独寻人去后,寒林空见日斜时。"前人称其用《鵩赋》"主人将去,庚子日斜"二语,浑然不露,可以为法。十句复首句"若"字,"仗"字亦复"翠华"。

海上生明月

柴宿

皎皎中秋月,团团海上生。影开金镜满,轮抱玉壶清。渐出三山上,将凌一汉横。素娥尝药去,乌鹊绕枝惊。照水光偏白,浮云色最明。此时尧砌下,蓂荚自将荣。

前六句具大神力,人所共见。七、八句堆砌月事,绝不入题;七句尤不可解。九、十句,但似寻常水月之景,既脱"生"字,亦不称。海上月满则"蓂荚"将落,末句乃曰"将荣",殊纰缪。分别观之。

"三山上"本作"三山嶿",西河改为"上"字。按:《广韵》:"嶿,子结切,高山貌。"义虽通而字太僻,故从毛本易之。

"金镜""玉壶",今已为咏月恶套。然自后来用滥,不得归咎创始之人。

"金镜""玉壶"之类,本非古人佳处。而初学剽窃专在此等,昔人所谓偷语钝贼也。况诗之为道,非惟语不可偷,即偷势、偷意亦归窠臼。夫悟生于相引,有触则通;力迫于相持,势穷则奋。善为诗者,当先取古人佳处,涵泳之,使意境活泼,如在目前,拟议之中自生变化。如"萧萧马鸣,悠悠旆旌",王籍化为"蝉噪林逾静";"光风转蕙,泛崇兰些",荆公化为"扶舆度阳焰,窈窕一川花",皆得其句外意也。水部《咏梅》有"横枝却月观"句,和靖化为"水边篱落忽横枝""疏影横斜水清浅",东坡化为"竹外一枝斜更好",皆得其句中味也。"春水满四泽",变为"野水多于地","夏云多奇峰",变为"山杂夏云多",就一句点化也。"千峰共夕阳",变为"夕阳山外山","日华川上动",变为"夕阳明灭乱流中",就一字引伸也。"到江吴地尽,隔岸越山多",变为"吴越到江分",缩之而妙也。"曲径通幽处,禅房花木深",变为"微雨晴复滴,小窗幽且妍。盆山不见日,草木自苍然",衍之而妙也。如是有得,乃立古人于前,竭吾力而与之角。如双鹄并翔,各极所至。如两鼠斗穴,不胜不止。思路断绝之处,必有精神坌涌,忽然遇之者,正不必挦扯玉溪随人作计也。

月映清淮流

淮月秋偏静,含虚夜转明。桂花窥镜发,蟾影映波生。澹滟轮初上,徘徊魄正盈。遥塘分草树,近浦写山城。桐柏流光远,蠙珠濯景清。孤舟方利涉,更喜照前程。

海盐朱氏曰:陈云首句点明"淮月",故五联"桐柏""蠙珠"有根,良然。若诗之佳处,更在由虚入实,次第绝好。次联虚写"映""流",四联写"映清淮流",亦用虚摹;五联则切淮上事。此等句原不宜多也,句句填写清淮故事,气必窒而不通矣。如四联极其蕴藉,不必有淮上事,何尝非淮上真景耶?

秋月悬清辉

蒋　防

题句未省所出,坊本改为"秋月扬明辉",就顾恺之《神情诗》句,诗与题遂不相关,可谓削趾适履矣。

秋月沿霄汉,亭亭委素辉。山明桂花发,池满夜珠归。入牖人偏揽,临枝鹊正飞。影连平野净,轮度晓云微。晶晃浮轻露,徘徊映薄帷。此时千里道,延望独依依。

海盐朱氏曰:此与《秋日悬清光》题同,亦须"悬"字用意。起联"沿"字、"委"字炼得精细,故"悬"字不烦再点。

"夜珠归"字,暗用"合浦珠还"事,非趁韵也。

"山明"句,"秋"也;"池满"句,"月"也。"入牖"二句,"清辉"也。"影连"二句,"悬"字也。此二句不言秋而秋意在,神似者不以貌也。"晶晃"句申本题,"徘徊"句归到己身。末二句,以祈请结之。虽无奇语,要自不失法度。人必五官四体具足,而后论妍媸;工必规矩准绳不失,而后论工拙。佳句层出而语脉横隔,反不如文从字顺,平易无奇。李嘉祐"野树花争发,春塘水乱流"句,宋人以为至佳。然上联曰"年华初冠带,文体旧弓裘",下联曰"使君怜小阮,应念倚门愁",十字横亘其中,竟作何解?孟公《晚泊浔阳望庐山》诗无句可摘,神妙乃不可思议,可悟诗法矣。

"帷"字,《广韵》"八微"不收,应作"帏"字。然阮嗣宗"薄帷鉴明月"句,实作"帷"字。《唐韵》收字甚宽,如麻韵有"佳"字,模韵有"浮"字之类,宋修《广韵》乃删去,未可以宋韵定唐韵出入也。

闰月定四时

徐 至

积数归成闰,羲和旧职司。分铢标斗建,盈缩正人时。节候潜相应,星辰自合期。寸阴宁越度,长历信无欺。定向铜壶辨,还从玉律推。高明终不缪,委鉴本无私。

此题《英华》载数篇,惟此篇及罗让诗尚不支蔓。然题为《闰月定四时》,则"定四时"为题中要旨。罗诗但铺陈"闰月",不及此诗之入格。

"无欺""无私"字复。

迎春东郊

张 濯

颛顼时初谢,勾芒令复陈。飞灰将应节,宾日已知春。考历明三统,迎祥与万人。衣冠霄执玉,坛堳晓清尘。肃穆来东道,回环拱北辰。仗前花待发,斿处柳凝新。云敛黄山际,冰开素浐滨。圣朝多庆赏,希为荐沉沦。

一、二句点"春",三句呼"迎"字,四句醒"东郊",五、六句见其义之深,七、八句见其礼之重,九、十句从"东郊"唱叹"迎"字,十一、十二句从"迎"字唱叹"春"字,十三、十四句渲染"春"字,末二句即以《月令》义寓干请。理脉极细,词亦典贵称题,无一纤字,可为选声配色之法。盖典重之题,不得着一媚妩字;衣冠剑佩之中,间以粉黛,则妖矣。浓丽之题,不得着一方板字;赏花邀月之饮,宾主百拜,则迂矣。

"斿处"二字,生造无理。"柳凝新"三字亦稚。

皇甫冉亦有此作。起句曰"晓见苍龙驾,东郊春已迎",是迎春之后,非迎春也。又曰:"彩云天仗合,元象泰阶平。""泰阶""六符",不切迎春。又曰:"佳气山川秀,和风政令行。"上句不必是春,下句与"迎春"尤隔。又突出"迎春"意曰:"钩陈霜骑肃,御道雨师清。"语脉横决,漫无端委。惟后四句"律向韶阳变,人随草木荣。遥欢上林苑,今日遇迁莺",无大疵累。海盐朱氏以为高雅胜此诗,误也。

青云干吕

王履贞

异方占瑞气,干吕见青云。表圣兴中国,来王见圣君。迎祥殊大乐,叶庆类横汾。自感明时起,非因触石分。映霄难辨色,从吹乍成文。须使留千载,垂芳在典坟。

"映霄难辨色","青云"也。"从吹乍成文","干吕"也。惟此二语切题,余皆写题之本意,盖难于刻画故耳。此不得已之变法。

风,阳气也。律,阳管也,东风发生之候也。故吹律而东风入。云,阴气也。吕,阴管也。青云,东方之色;和气,氤氲之象也。故吹吕而青云干。"干"犹"吹皱一池春水,干卿何事"之"干"。诗于天人相感、声气相通之理未尽阐发,然视林藻、令狐楚诸诗,则较有实际。

"青云干吕",乃外国所见。以非中国之乐,故言"殊大乐"。若曰迎此祥者,虽非圣王之大乐,叶其庆者,实同当日之"横汾"耳,然词不达意。末二句亦廓。

春　云

裴　澄

漠漠复溶溶,乘春任所从。映林初展叶,触石未成峰。旭日消寒萃,晴烟点净容。霏微将似灭,深浅又如重。薄彩临溪散,轻阴带雨浓。空余负樵者,岭上自相逢。

不必关合"春"字,而写来蔼蔼有春意。邓倚诗曰:"势移青道里,影泛绿波中。"注:用《别赋》"春水绿波"句意。用字极切,工拙相去远矣。

"旭日"二句,似春山非"春云",却是微瑕。

美　玉

南巨川

抱玉将何适?良工正在斯。有瑕宁自掩,匪石幸君知。雕琢方成器,缁磷自不移。饰尊光宴赏,入佩奉威仪。象德曾留誉,如虹窃可奇。终希逢善价,还得桂林枝。

后八句皆凡语。前四句精神飞动,眼前陈事色泽忽新。

"曾留誉"三字拙鄙,"窃可奇"三字欠通。

梢 云
罗 让

殊质资灵贶,凌空发瑞云。梢梢含树影,郁郁动霞文。不比因风起,全非触石分。叶光闲泛滟,枝杪静氛氲。隐见心无宰,徘徊庆自君。翻飞如可托,长愿在横汾。

如树木梢梢然,云之状也。人君德至,则出题之意也。切定《瑞应图》之意,刻画中不脱本旨。虽边幅微狭,要不伤雅。

白云向空尽
周 存

白云升远岫,摇曳入晴空。乘化随舒卷,无心任始终。欲销仍带日,将断或因风。势薄飞难定,天高色易穷。影收元气表,光灭太虚中。倘若从龙去,还施济物功。

妙写难状之景,而自在涌出,无刻镂艰苦之痕。毛西河以为试帖绝作,信然。然题为《白云向空尽》,则云已消灭无余矣。乃以"从龙""济物"为言,是云生之结语,非云尽之结语,偶不检也。"白"字亦微欠映带。

"或因风",一作"不因风"。"不"字滞,"或"字活。

"影收"即"光灭","元气表"即"太虚中"。两句一意,诗家所忌。

都堂试贡士日庆春雪
李 景

密雪分天路,群才坐粉廊。霭空迷昼景,临案借寒光。似暖花消地,无声玉满堂。洒词偏入曲,留砚忽因方。几处曹风比,何人谢赋长？春晖早相照,莫滞九衢芳。

串合处有巧思。"临案借寒光",不脱"试"字。"似暖花消地",不脱

"春"字,尤为周密。

"临案",一作"临宇","宇"字切"都堂",然"案"字含得"映雪"意,尤切"试贡士"。

因《雪赋》"因方为珪"之语,而思及于砚之方,随手关合,即成巧句。如山谷《猩猩毛笔》诗曰:"生前几两屐,身后五车书。"因猩猩好着屐,而思及阮孚之语;因笔可以作书,而思及惠施之事。未经运用,了不相关,偶尔凑泊,又然妙谛。盖用事之妙,全在点化有神。抄撮《类书》,搜寻《韵府》,虽极工切,皆成死句。如陈祐《风光草际浮》诗,起二句曰:"秀发王孙草,春生君子风。"庸恶陋劣,岂可向迩乎?

唐时贡士入试着麻衣,故以麻衣如雪切贡士。谢惠连有《雪赋》,故以"谢赋"切试事,然"曹风"句终牵强。

早春残雪
裴乾余

霁日雕琼彩,幽庭减夜寒。梅飘余片积,日堕晚光残。零落偏依桂,霏微不掩兰。阴林披雾縠,小沼破冰盘。曲槛霜凝砌,疏篁玉碎竿。已闻三径好,犹可访袁安。

选诗摘句,陋见也。然此为题之有次第、有意义者言之。若流连光景,本无深意之题,苟文从字顺,即可触处延赏矣。此诗刻画细巧,如一花一石,时饶韵致,正不妨以句取之。

"桂"本春花,故《酉阳杂俎》讥曲江"桂华秋皎洁"之误。今人以秋花为真桂,并摩诘《鸟鸣涧》诗不省所云矣。诗中"零落"句,正以桂花形似雪花借为点缀。谓之语拙则可,以为不切则非也。

"小沼"句太纤。虽试律不嫌巧句,然亦自有体裁。

风草不留霜
王景中

繁霜当永夜,寒草正惊风。飘素衰蘋末,流光晚蕙丛。悠扬方泛影,皎洁却飞空。不定离披际,难凝蘙荟中。低昂闲散质,肃杀想裁功。独感元晖咏,依依此夕同。

题本写难状之景,诗必刻露警动,乃足以称之。不著故实,戛戛生造,固能以意胜者。一二未圆稳语,不为大疵。

"低昂"句不甚可解。其意以"散质"言草,以"低昂"写风也,然"闲"字作何着落?

澄心如水
卢 肇

丹心何所喻?惟水共清虚。莫测千寻底,难知一勺初。内明非有物,上善本无鱼。澹泊随高下,波澜逐卷舒。养蒙方浩浩,出险每徐徐。若灌情田里,常流尽不如。

诗本性情,可以含理趣,而不能作理语。故理题最难,存此一篇以备体。

"丹心"不切"澄"字。"上善""无鱼"串为一句,太杂凑。

双关题有二格:"风雨鸡鸣"之类,隐含喻意,则先影写,而后点清。题中明出"如"字者,必先点清,而后夹写,皆定法也。若李频《振振鹭》之明点于前,王维《清如玉壶冰》之补点于后,皆有意变化见巧,非格应如是。

府试水始冰
马 戴

南池寒色动,北陆岁阴生。薄薄流渐聚,微微翠潋平。暗沾霜稍厚,回照日还轻。乳窦悬残滴,湘流减恨声。即堪金井贮,会映玉壶清。洁白心谁识?空期饮此明。

　　着意"始"字。

　　此府试诗,"乳窦""湘流",切其地也,语最警策,移于他处则非矣。题上存"府试"二字为此。

　　末句"明"字当为"盟"字之讹,然亦是拙语。

风光草际浮

裴　杞

澹荡和风至,芊绵碧草长。徐吹遥扑翠,半偃乍浮光。叶似翻宵露,丛疑扇夕阳。逶迤明曲渚,照耀满回塘。白芷生还暮,崇兰泛更香。谁知揽结处,含思向余芳。

　　"光"字、"浮"字,皆点染生动。凡句中之眼皆炼虚字,以之命题,亦必于虚一摹写,所谓"传神写照,正在阿堵中"。

　　"白芷"句不可解。

春风扇微和

豆卢荣

春晴生缥缈,软吹和初遍。池影动齑沦,山容发葱蒨。迟迟入绮阁,习习流芳甸。树杪扬莺啼,阶前落花片。韶光恐闲放,旭日宜游宴。文客拂尘衣,仁风愿回扇。

　　"池影动齑沦",风也。"山容发葱蒨",微和也。"迟迟"二句,空写"扇"字。"树杪"二句,不便再用虚摹,故即眼前现景指点之。通首着意"扇"字,虽是缕陈,要不拉杂。凡缥缈传神之题,空中设色者上也。点缀渲染,眉目厘然,抑亦其次。然必于斯二语中,举一毛而全牛见。若杂陈物色,挂一漏万,则拙矣。

戴东原曰:《吴都赋》"泓澄奫潫",李善注云:"奫沦,回复之貌。"此"奫沦"叠韵,"葱蒨"双声,或因"奫"字少见,改为"波澜",既乖对法,又与题碍。

西河毛氏曰:"张南士欲改'落'字为'弄'字,然'微和'不必早春也。"余谓"微和"终是早春,即改"弄"字、"片"字,亦不细切。

海盐朱氏曰:"陈通方诗只'池柳晴初折,林莺暖欲飞'一联切'微和'。邵偃诗'烟动花间叶,香流马上人',居然隽永,嫌近于纤仄。公乘亿诗,词采亦好。然'暖浮丹凤阙,韶媚黑龙津',稍露粗犷。'舞席潜回雪,歌梁暗起尘','歌''舞'作对,意境亦平。惟'绿摇宫柳散,红待禁花新'一联合格。""宫柳""禁花"亦平对,妙在"摇"字、"待"字炼得好,便动宕。于此可参句法。

风不鸣条
黄　颇

习习起祥飙,无声识圣朝。稍开含露蕊,才转惹烟条。密叶应潜长,低枝几暗摇?林间莺欲啭,花下蝶微飘。初满绿堤草,因生逐水苗。太平无一事,天外奏《云韶》。

八句神到,九、十句拙而不切。毛西河改为"但偃绿堤草,能扶出水苗",拙如故也。

《盐铁论》称:"周公大平之世。"亦是顾母,亦是颂体。

"云韶"句,趁韵无着落;"天外奏"字,亦欠通。

八风从律
蒋　防

制律窥元化,因声感八风。还从万籁起,更与五音同。习习芦灰上,泠泠玉管中。气随时物好,响彻霁天空。自得阴阳顺,能令惠泽通。愿吹寒谷里,从此达前蒙。

"八风"难以铺排,即应专写"从律"意,此所谓当略则略者。

八句嫌似风筝。结句"前蒙"字不佳。

空水共澄鲜

悠然四望通,渺渺水无穷。海鹤飞天际,烟林出镜中。云消澄远碧,霞起澹微红。落日浮光满,遥山翠色同。樵声喧竹屿,棹唱入莲丛。远客舟中兴,烦襟暂一空。

凡律诗,仄起平受者第一句入韵,则调响,"风劲角弓鸣,将军猎渭城"句是也。平起仄受者第一句入韵,则调哑,如此诗起句是也。古人二格并用,然此调终不流美,用者审之。

三句偶拈一物,愈见一望空明,所谓颊上三毫也。

"樵声"二句,太不入题。

此题宜合写"澄鲜"二字,烘出"共"字远神。中四句,"空""水"分拈,不为超妙,特愈于纷如乱丝者。

奉试涨曲江池

郑 谷

王泽尚通津,恩波此日新。深宜一夜雨,远集作"宛",非。似五湖春。泛滟翘振鹭,澄清跃紫鳞。翠低孤屿柳,香汨半汀蘋。凤辇寻佳境,龙舟命近臣。桂华如入手,愿作从游人。

"尚"字不可解,恐是"向"字之误。

"一夜雨"不觉添出"五湖春",不觉牵合,用笔活也。笔活,则左萦右拂,触手成趣。笔滞,则极切典故,用来反似隔膜者。

水涨时焉得"澄清"?此二字终不熨贴。

"翠低"二句,穷形尽相,而出以自然。

"桂华"句太率。唐人试律,结句多不留心,不可为训。

"从"字,去声。

缑山月夜闻王子晋吹笙

缑山明月夜,岑寂隔尘氛。紫府参差曲,清宵次第闻。韵流多入洞,声度半和云。拂竹鸾惊侣,经松鹤舞群。蟾光听处落,山路望中分。坐指千峦曙,遗音过汝坟。

海盐朱氏曰:起联先破"缑山月夜",而曰"岑寂隔尘氛",此五字最佳。入"闻"字,十分神动。结复余意缠绵。曰"千峦曙",收缴"月夜";曰"遗音",收缴"闻笙";曰"过汝坟",收缴"缑山",无一字放散。

"多入洞"三字未佳。

"蟾光"落,起末联"曙"字,诸本误作"合",遂不可解。

缑山月夜闻王子晋吹笙

锺辂

月满缑山夜,风传子晋笙。初闻盈谷远,渐听入云清。杳异人间曲,遥分鹤上情。孤鸾惊欲舞,万籁寂无声。此夕留烟驾,何时返玉京?惟愁音响绝,晓色出都城。

"月"字不免微脱。亦缘得意疾书,风利不得泊也。有此遥情胜韵,不妨赏其神骏,略其骊黄,不得为拙笔借口。

"万籁"句,对面传神,与《空水共澄鲜》诗第三句同法。

"盈谷",似用"黄帝张乐,在谷满谷"意,"入云"似用"秦青之歌,响遏行云"意,皆乐事也,此亦未必不然。然作诗、说诗,俱不必如此沾滞。

钟嵘曰:"'清晨登陇首',羌无故实。'明照积雪',讵出经史?"

湘灵鼓瑟

钱 起

善鼓云和瑟,常闻帝子灵。冯夷空自舞,楚客不堪听。逸韵谐金石,清音入杳冥。苍梧来怨慕,白芷动芳馨。流水传湘浦,悲风过洞庭。曲终人不见,江上数峰青。

此诗之佳,世所共解。惟三句随手注题,浑然无迹。四句尤醒眼目。通篇俱纳入"听"字中。运法甚密,读者或未察也。

西河毛氏曰:往在扬州,与王干一论诗。王谓钱诗固佳,而起尚朴僿。相此题意,当有缥缈之致。霎然而起,不当缠绕题字。时余不置辩,但口诵陈季首句"神女泛瑶瑟",庄若讷首句"帝子鸣金瑟",谓此题多如是,王便默然。盖诗法不传久矣。

臧氏《唐诗类释》颇訾"白芷动芳馨"句。不知此写声气相感之妙,在可解不可解之间。常建《江上琴兴》诗曰:"泠泠七弦遍,万木澄幽阴。能使江月白,又令江水深。"岂复可以言诠乎?

《唐诗纪事》:宣宗十二年,上于延英召中书舍人李藩等对,上曰:"凡考试之中,重用字如何?"中书对曰:"其间重用文字,乃是庶几,亦非常有例也。"又曰:"孰诗重用字?"对曰:"钱起《湘灵鼓瑟》诗,有两'不'字。"余按:古人词取达意,故汉魏诸诗,往往不避重韵,无论重字。律诗既均以俪偶,谐以宫商,配色选声自不得句重字复。倘不得已,则重字犹可,意必不可使重。此诗"不"字两见,各自为义,所以不妨。如张子容《璧池望秋月》诗,既曰"玉镜银钩",又曰"菱花蟾影",又曰"似璧疑珠",一字不重,其为重复也大矣。

中六句句法相同,所谓切脚之病。

西河谓"流水""悲风",是瑟调二曲名。然作者之意,正以"流水""悲风"烘出远神,为末二句布势。如作曲名,反成死句。如杜诗:"无风云出塞,不夜月临关。"本自即景好句;宋人以二地名实之,意味反索然也。况"流水""悲风"为曲名,亦未详所出。

湘灵鼓瑟
陈　季

神女泛瑶瑟,古祠俨野亭。楚云来决漪,湘水助清泠。妙指徵幽契,繁声入杳冥。一弹新月白,数曲暮山青。调苦荆人怨,时遥帝子灵。遗音如可赏,试奏为君听。

此题数首,惟此篇可亚仲文。

第二句趁韵。

"暮山青"语略同钱作。然钱置于篇末,故有远神。此置于联中,不过寻常好句。西河调度之说,诚至论也。此如"大江流日夜,客心悲未央""怅矣秋风时,余临石头濑",作发端则超妙,试在篇中则凡语。"客鬓行如此,沧波坐渺然""问我今何适,天台访石桥",作颔联则挺拔,设在结句则索然。此意当参。

晓闻长乐钟声
戴叔伦

汉苑钟声早,秦郊曙色分。霜凌万户彻,风散一城闻。已启蓬莱殿,初朝鸳鹭群。虚心方应物,大扣欲干云。近杂鸡人唱,新传凫氏文。能令翰苑客,流听思氛氲。

"晓"字、"闻"字、"长乐"字、"钟"字、"声"字,层次至繁。诗能一一并到,可为段落题之法。

"虚心"二句,西河以为关合试事。就句论句,亦似近理。然上下语脉俱无切及试事意,突然说入,未免首尾衡决。仍就诗论诗为是。

《释名》曰:"钟,空也。空内受气多,故声大。""虚心"句本此。此濮阳臧氏注。

"新传"二字未佳。

律中应钟
裴 元

律穷方数寸,室暗在三重。伶管灰先动,秦正节已逢。商声辞玉笛,羽调入金钟。密叶翻霜彩,轻冰敛水容。望鸿南去绝,迎气北来浓。愿托无凋性,寒林自比松。

"应钟"字,刻画极难。"伶管"四语,可云警切。然《月令》所云"律中某某",乃节气所应,非专言乐律也。故"密叶"四句,又切十月令言之。

"浓"字趁韵。

海盐朱氏曰:五联宜作转捩语,结联须收缴钟律。竟说开去,未为合格。

泗滨得石磬
李 勋

浮磬潜清深,依依呈碧浔。出水见贞质,在悬含玉音。对此喜还叹,几秋怀到今。器古契良觌,韵和谐宿心。何为值明鉴,适得离幽沉。自兹入清庙,无复泥沙侵。

写"得"字有神。

"怀"字,或误作"还"。西河因重一"还"字,改为"怀之昔至今",然拗律。每联以第三字平仄互换,乃定格也。"昔"字入声,不能与"喜"字上声相救,此不知音律而臆改者。

凡律句有单拗:"何时一樽酒",三、四互换;"小园花乱飞",一、三互换是也。有双拗,"落日鸟边下,秋原人外闲",第三字上下互换是也。皆可以入之试律。他若"向晚意不适,驱车登古原""流水如有意,暮禽相与还",上句不拘平仄,下句以第三字救之,亦为谐律。故李义山《桃李无言》诗落句竟用此格。然施于今日,则骇矣。如此种拗律,今日亦不可效。取其审题不苟可也。

河鲤登龙门
元　稹

鱼贯终何益?龙门在此登。有成当作雨,无用耻为鹏。激浪诚难溯,雄心亦自凭。风雷潜会合,鬐鬣忽腾陵。泥滓辞河浊,烟霄见海澄。回瞻顺流辈,谁敢望同升?

起四句精悍。

结句太直太尽,然在试律可恕论。

西戎献马
周　存

天马从东道,皇威被远戎。来参八骏列,不假贰师功。影别流沙路,嘶迎上苑风。望云时踠足,向月每争雄。禀异才难状,标奇志岂同?驰驱如见许,千里一朝通。

起四句,立言有体。三句、四句对法尤活变。

"望云",用"天马祭云"意,"向月争雄",殊无所取。或曰:匈奴每以月满进兵,此乃戎马,故曰"向月争雄"。亦太迂曲。

"标奇"句浅率。

缑山鹤
张仲素

羽客骖仙驾,将飞驻碧山。映松残雪在,度岭片云还。清唳因风远,高姿对水闲。笙歌忆天上,城郭叹人间。几变霜毛洁,方殊藻质班。蓬瀛如可到,逸翮讵难攀。

　　三、四句,比体。七、八句,警策之至。

　　《相鹤经》曰:"鹤百六十年不食生物,大毛落,氄毛生,洁白如雪。"九句、十句用此意。但牵于韵脚,语未自然。

越裳献白雉
王若岩

素翟宛昭彰,遥遥自越裳。水晴朝映日,玉羽夜含霜。岁月三年远,山川九译长。来从碧海路,入见白云乡。作瑞兴周后,登歌美汉皇。朝天资孝理,惠化且无疆。

　　前四句写"白雉",中四句写"越裳献",后四句归入颂扬。虽无甚警策,而通体稳惬。

　　题曰"越裳",明言周事,似不应牵及汉皇,使端绪瞀乱。盖九句点明出处结本题,十句递入当代,以《东都赋》汉获白雉譬之,故以孝怡之应为结穴,脉理实井然也。若张嗣初《白云起封中》诗曰:"自叶尧年美,谁云汉日同",则作意斡旋,转令语脉隔阂。

　　"宛昭彰"三字不佳。"碧海路"不切"越裳",宜改曰"丹徼外"。

莺出谷
钱可复

玉律阳和变,时禽羽翮新。载飞初出谷,一啭已惊人。拂柳已烟暖,冲花觉路春。抟风翻翰疾,向日弄吭频。求友心何切?迁乔幸有因。华林高玉树,栖托及芳辰。

　　"冲花觉路春",五字千古。

　　莺有声,然"惊人"非莺之声也。莺能飞,然"抟风"非莺之飞也。皆炼字不稳。凡摹形绘相,在于曲取其神。毫厘之失,千里之谬。以二句与第六句互参之,思过半矣。

莺出谷
刘得仁

东风潜启物,动息意皆新。此鸟从幽谷,依林报早春。出宫虽未久,振羽渐能频。稍类冲天鹤,多随折柳人。樽前时有语,花里昼藏身。若在秾华处,余禽不见亲。

起四句一气转合,意思既高,魄力亦大。末二句,则晚唐粗犷语矣。

"樽前"字亦未稳。

振振鹭
李频

有鸟生江浦,霜华作羽翰。君臣将比洁,朝野用为欢。月影林梢下,冰光水际残。飞翻时共乐,饮啄道皆安。回翥宜高咏,群栖入静看。由来鸳鹭侣,济济列千官。

先出正意,然后摹写,此双关题之变调。盖神明于法,非定格所能拘也。佳在以"有鸟"二字领起,而次联明出一"比"字,将正意摄入"有鸟"二字中,故以下仍可直接鸟写。此笔妙也。无此笔,则一经说破,转掉不过,不如用常格矣。

"群栖入静看",深得白鹭之神。

结二句,词意俱竭。

出笼鹘
濮阳瓘

玉镞分花袖,金铃出彩笼。遥心长捧日,逸翰镇生风。一点清霄里,千盘碧落中。星眸随狡兔,霜爪落飞鸿。每念提携力,常怀搏击功。以君能惠好,不敢没遥空。

"一点青霄里",五字入神。对句本作"千声碧落中",微嫌不及。秦涧泉前辈曰:"'声'字乃'盘'字之误,形相似也。"正此一字,神彩顿增。末四句意境不凡,不露干请之迹。

第三句不切本题,"捧日"非鹘之典故,亦非鹘之性情。

"玉镞"二字未详其意。考李贺《追赋画江潭苑》诗曰"翦翅小鹰斜,绦根玉镞花",疑是饰鹰之具。

"遥"字复。

霜隼下晴皋

九皋霜气劲,翔隼下初晴。风动闲云卷,星驰白草平。稜稜方厉疾,肃肃自纵横。掠地秋毫迥,投身逸翮轻。高墉全失影,逐雀乍飞声。薄暮寒郊外,悠悠万里情。

不及《出笼鹘》诗之精警,而写"下"字亦颇有神。

"高墉"句贪切"隼"字,食古不化。"乍飞声"三字不佳。

濮阳臧氏曰:"'稜稜''肃肃',亦带霜气。"

结亦善于干请,异乎摇尾乞怜。

明堂火珠

崔　曙

正位开重屋,凌空出火珠。夜来双月满,曙后一星孤。天净光难灭,云生望欲无。还如圣明代,国宝在名都。

火珠以铜为之,施于屋巅。刘肃《大唐新语》及《旧唐书》言之最详,非蚌珠也。故有"双月""一星""天净""云生"之句。而结句以珠比之。坊本误解为蚌珠,因改"还如"为"还知",失之远矣。

三、四当时以为警句。然此二句赋"火珠",五、六即应点缀"明堂",

仍以空语敷衍,未免疏略。

玉卮无当
元 稹

共惜连城宝,翻为无当卮。讵惭君子贵,深讶巧工鬿。泛蚁功全少,如虹色不移。可怜殊砾石,何计辨糟醨？江海诚难满,盘筵莫忘施。纵乖斟酌意,犹得奉光仪。

海盐朱氏曰:"以'无当'合题意,以'玉卮'见身分,抑扬互用,运掉自如。"

韩非本意言玉卮无当,不如瓦卮有当。然试律之体有褒无贬,有讼无刺,不得不立意斡旋,此立言之体也。遇此种题,宜知此意。

"玉卮"与"无当",全篇对举,铢两悉称。三句、四句,从"玉卮"说到"无当";五句、六句,即从"无当"挽到"玉卮";七句、八句,又从"玉卮"说到"无当";九句、十句,又从"无当"挽到"玉卮"。顺逆住来,一丝不乱。入手当还题面,故三句、四句即承"无当"顺说;下篇末当见作意,故末二句即接"玉卮"意作收。用法之密,始无以复加。

"巧工",《英华》作"拙工"。"忘施",《英华》作"妄施"。朱氏据本集改正,今从之。

"忘"字去声。

玉声如乐
潘存实

表质自坚贞,因人一扣鸣。静将金并响,妙与乐同声。杳杳疑风送,泠泠似曲成。韵含湘瑟切,音带舜弦清。不独藏虹气,犹能畅物情。后夔如为听,从此振琤琤。

重写"声如乐"三字,然"玉"字亦不容竟漏。起四句抱定"玉"字,中四句空写"如"字,九句恐其脱母,仍急挽合"玉"字,法最周密。

五句"玉声"也,六句"如乐"也,七句、八句,即从曲成写下,次第分明。凡诗当句句相生。前后可以易置,非法也。

此"玉"自是佩玉之类,非乐中玉磬,故曰"如乐"。三句云"金并响",则竟为真磬矣,亦是语疵。

比喻之题最忌者,比中生比。如刘轲此题诗曰"佩想停仙步,泉疑咽夜声",既以乐比玉声,又以泉声比乐,辗转牵引,题绪茫然。摩诘《清如玉壶冰》诗曰"气似庭霜积",亦同此病。

金在镕
白行简

巨橐方镕物,洪炉欲范金。紫光看渐发,赤气望逾深。焰爇晴云变,烟浮昼景阴。坚刚由我性,鼓铸任君心。踊跃徒标异,沉潜自可钦。何当得成器,待叩向知音。

三句初镕也,四句渐镕也,五句、六句全镕也。前半篇全写题面,后半篇写董子本意。隐然自寓,全不说破,此双关题之善措笔者。

"沉潜"字,别无取义,不过为"踊跃"字反面。或曰取刚克之意,然隔题颇远,不如改曰"精纯"。

秋山极天净
朱延龄

雨洗高秋净,天临大野闲。葱茏清万象,缭绕出层山。日落千峰上,云销万壑间。绿萝霜后翠,红叶雨来殷。散彩辉吴甸,分形压楚关。欲寻霄汉路,延首愿登攀。

前半气象万千。"绿萝""红叶",写"净"字太狭。"吴甸""楚关",写"极天"不出意。亦州府试作,即现景言之也,然终不佳。

"欲"字、"愿"字相复。

日落山照曜
张　谓

诸本俱作"落日山照曜"。考康乐《七里濑》诗,实作"石浅水潺湲,日落山照耀"。

徘徊空山下,晼晚残阳落。圆影过峰峦,半规入林薄。余光彻群岫,乱彩分重壑。石镜共澄明,岩光同照灼。栖禽去杳杳,夕烟生漠漠。此境谁复知?独怀谢康乐。

首二句点题。三句、四句写落日,绾定"山"字。五句、六句,日映山也。七句、八句,山为日所映也。九句、十句,以远景渲染之。至此摹写已尽,无可展拓,不能更以远势作结。因点题出处,以唱叹收之,法律极细。

"岩光"不对"石镜",且复"光"字,必"严光"之讹。

监试莲花峰
刘得仁

太华万余重,岩尧只此峰。当秋倚寥泬,入望似芙蓉。翠拔千寻直,青危一朵秾。气分毛女秀,灵有羽人踪。倒影非关路,流香激庙松。尘埃终不及,车马自憧憧。

前半篇雄阔称题,后四句辞意并拙,"流香"句尤谬。得仁试律,往往工于发端,而拙于收束。

日暖万年枝
蒋　防

新阳归上苑,嘉树独含妍。散漫添和气,曈昽卷曙烟。流辉宜圣日,接影贵芳年。自与恩光近,非关煦妪偏。结根诚得地,表寿愿符天。谁道陵寒质,从兹不暧然。

七句、八句,写"日暖"。九句、十句,点缀"万年枝",极为警切。

"散漫"二字不稳,"流辉"句拙稚,"接影"句尤不可解。

此题《英华》载数诗,郑师贞诗最劣,且自相矛盾。注:如曰"逢时异赫曦",又曰"薰风更共吹"。郭求诗颇用意,然语太拙。注:"若感恩渥厚"句,似雨露,不似日暖。"常属栋梁贤"句,似松柏,不似万年枝。"生植虽依地,光华只信天",亦粗直,少蕴藉。至约诗,字句妥适,而"万年枝"三字竟脱。惟此首瑕瑜不掩,故分别存之。"暧然"或作"暖然",然皆不成语。

贡院楼北新栽小松
李正封

青苍初得地,华省植来新。尚带山中色,犹含洞里春。近楼依北户,隐砌净游尘。鹤寿应成盖,龙形未有鳞。为梁资大厦,封爵耻嬴秦。幸此观光日,清风屡得亲。

三句、四句,"新栽"也。五句、六句,"贡院楼北"也。七句、八句,"小松"也。九句、十句,以松自寓。十一句、十二句,以贡院作结。

"近楼"句,太浅率。"游尘"字不对"北户"。

"大厦""嬴秦"亦是借对。

濮阳臧氏曰:末句"清""亲"二字音重,"尚带""犹含",亦微合掌。余按:"清""亲"二字,同一字母,韵家谓之双声。《切字图》所云"厅剔、灵历,是双声者也",诗家谓之"旁纽"。《金针诗格》所云:"十字中有'田'字,又用'寅''延'字,是犯者也。"齐王融有《双声诗》,《松陵集》皮、陆唱和亦有之。《东坡集》直名《吃语诗》,皆故以棘口为戏,其不谐音调可知。诗有平仄不差,而读之终不流丽者,弊由于此。又如以"新"字为韵者,九字内更着"津"字之类,为大韵。句中韵相叠者,如"客子已乖离"之类,为小韵。"壬""衽""任""人"之类,同用句中,为正纽。此沈约八病之四,虽无关程式,不必尽拘,亦不可不知,故因臧氏之说附论之。

华州试月中桂

张 乔

与月转鸿蒙,扶疏万古同。根非生下土,叶不堕秋风。每以圆时足,还随缺处空。影高群木外,香满一轮中。未种丹霄日,应虚白兔宫。何当因羽化,细得问元功。

刻画精警而自然超妙,纯以神行。后四句接法矫变,递入祈请无痕。试律中之绝高者。顾封人此题诗曰:"能齐大椿长,不与小山同。"亦颇警切。较此则如翦彩之花,持对春风红紫矣。

西河《唐试帖》往往改窜失真,此诗点易数字,尤如规杖漆琴。

"下土""秋风",亦借对。

御沟新柳

杜荀鹤

律到玉沟春,沟边柳色新。细笼穿禁水,轻拂入朝人。日丽韶光早,天低圣泽匀。谷莺栖未稳,宫女画难真。楚国空摇浪,隋堤暗惹尘。何如帝城里,先得覆龙津。

着意"御沟"字、"新"字,不泛作"柳"诗。虽格韵未高,而审题在诸诗之上。

"律到"二字欠通,"天低"二字亦不稳,"宫女"句太纤。

末四句一气开合,钩剔"御沟"甚醒,亦使机局得生动。无名氏《寿星见》诗后四句曰:"甘露盈条降,非烟向日生。无如此嘉祉,率土荷秋成。"法亦同而语较拙。故诗中神致只争吞吐间。

花发上林

王　表

上苑春光早，繁花已满林。笑迎明主仗，香拂美人簪。地接楼台近，天垂雨露深。晴光来戏蝶，夕影动栖禽。欲托凌云势，先开捧日心。当知桃李树，从此必成阴。

独孤授诗，世亦传诵。然"无言当春日，闲笑任年华。润色笼轻霭，晴光艳晚霞"，不如"笑迎"四句之切"上林"。"愿君垂采摘，不使落风沙"，不如"当知"二句之立言有体。

"美人"字如泛指，则不切"上林"；如指嫔御，则立言无体，不免语病。

金谷园花发怀古

侯　例

金谷千年后，春花发满园。红芳徒笑日，秾艳尚迎轩。雨湿轻光软，风摇碎影翻。犹疑施锦障，堪叹罢朱弦。愁态莺吟涩，啼容露缀繁。殷勤问前事，桃李竟无言。

无名氏起六句曰："春风生梓泽，迟景映花林。欲问当年事，因伤此日心。繁华人已没，桃李意何深？"极有气格。然后六句但以寻常怀古诗，不如此诗句句不脱"花发"，且能点缀"金谷"。

"朱弦"，"弦"字，好[①]韵。然唐韵与今多不同，未可遽非。别本改为"朱纨"，"纨"亦寒韵字，同一好也，则从其有文义者矣。

芙蓉出水

陈　至

菡萏迎秋吐，天摇映水滨。剑芒开宝匣，峰影写蒲津。下照参差荇，高辞

---

① 据前后文义，此段两"好"字似应作"寒"。

苒弱蓣。自当巢翠甲,非止戏赪鳞。莫以时先后,而言色故新。芳香正堪玩,谁报涉江人?

可云"剑似芙蓉",不得云"芙蓉似剑"。可云"峰似芙蓉",不得云"芙蓉似峰"。三句、四句,纰缪至极。"下照"四句刻意写"出"字,亦觉墨痕不化。惟后四句居然高唱,足以擅场。

"翠甲"乃用千岁龟巢莲叶事。别本作"翠羽",非。

襞积错杂,非诗也。章有章法,句有句法。而排偶钝滞,亦非诗也。善作者炼气归神,浑然无迹。次亦词气相辅,机法相生。初为诗者,不能翕辟自如。出落转折之处,必先以虚字钩接之。渐久渐熟,自能刊落虚字,精神转运于空中,血脉周流于内际。如此诗后四句,即明露筋骨处也。

御园芳草
陆赞

阴阴御园里,瑶草日光长。霏靡含烟雾,依稀带夕阳。雨余蒙更密,风暖蕙初香。拥仗缘驰道,乘舆入建章。湿烟摇不散,细影乱无行。恒恐韶光晚,何人辨早芳。

十句传神之笔,九句亦好。然"摇"字似"柳"不似"草",改为"低"字更佳。

"阴阴"二字无着。

方士进恒春草
梁锽

东吴有灵草,生彼剡溪旁。既乱莓苔色,仍连菡萏香。掇之称大药,持以奉明王。北阙颜弥驻,南山寿更长。金膏从骋妙,石髓莫矜良。倘使沾涓滴,还游不死方。

方士进药,事殊非体,措词当有斟酌。前四句但赋"恒春草",后六句但赋草之功用,"进"字惟五、六句一点,更不照应,识力绝高。

礼闱阶前春草生

河畔虽同色,南宫淑景先。微开曳履处,常对讲经前。得地风尘隔,依林雨露偏。已逢霜后改,初寄日华妍。影与丛兰杂,荣将众卉连。哲人如不薙,生意在芳年。

"微开"四句,写"礼闱阶前"。"已逢"四句,写"春草生"。语俱清楚。惟起句意切而语突。六句"依林"二字,无意义,当必有讹。

刘得仁《莺出谷》诗亦有"依林"字,然咏莺则可,咏草无理。

"寄"字不佳。

春草凝露

张友正

苍苍芳草色,含露对青春。已赖阳和长,仍沾润泽频。日临残未滴,风度欲成津。蕙叶垂偏重,兰丛洗转新。将行愁裛径,欲采畏濡身。独爱池塘畔,清华远袭人。

"苍苍"非春草,当改曰"萋萋"。三句承"春",四句承"露",一开一合,随手脱卸。题重"凝露",非咏春草也。中四句,刻画"凝露"极细致。"将行"二句,自存崖岸,蹊径亦别。

春草碧色

殷文圭

因草含愁碧,芊绵南浦滨。萋萋如恨别,苒苒共伤春。疏雨烟华润,斜阳细彩匀。花黏繁斗锦,人藉软胜茵。浅映宫池色,轻遮辇路尘。杜回如可结,誓作报恩身。

题出江淹《别赋》,故有"恨别""伤春"之句。然此种题可不拘出处。

"疏雨"二字甚佳，不言"碧色"，而"碧色"在中。

末二句鄙陋至极，语意亦不相贯。

吴宫教战

吴　秘

客献陈兵计，功成欲霸吴。玉颜承将略，金殿赐军符。转旆风云暗，鸣鼙锦绣趋。雪花频落粉，香汗尽流珠。掩笑谁干令，严师必用诛。至今孙子法，犹可静边隅。

题似香艳，然系武借事立威，实有正意可发，不容但作美人赋也。诸诗多杂鄙语，惟此起句、结句能见大意。

李都尉重阳日得苏属国书

白行简

诸本俱作"李太尉"。考《汉书》，李陵击匈奴时，实为骑都尉。

降虏意何如？穷荒九月初。三秋异乡节，一纸故人书。对酒情无极，开缄思有余。感时空寂寞，怀旧几踟蹰。雁尽平沙迥，烟销大漠虚。回头向南望，掩泪对双鱼。

重阳得书，不省何出，亦不省命题何意。诗则浑灏流转，迥出诸试律之上。

此题颇难措语。就题还题，一字不着论断，最善用笔。

早春送郎官出宰

张　随

仙郎今出宰，圣主下忧民。紫陌轩车送，丹墀雨露新。趋程犹犯雪，行县正逢春。粉署时回首，铜章已在身。鸣琴化欲展，起草恋空频。今日都门外，悠悠别汉臣。

"早春"纪其时,无所取义。五、六句一见足矣,亦略所当略也。

前十句极清整,惟结句词意并竭。

东都父老望幸
薛存诚

銮舆秦地久,羽卫洛阳空。彼土虽凭固,兹川乃得中。龙颜觐白日,鹤发仰清风。望幸诚逾邈,怀来意不穷。昔因封泰岱,今伫蹑维嵩。天地心无异,神祇理亦同。翠华翘渭北,玉检候关东。众愿真难阻,明君早勒功。

起四句,提醒"东都"。五句至八句,写"父老望幸"。后八句,就封禅泰山生波,气局开阔,议论警拔,亦八韵中之佳作。

监试夜雨滴空阶
喻凫

霎霎复凄凄,飘松又洒槐。气蒙蛛网槛,声叠藓花阶。古壁青灯动,深庭湿叶埋。徐垂旧鸳瓦,竞历小茅斋。冷与阴虫间,清将玉漏谐。病身惟展转,谁见此时怀?

中有警句。第二句、第八句,皆无谓。第七句,以"旧鸳瓦"切"空阶",以"徐垂"切"滴"字,可谓拙极。"竞历"字尤拙,而不能不恕,取之韵窄故也。

作诗最藏拙者莫过于险韵。唐人试律,限险韵者至少,盖主者深知甘苦,不使人巧于售欺。且如柳诗限"青"字,鹭诗限"明"字,皆非难押。而惠崇五易其稿,始得"凄烟一点明"句。莱公四押"青"字不倒,竟至阁笔。难易之故了然可悟矣。

昆明池织女石
童汉卿

一片昆明石,千秋织女名。象星何皎皎,依水更盈盈。苔作轻裾色,波为促杼声。岸云连鬓湿,沙月对眉生。有脸莲同笑,无心鸟不惊。还如朝镜里,形影两分明。

起结皆称高唱。中三联,惟"波为促杼声"句稍切,余但似水边偶人作妇人状耳,"有脸"句尤鄙。向来句句赞美,非也。余尝拟一篇曰:"池取天河象,仍标列宿名。至今传织女,遗迹在昆明。化石还相望,凌波似有情。疑当烧劫后,偶以落星成。何日桥方架?终年水自横。定知心不转,莫讶杼无声。夜月初飞鹊,秋风欲动鲸。凭看独立影,可让汉倾城。"

晓过南宫闻太常新乐

陆 贽

南宫闻古乐,拂曙听初惊。烟霭遥迷处,丝桐暗辨名。节随新律改,声带绪风轻。合雅将移俗,同和自感情。远音兼晓漏,余响过春城。九奏明初日,寥寥天地清。

贡举人谒先师闻雅乐,则先师为题之主宰,必不可略。"南宫闻乐",则"南宫"别无意旨,不妨一点即过矣。言各有当,惟善审题意而已。

《楚词》曰:"欸秋冬之绪风。"下文既有"春城",上文又有"新律",用此二字,殊不合,当由误读谢灵运诗。

"余响"句颇佳,然犹凡乐可用。"九奏"二句,意境深远,非雅乐不足以称之,其故可思。

终南积雪

祖 咏

终南阴岭秀,积雪浮云端。林表明霁色,城中增暮寒。

三句写积雪之状,四句写积雪之神,各隐然含"终南"二字。在随口读之,是积雪,非新雪;是高山积雪,非平原积雪。

试律体卑,作者率不屑留意。摩诘之"秋日悬清光,清如玉壶冰",文昌之《夏日可畏》《行不由径》《反舌无声》，茂政之《东郊迎春》，昌黎之《精卫衔石填海》，柳州之《观庆云图》，大抵疵累横生，不足为训。是皆百里不治，不害其为庞士元者也。后人震于盛名，曲为之说，是非倒置，疑误宏多。余于诸诗，率置不录。又试律佳句世所传诵者，如张聿之"郊原浮麦气"注:《首夏犹清和》，孙顾之"临水泫微明"注:《清露被皋兰》，顾伟之"山寒响更深"注:《雪夜听猿吟》，喻凫之"幽点溅花匀"注:《春雨如膏》，无名氏之"水净觉天秋"注:《同志晦日昆明池泛舟》，张萧远之"薄光全透日，残色半销春"注:《履春冰》，何频瑜之"影添斜月白，光借夕阳寒"注:《樯阴残雪》，吴秘之"碧疑烟彩入，红是日华流"注:《风光草际浮》，李程之"风慢游丝转，天开远水明"注:《春台晴望》，刘得仁之"欲语如调舌，初飞似畏人"注:《莺出谷》，王毂之"浅深千里碧，高下一时春"注:《春草碧色》，张季略之"半见离宫出，才分远水明"注:《小苑春望宫池柳色》，陈通方之"池柳晴初折，林莺暖欲飞"注:《春风扇微和》，沈亚之之"斗鸡怜短草，乳燕傍高楼"注:《春色满皇州》，皆以全篇未稍削之。附识于末。

跋 一

己卯之春，葆善从舅氏读书阅微堂。于时科举增律诗。舅氏授经之余，亦时以是督葆善。且告之曰："试律固诗之流也，然亦别试律于诗之外，而后合体裁。又必范试律于诗之中，而后有法度格意。顾之诗体者，皆薄视试律不肯言，言试律者又往往不知诗体。众说瞀乱，职是故也。然使人人不屑言之，将唐贤轨度尽汩没于坊贾之手，于含吐性情、鼓吹休明之本旨，不大相左乎？"因举案上唐试律，句句字字为葆善标识。葆善敬录藏之，积半岁余，得若干首。重请舅氏点勘，缮写成帙，以备遗忘，且以公之同志者。

是岁中元前三日，葆善谨识

跋 二

此书以己卯六月脱稿,从游诸子,偶以付梓。七月中,余往山西典乡试,诸子亦匆匆入闱,未及校正,坊人率尔印行。今岁偶覆阅之,字多讹误,因重为点勘;又随笔更定十余处,字数无多,易于剞劂,遂再刊此本,而识其本末于后。

庚辰九月,昀又书于绿意轩

2.